KB181157

『龍飛御天歌』의 국어학적 분석과 현대역

조재형 외

국학자료원

이 책은 2017년도 한국연구재단 대학 인문역량 강화사업(CORE) 지원에 의해 출판되었음.

This study was financially supported by Initiative for College of Humanities' Research and Education of National Research Foundation of Korea, 2017

『龍飛御天歌』의 국어학적 분석과 현대역

조재형 외

서 문

이 책에서는 조선의 世宗이 창제한 '訓民正音'으로 표기된, 최초의 서적인『龍飛御天歌』를 국어학적으로 분석하고,『龍飛御天歌』의 내용을 현대적 표현으로 다듬어 보았다.

全南大學校에 赴任한 2014년에는 학과 대학원에 中世國語를 공부하는 대학원생 모임은 둘째 치고, 중세국어를 세부 전공으로 공부하고자 하는 대학원생도 없었다. 그래서 중세국어에 대한 대학원생들의 흥미를 불러일으키고자 몇몇 대학원생들에게 勸誘와 懷柔를 하면서 中世國語文獻講讀 모임을 만들었고, 講讀 모임에서 첫 번째로 선택한 文獻이 바로『龍飛御天歌』이다.

『龍飛御天歌』를 첫 강독 대상으로 삼은 이유는 아주 간단하게도 '訓民正音'으로 표기된 첫 문헌이기 때문이었고, 이 문헌을 시작으로『釋譜詳節』,『月印千江之曲』,『月印釋譜』등을 차례대로 강독할 계획이었다.

學期 중에는 주 1회, 放學 중에는 주 2회 講讀會를 운영하였다. 강독을 하면서 단순히『龍飛御天歌』를 現代譯 하는 것에 그치지 않고, 形態素 分析과 당시 國語의 文法的 特性을 이해하는 데에 集中하였고, 관련 論文이나 書籍 등을 참고하면서, 폭 넓게 中世國語의 여러 문법 현상을 이해할 수 있도록 노력하였다.

한편 이미『龍飛御天歌』를 註解한 서적들이 많이 출판되어 있지만, 강독 모임에서 여러 서적들을 참고하면서 형태소 분석이나 문법 설명 등에서 문제점을 발견하기도 하였고, 어떤 부분에서는 최신 이론을 담

아내지 못한 경우도 많았다. 이런 문제점에 대해서는 참여 대학원생들로 하여금 관련 논저와 여러 문헌 자료를 이용하여 강독회에서 深度 있는 토론을 하도록 하였고, 이를 통해 중세국어의 언어 현상에 대해 정확히 把握하고, 설명할 수 있는 능력을 培養하도록 하였다.

마침 전남대학교 대학 인문역량 강화사업단에서 人文大學 내의 硏究所에서 學術叢書를 發刊할 수 있도록 지원을 해주었고, 한국어문학연구소(소장 김동근 국어국문학과 교수)의 도움으로 강독 모임에서 공부를 위해 작성했던 자료들을 이용하여 책을 만들기로 하였다. 그런데 막상 책을 출판하려다 보니, 未洽한 점도 많았고, 여러 명이 작성하다보니 형식이나 체계 면에서 통일성이 없었다. 그래서 약 1년 가까이 修正하고, 補完하고 다듬어서 이제야 출판에 이르게 되었다.(이 말은 곧 이 책의 저자들이 오랜 시간동안 고생을 하였다는 것을 의미한다.)

講讀會에 主導的으로 참여하면서 강독회를 잘 이끌어준 선한빛 박사와 이수진 박사에게 이 자리를 빌려 감사의 마음을 전한다. 또한 시어머니 같은 잔소리에도 묵묵히 강독회에 참여하면서 열심히 공부해준 박사 과정 수료생 김영미, 량빈, 최옥정과 박사 과정생 진주 및 뒤늦게 후발대로 강독회에 참여하면서 이 책이 나올 수 있도록 애써준 김다솔 박사 과정생과 황철하, 정다운, 정다미 석사과정생들에게도 깊은 감사의 마음을 전한다.

또한 대학원생들의 공부 자료가 책이 될 수 있도록 기회를 주신 한국어문학연구소 소장 김동근 교수님과 전남대학교 대학 인문역량 강화 사업단 단장 김양현 교수님께도 심심한 감사의 말씀을 드린다. 그리고 출판과정에서 처음부터 끝까지 신경을 써주신 한국어문학연구소 김미미 간사에게도 감사의 마음을 전한다. 마지막으로 원고보다 더 좋은 책이 되도록 애쓰신 국학자료원 관계자분들과 정구형 대표님께도 감사의 말씀을 드린다.

2018년 8월 14일 너무 너무 무더운 날이자 큰딸 은채의 생일날
용봉동 연구실에서
저자들을 대표하여 조재형 씀.

목차

일러두기

1. 이 책은 1612년(光海君 4년)에 간행된 제1차 중간본 『龍飛御天歌』를 저본으로 삼 았다. 다만 제1차 중간본의 오각 내지 탈각임이 분명한 경우에 성조, 형태를 수정 하여 제시하였다.

2. 『龍飛御天歌』 원문에 제시된 한자의 사성점 제시는 생략하였으며 원문의 공격은 '□'로 표시하였다.

3. 주석의 예문에 제시된 문헌 약호는 '南廣祐 編 『古語辭典』'을 따랐으며 배경고사 는 전절과 후절 사이 한 줄을 띄어 제시하였다.

4. 『龍飛御天歌』에서 체언과 체언 사이에 나타나는 'ㄱ, ㄷ, ㅂ, ㆆ, ㅿ' 등은 사잇소 리로 명명하였다. 다만 'ㆆ'이 절음부호로 명확하게 사용된 경우에는 'ㆆ'을 절음부 호로 분석한다. 사잇소리나 관형격조사로 명확히 분석하기 어려운 'ㅅ'의 경우에 는 'ㅅ'만 표기한다.

5. 형태 분석에 나타나는 문법용어에 대해서는 다음과 같이 정리하기로 한다.
   ㄱ. 내포문에 나타나는 '-오-'는 '삽입모음'으로 표기한다.
   ㄴ. 매개모음의 경우 활용형에서 매개모음 'ㆍ/으'가 실현되는 경우에는 괄호 안에 넣어 표시한다.
   ㄷ. 체언 중 활용형에 'ㅎ'이 나타나는 경우 'ㅎ말음체언'으로 표기한다.
   ㄹ. '-거-, -ᄂᆞ-, -더-'는 일반적인 경우 '시상의 선어말어미'로 처리하고 '-리-'는 '추측의 선어말어미'로 처리한다. 또한 '-시-', '-ᅀᆞᆸ-', '-이-'는 각각 '주체 높임 선어말어미', '객 체 높임 선어말어미', '상대 높임 선어말어미'로 그 용어를 통일한다.

6. 형태 분석에서 서술격조사, 'X호다', 용언의 사동형, 선어말어미의 불연속 형태의
   경우에 다음과 같이 표기한다.

   ㄱ. 서술격조사에 의해 활용하는 경우 '[체언 + 이]-'로 표기한다.

   ㄴ. '爲호다'와 같이 '한자호-'의 분석은 현대국어 사전에 따른다. 사전에 해당 어휘 구성이 등재
      되어 있으면 '호'를 접사로 파악하고, 그렇지 않으면 어절 경계를 둔다.

   ㄷ. '셰다', '니피다'와 같이 용언의 사동형의 경우 '[셔(어간) + -이-(사동 접사)]-', '[닙-(어간)
      + -히-(사동 접사)]-'와 같이 표기한다.

   ㄹ. '-거시늘', '-거시든'과 같이 '-시-'가 통합할 때 불연속 형태로 나타나는 형태는 '-시- +
      -거늘'과 같이 분석하여 제시한다. 다만, '-거니/어니' '-거사/어사' 등은 각각 형태들이 중
      세국어시기에 공시적으로 활발하게 사용되었다는 점에서 '-거늘/어늘', '-거든/어든' 등과는
      다르게 '-거- + -니', '-거- + -사(사)' 등으로 분석하고자 한다.

『龍飛御天歌』의 판본(版本) 해제(解題)*

    『龍飛御天歌』는 世宗의 명에 의해 작업이 진행되어 1447년(世宗 29년) 10월 전 10권 5책이 간행되었으며 모두 목판본이다. 『龍飛御天歌』의 편찬은 1442년(世宗 24년) 3월부터 준비 작업을 하여 1445년(世宗 27년) 4월에 권제(權踶), 정인지(鄭麟趾), 안지(安止) 등이 본문을 제진하였다. 여기에 최항(崔恒), 박팽년(朴彭年), 강희안(姜希顔), 신숙주(申叔舟) 등이 보수를 명 받아 주해를 덧붙였다. 서, 전, 발을 제외한 가사는 125장으로 구성되어 있다.

    각 장은 한글 가사, 한시 한문 주해의 세 부분으로 이루어져 있고, 각 부분에는 한자 독음 및 관련 사항에 대한 설명을 위해 협주가 덧붙기도 한다. 125장[1]의 가사는 내용상 크게 서가(1장－2장: 개국송), 본가

---

* 이 글은 『어문논총』 제32호(2018)에 실은 '『龍飛御天歌』의 판본과 국어학적 연구'를 간략 수정한 것이다.

1) 원간 초쇄본(가람본)의 서문은 존재하지 않으므로 원간 후쇄본(고판본)을 참고할 때 원간본이 간행될 당시 125장이었을까 하는 점은 의문이다. 강신항(1954:220)의 지적과 같이 원간 후쇄본(고판본)의 서문과 발문에는 123장이라고 적혀 있다는 점과 100장－125장 사이의 장차에 중복(1－7, 111장)이나 결순(109, 122장)이 있기 때문이다. 이에 대해 김승우(2009)에서는 원간 후쇄본(고판본)의 장차 문제와 내용상의

(3장－109장: 사적찬), 결가(110장－125장: 계왕훈)로 나뉘는데 본가의 대부분은 太祖와 太宗에 대한 것이다.[2]

『龍飛御天歌』의 판본은 크게 원간본 계열과 축약본 계열로 크게 분류할 수 있다.[3] 원간본 계열의 판본들은 한글 가사와 한시, 한문 주해의 세 부분으로 나뉘어 있으며 축약본 계열로는 통칭 실록본과 약본이 존재한다.

(1) 원간 초쇄본(가람본)[4]

1447년(世宗 29년)에 간행되었으며 목판본으로 책크기는 36×22.4cm, 광곽(匡郭)은 사주쌍변(四周雙邊), 반엽광곽(半葉匡郭)은 25.6×17.4cm이다. 유계(有界) 9행 20자로 주쌍행((註雙行)이며 판심(版心)은 대흑구(大黑口), 상하내향흑어미(上下內向黑魚尾)이다. 배접, 표지 개장을 하였다. 서울대 도서관의 가람문고에 소장된 2권 1책(권 1 · 2)의 영본(零

관련성을 분석하여 원래는 123장 소재의 원본 『龍飛御天歌』에 새로운 장을 첨입하여 현재 전하는 125장의 구성이 되었을 것으로 추정하였다. 즉, 중복이나 누락이 발생한 107장 이하의 문제는 107장과 124장이 첨입되어 나타난 것으로 보았다.

2) 본가인 3장－124장에서 태조는 9장－14장, 27장－89장에 해당하며 태종은 90장－109장이 해당된다.

3) 이기문(1962)에서 판본과 내용 문제가 제기된 이후 안병희(1979), 김정아(1993), 조규태(2003) 등이 이 문제를 다루어 참고할 수 있다.

4) 조규태(2002)에서는 각 판본에 대해 가람본은 초간초쇄본, 고판본은 초간후쇄본, 만력본은 제1차 중간본, 순치본은 제2차 중간본, 건륭본은 제3차 중간본 등으로 새로이 명칭을 하고 있다. 기존 논의에서 사용한 이본에 관한 명칭은 대체로 규장각 소장 도서가 중심이어서 고려대 만송문고 소장본, 계명대 도서관 소장본, 서울역사박물관 소장본 등을 함께 아우르지 못하는 문제가 있다는 지적을 받아들여 조규태(2002)의 분류를 수용하였다. 괄호 안에 기존에 통용되던 용어를 병기하도록 한다. 본 논의에서는 초간이라는 용어를 원간으로 수정하여 제시하기로 한다.

本)이며 정인지 서문과 전문 3a-4a, 권1의 1b, 권2의 43장 이하 낙장이다. 서 3장 일부와 본문의 1장 일부가 떨어지긴 했으나, 원간 초쇄본으로 가장 좋은 판본이다.5) 또한 내사본(內賜本)으로 '宣賜之記'란 인은 있으나 내사기(內賜記)는 없다. 'ㆍㆍ'자나 방점이 모두 완전한 원점을 유지한 '석보상절체'이다.6)

(2) 원간 후쇄본(고판본)

1447년(世宗 29년)에 간행된 판본으로 보이며 목판본으로 10권 5책이다. 책크기는 31.2×21cm, 광곽 사주쌍변, 반엽광곽 25.3×17.6cm이다.7) 유계 9행 20자 주쌍행이며 판심은 대흑구, 상하내향흑어미이다. 중간 1차본(만력본) 이전의 판본이며 서울대 규장각에 소장된 두 질 중 奎 2920는 10권 5책이 완질로 전한다.8) 다만 권 6의 가장자리가 불타 가사 42, 46, 47장은 일부만 볼 수 있으며 49장은 전혀 볼 수 없다.9) 발문이 전문 뒤에 장철되어 있다는 특징이 있다. 책머리에 정통 10년 을

---

5) 유창돈(1964)과 김상억(1975)에 따르면 원간본 권 7, 8, 9, 10이 권덕규 가에 소장되어 있었으나, 전시에 잃어버렸다고 한다. 박병채(1975:57) 주 1)에 따르면 원간본으로 추정되는 완질이 있다는 보고도 있다.

6) 'ㆍ'와 방점ㆍ자획 등의 특징에 따라 서체를 분류할 수 있다. 처음과 끝이 모진 형태를 유지하는 훈민정음 해례본의 글자체와 같지만 'ㆍ'가 포함된 중성자가 원래의 원점이 아닌 단선으로 바뀌어 있는 것이 석보상절체이다.

7) 서지적 사항은 규장각한국학연구원(http://e-kyujanggak.snu.ac.kr/home/main.do?siteCd=KYU)의『龍飛御天歌』항목의 정보를 따랐다. 김민수(1956)에서 제시한 서지사항과는 책 크기에서 차이가 있으며 이 차이를 일일이 표기하지는 않는다.

8) 원간 후쇄본, 2,3차 중간본의 경우 웹에서 원문 이미지를 제공하지 않으며 서울대학교 규장각한국학연구원에서 마이크로필름으로 열람할 수 있다.

9) <奎 5444>는 권 5ㆍ6 1책이 실전하며, 권 4말 부분 낙장이다.

축년(1445년, 世宗 27년) 여름 4월에 쓴 정인지의 서문이 실려 있고, 이어 같은 연월에 쓴 권제, 정인지, 안지 등의 전이 실려 있으며, 권10 말미에 정통 12년(1447년, 世宗 29년) 2월에 쓴 최항의 발문이 실려 있다.

원간 후쇄본의 서체는 원간 초쇄본과 같이 석보상절체이며 나타난 언어 사실로 보아 원간본으로 보인다.[10] 권10에는 장차가 고의적으로 변개된 곳이 있다. 108장부터 121장까지가 107장－120장으로 되어 있고 120장 다음에 바로 122장이 이어진다.

(3) 제1차 중간본(만력본)

1612년(光海君 4년, 만력 40년)에 간행된 목판본으로 책크기는 36×23.2cm, 광곽 사주쌍변, 반엽광곽 25.6×17.6cm이다. 유계 9행 20자로 판심은 대흑구, 상하내향흑어미이다. 선사지기의 인과 내사기를 가진 두 질의 책(태백산본, 오대산본)이 규장각 도서에 소장되어 있으며 10권 5책 완질로 전한다. 책머리에 정인지 서문, 권제, 정인지, 안지 등의 전이 실려 있고 권10 말미에 최항의 발문이 실려 있다. 원간본의 복각본으로 상당 부분 원간본을 충실히 따르고 있다. 다만 시기적 차이에 의한 의도적 변개가 눈에 보인다. 동일 판본의 4권 2책 권 5·6, 9·10이 고려대 만송문고에 전한다.

---

10) 원간 후쇄본의 경우 다른 판본에 비해 상태가 상당히 좋지 않은데 자획, 계선 등의 마멸도 심하고 인면의 공백이나 보각도 보인다. 이러한 사실로 미루어 애초에 심한 훼손을 입은 책판을 이용하여 인쇄한 것으로 보인다.

(4) 제2차 중간본(순치본)

　1659년(孝宗 10년)에 간행된 목판본으로 10권 5책 완질[11]이 전하며
간행지는 미상이다. 책크기 36×23.4cm(奎 2349, 一簀古 811.51－
Y8gb－v.7), 34.3×22.3cm(古 3320－18), 광곽 사주쌍변, 반엽광곽
24.6×17.6cm이다. 유계 9행 20자 주쌍행이며 판심은 상하내향삼엽(간
혹 이엽)화문어미(上下內向三葉花紋魚尾)이다.[12] 순치60년(1659년)의
내사기가 있다.[13] 책머리에 정인지 서문과 권제, 정인지, 안지 등의 전
이 실려 있으며 권10 말미에 최항의 발문이 실려 있다. 제1차 중간본
(만력본)을 기본으로 하여 그 오각을 바로 잡아 새로 새긴 것이지만 지
나치게 고친 데가 있다.[14] 글자체도 원간본의 석보상절체에서 벗어나
부드러운 글자체로 되어 있어 새로운 판하를 써서 복각한 것을 알 수
있다. 언어 사실의 변화에 따라 원간 후쇄본(고판본)이나 제1차 중간본
(만력본)과도 다른 오각 및 고의적 개각이 있다. 연세대 중앙도서관에
권3 · 4, 7 · 8, 9 · 10 6권 3책, 고려대 만송문고에 권 4, 5 2권 2책이 소
장되어 있다.[15]

---

11) <奎 2349>는 10권 10책이며 권7이 보사이다.
12) 판심의 형태도 시대에 따라 달라지는데, 대흑구에 상하내향흑어미를 가진 판심은
　　15세기에서 16세기에 쓰인 것이며 제2차 중간본과 같은 상하내향이엽/삼엽화문어
　　미는 17세기이후로 쓰인 것이다. 제2차 중간본은 서지적 측면과 내용적 측면에서
　　당대의 상황을 반영한 판본이라고 할 것이다.
13) 順治十六年(1659)十二月十一日 內賜司憲府執義 李惟泰 龍飛御天歌一件命除謝恩行
　　右承旨臣金 [手決](古 3320－18)
14) 제1차 중간본의 오각을 대부분 바로 잡았으나 새로운 오각과 변개가 눈에 띄는데
　　한글 가사의 '값 길히 업더시니(입더시니, 19장), 여토시고(녀토시고, 20장), 모딘
　　즘싱(즁싱, 30장), 눈곤더니이다(눈곤 디니이다, 50장), 저근(혀근, 82장)' 등과 주
　　해 부분의 횟가(回叱家 횟갸, 1:8ㄴ), 춘돌(窄梁 손돌, 6:59ㄴ) 등은 간행 당시의 언
　　어 사실이 반영된 결과로 파악할 수 있다.
15) 규장각 소장본 奎 2349와 고려대 만송문고 소장본은 권 4 · 5가 한 책으로 되어 있

(5) 제3차 중간본(건륭본)

1765년(英祖 41년, 건륭 30년)에 간행된 목판본으로 10권 5책 완질이며, 책크기는 37.8×24.3cm, 36.8×24cm(奎 2350)이다. 광곽 사주쌍변, 반엽광곽 24.2×17.6cm이다. 유계 9행 20자 주쌍행이며 판심은 상하내향삼엽화문어미이다. 내사기와 선사지기를 가지고 있다. 원간본의 체재를 그대로 따른 판본이며 제 2차 중간본 책판 중 훼손된 책판만 보각하여 간행한 보판이다. 원래의 책판을 이용해 찍은 부분은 책판의 마멸로 인쇄된 면이 깨끗하지 못하다. 보판된 부분은 인쇄된 면은 깨끗하나, 자획의 새김이 엉성하고, 국문가사의 방점이 사점(斜點) 또는 흰 권점으로 나타나는 등 차이를 보인다. 책머리에 정인지 서문과 전이 실려 있고 권10 말미에 최항의 발문이 실려 있다. 글자체는 제2차 중간본(순치본)의 부드러운 체를 그대로 답습하였으며, 제2차 중간본(순치본)의 오각 및 개각이 그대로 반영되었으며 방점의 누락이 더욱 심해졌다.

(6) 실록본

한글 가사와 한시 일부가 『世宗實錄』 악보(권 136－147) 중 권 140－145 봉래의(鳳來儀)에 실려 있다. 그 중 '여민락보(與民樂譜)'에 한시 일부(1－4, 125장)가 실려 있고, 국문 가사 전체가 실려 있다.16) 원간본과

는데, 종이의 두께 때문에 각 권을 한 책으로 묶은 것으로 보인다.
16) 권140 치화평보 상(1장－125장)에 한 번, 권141 치화평보 중(1장－125장)에 한 번, 권142 치화평보 하상(1장－42장) · 권143 치화평보 하중(43장－84장) · 권142 치화평보 하상(1장－42장)권143 치화평보 하중(43장－84장) · 권144 치화평보 하하(85장－125장)에 한 번, 모두 네 번 되풀이되어 실려 있다.

대조했을 때 방점과 한글 가사의 표기에서 다른 부분이 보이나 4 차례 반복하여 나오므로 서로 대조가 가능하다. 이를 통해 원간본의 정본을 수립할 수 있다. 이 부분은 필사본이므로 방점의 잘못을 포함하여 상당한 오사가 있어 이용에 주의가 필요하다.

(7) 약본(용비어천가언해)

한편 『龍飛御天歌』의 원형을 유지하고 있는 위의 판본들과는 달리, 원간본의 내용을 소략 개편한 『용비어천가약본』이 있다. 이는 전 125장 중 26장(1－10장, 13장, 21－22장, 24장, 97장, 100장, 110－118장, 125장)만을 택해, 원본의 한문 가사를 그대로 보이되 구결(한자)을 달았고, 다음 행에는 앞의 한문 가사를 다시 한글로 구결도 함께 표음하였으며, 그 뒤에 원본의 국문 가사의 의미를 해치지 않는 범위 안에서 되도록 쉬운 구어체로 개작하여 덧붙인 것으로, 국문 가사의 경우 원본과 완전히 다른 작품이라 하겠다. 1612년(광해군 4년) 함경도 관찰사 한준겸이 함흥에서 간행한 전 1권 1책의 목판본이다. 책크기는 32.8×23.2cm, 사주쌍변으로 반엽광곽 21.2×19.2cm이다. 유계 11항 20자이며 상하내향화문어미이다.

이상의 내용 중, 실록본과 필사본인 『龍飛御天歌』약본을 제외한 판본의 서지사항을 정리하면 다음 <표 2>와 같다.

<표 2> 『龍飛御天歌』 판본별 비교(단위: cm)

	책크기	광곽	반엽광곽	행격	판심	글자체
원간 초쇄본	36×22.4	사주쌍변	25.6×17.4	유계 9행 20자	대흑구, 상하내향흑어미	석보상절체

원간 후쇄본	31.2×21	사주쌍변	25.3×17.6	유계 9행 20자	대흑구, 상하내향흑어미	석보상절체
제1차 중간본	36×23.2	사주쌍변	25.6×17.6	유계 9행 20자	대흑구, 상하내향흑어미	석보상절체
제2차 중간본	36×23.4	사주쌍변	24.6×17.6	유계 9행 20자	상하내향삼엽화 문어미	부드러운 글자체
제3차 중간본	37.8×24.3	사주쌍변	24.2×17.6	유계 9행 20자	상하내향삼엽화 문어미	부드러운 글자체

또한 앞서 정리한『龍飛御天歌』현전 판본과 소장처 등의 정보를
한눈에 정리하여 다음과 같이 <표 3>으로 제시한다.

<표 3>『龍飛御天歌』현전 판본 일람

판본명칭 및 간행연대	소장처	참고 사항
원간 초쇄본 (가람본) 1447년(世宗 29) (추정)	서울대 규장각 가람문고	권 1 · 2 2권 1책 정인지 서문 없음
원간 초쇄본[17) 1447년(世宗 29)	서울역사박물관	권 3, 4 2권 2책－후대분책
	고려대 한적실 만송문고	권 1 · 2, 7 · 8 4권 2책
	계명대 도서관	권 8, 9, 10 3권 3책[18)
	Columbia Univ.	권 9 · 10 2권 1책
원간 후쇄본 (고판본) 1447년(世宗 29) (16세기 후쇄)	서울대 규장각	10권 5책 완질 정인지 서문 있음
제1차 중간본 (만력본) 1612년(光海君 4)	서울대 규장각	10권 5책 완질
	京都大 圖書館	10권 5책 완질
	고려대 한적실 만송문고	권5 · 6, 9 · 10 4권 2책
	세종대왕기념사업회	권 1 · 2 2권 1책

제2차 중간본 (순치본) 1659년(孝宗 10)	서울대 규장각	10권 5책 완질
	대구가톨릭대	10권 5책
	연세대 중앙도서관	권3 · 4, 7 · 8, 9 · 10 6권 3책
	고려대 한적실 만송문고	권4 · 5 2권 2책
제3차 중간본 (건륭본) 1765년(英祖 41)	서울대 규장각	10권 5책 완질(奎 2025)
실록본 1454년(端宗 2)	서울대 규장각	『世宗實錄』 악보 권140-145에 실림
약본 1612년(光海君 4)	통문관	1권 1책 서문 없음
	고려대 한적실 만송문고	'뇽비어텬가' 제목 총 26장

17) 조규태(2002:161)에서는 고려대 만송문고본과 계명대 소장본을 원간 후쇄본으로 추정하고 있다. 계명대 소장본의 책 전체 크기가 31.2×21.8cm, 글자체 등으로 보아 원간 후쇄본으로 추정하고 있다. 계명대 소장본과 원간 후쇄본, 제1차 중간본과 내용을 비교한 결과 계명대 소장본이 원간 후쇄본과 큰 차이가 없으나 제1차 중간본과는 한자 등 차이가 나는 부분이 여럿 보인다. 반면 디지털한글박물관(archives. hangeul.go.kr)의 한글 문헌 통합 정보에 따르면 고려대 만송문고본과 계명대 도서관본은 원간본으로, 서울대 규장각에 소장되어 있는 2질은 원간본이나 16세기 후쇄본이라는 점을 명시하고 있다. 아쉽게도 고려대 만송문고본은 원문 이미지나 영인본이 없어 직접 비교를 하지 못한 상태여서 어느 판본에 속하는 것인지에 대한 판단은 보류하되, 잠정적으로는 원간 초쇄본으로 보고자 한다. 원간 후쇄본인 고판본 92장의 '大孝'가 계명대 소장본의 '大孝 |'로 나타나고 있다는 점에서 원간 후쇄본으로의 분류를 주저하게 한다.

18) 계명대 소장본이 권8, 9, 10 3권인데도 3책으로 된 이유는 배접을 다시 한 후, 각 권을 낱권으로 제본하였기 때문이다. 계명대학교에서 발행한 계명대학교소식 제27호(1999)에 보면, 제1차 중간본에서 잘못되어 있는 것을 몇 가지 제시하고 있는데, 새로이 지적한 것은 다음과 같다. 앞쪽은 초간 후쇄본이고 뒤쪽은 제1차 중간본이다. 四日(8:42), 以此以興(9:4), 南。布方南。方(9:13), 齋齊(10:40) 등.

『龍飛御天歌』 주해(註解)

<龍歌 001>

海東 □ 六龍·이 ᄂ ᄅ·샤〮。:일·마다 天福·이시·니。古聖·이 〮同符·ᄒ시·니

海東 □ 六龍飛。莫非天所扶。古聖同符

[어절 분석]

①海東#六龍·이#②ᄂ ᄅ·샤#③:일·마다#④天福·이시·니#⑤古聖·이
#同符·ᄒ시·니

[현대역]

해동1) 육룡2)이 나시어 일마다 천복이시니 고성3)과 동부4)하시니

---

1) 海東: 발해의 동쪽으로 우리나라를 가리킴.
2) 六龍: 용(龍)은 귀한 사람에 비유되는 말로 여기에서는 주로 임금을 가리킴. 여섯 용
   은 이 태조의 고조부인 목조(穆祖)를 비롯하여, 익조(翼祖), 도조(度祖), 환조(桓祖)
   등 네 선조와 태조(太祖)와 태종(太宗)을 가리킴.
3) 古聖: 옛 성인.
4) 同符: '부(符)'는 부절(符節)을 말함. 부절은 옥으로 만들어 그 위에 전서(篆書)로 글자

[주석]

① 海東#六龍·이: 海東(체언) # 六龍(체언) + 이(주격조사)

'海東'이 후행하는 '六龍'을 수식하는 구조이다. 한국어에서 전형적으로 NP₁이 NP₂를 수식하는 구조이다.

② ᄂᆞᄅᆞ·샤: ᄂᆞᆯ−(어간, 飛) + −(ᄋᆞ)시−(주체 높임의 선어말어미) + −아(연결어미)

'ᄂᆞᄅᆞ샤'의 '샤'는 주체 높임의 선어말어미 '−시−'와 연결어미 '−아'가 음절축약을 거친 형태이다.

③ 일:마다: 일(체언, 事) + 마다(보조사)

④ 天福·이시·니: [天福(체언) + 이(서술격조사)]− + −시−(주체 높임의 선어말어미) + −니(연결어미)

장윤희(2002)에서는 '−니' 뒤에 영형태소의 종결어미 '−이'가 있다고 보는데 이 글에서는 이를 수용하지 않고 연결어미로 처리하고자 한다.

⑤ 古聖·이#同符·ᄒᆞ시·니: 古聖(체언) + 이(비교의 부사격조사) # [同符(어근) + −ᄒᆞ(동사 파생 접사)]− + −시−(주체 높임의 선어말어미) + −니(연결어미)

이 시기에 비교의 부사격조사로 '이'의 형태가 사용되는 경우가 많다. 주로 서술어로 'ᄀᆞᆮᄒᆞ다, 다ᄅᆞ다' 등이 올 경우에 비교의 부사격조사가 사용되었다.

를 새겨 반으로 쪼갠 뒤, 제후나 사신에게 주어 신표로 삼은 것임. 부절을 합한 것과 같음.

<龍歌 002>

불·휘기·픈남·군॰ᄇᄅ·매아·니:뮐·씨॰곶:됴·코॰여·름·하ᄂ·니
:시·미기·픈·므·른॰ᄀᄆ·래아·니그·츨·씨॰:내·히이·러॰바·ᄅ·래·가ᄂ·니

根深之木॰風亦不扤॰有灼其華॰有蕡其實
源遠之水॰旱亦不竭॰流斯爲川॰干海必達

[어절 분석]

불·휘#기·픈#①남·군#②ᄇᄅ·매#③아·니#:뮐·씨#곶#④:됴·코#⑤
여·름#⑥·하ᄂ·니
:시·미#기·픈#·므·른#⑦·ᄀᄆ·래#아·니#그·츨·씨#⑧:내·히#이·러#
⑨바·ᄅ·래#·가ᄂ·니

[현대역]

뿌리가 깊은 나무는 바람에 흔들리지 않으므로 꽃이 좋고 열매가 많으니
샘이 깊은 물은 가뭄에 그치지 않으므로 내가 되어 바다에 가니

[주석]

① 남·군: 남(체언, 木) + 은(보조사)

‘나모’는 중세국어 시기에 비자동적 교체를 보이는 대표적인 명사다.
안병희·이광호(1990:149-150)에 따르면 ‘나모’ 뒤에 조사가 붙는 환
경은 다음과 같이 두 가지로 나눌 수 있다. 휴지나 자음, 반모음 앞에서
는 ‘나모’로, 모음으로 시작되는 격조사 앞에서는 ‘낢’으로 교체되었다.
‘나모’의 교체 환경은 아래와 같다.

예1) 누른 남기(나모 + 이) 니러셔니이다 <龍歌 84>

예2) 如來 남굴(나모 + 울) 보며 싱각ᄒ샤ᄃᆡ <月釋 4:47a>

예3) ① 남기(나모 +특이처격조사 이) ᄲᅦ여 性命을 ᄆᆞᄎᆞ시니 <月釋 1:2b>

　　② 남ᄀ로(나모 + ᄋᆞ로) 본 밍ᄀᆞᆯ 씨라 <月釋 17:54b>

　　③ 솘바올 닐굽과 이본 나모와(나모 + 와) <龍歌 89>

'나모'와 같이 교체를 보이는 체언으로는 '구무'가 있다. '구무'는 자음이나 휴지, 반모음 앞에서는 '구무'로, 모음으로 시작하는 조사 앞에서는 '굼'으로 교체한다.

② ᄇᆞᄅᆞ·매: ᄇᆞᄅᆞᆷ(체언, 風) + 애(원인의 부사격조사)

③ 아·니#뮐·씨: 아니(부사) # 뮈ㅡ(어간, 動) + ㅡㄹ씨(연결어미)

고영근(2010:241)에 따르면 사동 부정문과 피동 부정문을 제외한 중세국어 부정법은 '아니' 부정문, '몯' 부정문, '말다' 부정문으로 실현된다. '아니' 부정문은 체언 부정문, 용언 부정문, 관형사 부정문, 부사 부정문 등으로 구분된다. 특히 용언 부정문에는 현대국어와 마찬가지로 짧은 부정문과 긴 부정문이 있는데 본문의 '아니' 부정문은 짧은 부정문에 해당한다.

동사의 어근이 명사나 한자어일 때에는 어근과 접사 'ᄒᆞ다' 사이에 '아니'를 두는 것(疑心 아니 ᄒᆞ고, 시름 아니 호리라)이 보통이다. 그런데 문헌에 따라서는 '아니'가 어근에 앞서는 일(아니 ᄉᆞ랑ᄒ ᄉᆞ ᄫᆞ리)이 있는데, 이는 이례적인 경우라 할 수 있다. 이러한 현상을 고영근(2010:242ㅡ243)에서는 『龍飛御天歌』의 부정문이 본문과 같이 짧은 형식을 취하고 있다는 전반적인 경향에 유추된 용법으로 보았다. 참고로 『龍飛御天歌』와 『月印千江之曲』에는 짧은 부정문만 나타난다.

④ :됴·코: 둏−(어간, 好) + −고(연결어미)

중세국어 시기에는 '둏다'와 '좋다'가 있다. 현대국어에서의 '좋다'의 의미는 '둏다'가 가지고 있으며 중세국어의 '좋다'는 '깨끗하다'의 의미를 가진다.

⑤ 여·름: 열−(어근) + −(으)ㅁ(명사 파생 접사)

'여름'은 어근 '열−'에 명사 파생 접미사 '−음'이 결합하면서 연철 표기된 것이다.

현대국어에서의 '여름'은 '夏'의 의미를 가지는데 중세국어에서는 '實'을 의미한다. 중세국어에서는 '녀름'이 '夏'의 의미를 가진다.

⑥ ·하ᄂᆞ·니: 하−(어간, 多) + −ᄂᆞ−(시상의 선어말어미) + −니(연결어미)

⑦ ·ᄀᆞᄆᆞ·래: ᄀᆞ물(체언) + 애(부사격조사)

'ᄀᆞ물'은 물이 그치게 되는 원인이 되므로 '애'를 원인의 부사격조사로 보는 견해가 있다. 『龍飛御天歌』의 형태소를 분석한 윤석민·유승섭·권면주(2005), 한승주(2014)에서는 'ᄀᆞᄆᆞ래'의 '애'를 원인의 부사격조사로 기술하였다. 한편 조규태(2007/2010:25−26)에서는 'ᄀᆞᄆᆞ래'의 '애'를 낙착점 처소 부사격조사로 제시하였다.

그런데 '시미 기픈 므른 ᄀᆞᄆᆞ래 아니 그츨씨'를 의역하면 '샘이 깊은 물은 가뭄이라는 상태에서도 그치지 않으므로'가 된다. 『표준국어대사전』에서 제시하는 부사격조사 '애'의 의미 중 '9. 앞말이 조건, 환경, 상태 따위의 부사어임을 나타내는 격조사'를 참고하면 'ᄀᆞᄆᆞ래'의 '애'는 '조건, 환경, 상태'를 의미하는 기능을 가진 것으로 볼 수도 있다.

⑧ :내·히: 내(ㅎ말음체언, 川) + 이(주격조사)

중세국어에서 자동적 교체를 보이는 명사어간 중에 'ㅎ' 말음을 가진 것들이 있는데 이들의 단독형은 '내'이지만 모음으로 시작하는 조사가 붙는 경우에는 '내ㅎ'으로 나타나기도 한다. 안병희·이광호(1990:148)는 '내' 뒤에 조사가 붙는 예를 다음과 같이 제시하고 있다.

예1) 주격: 내히 이러 바ᄅᆞ래 가ᄂᆞ니 <龍歌 2>
예2) 목적격: 믈근 내ᄒᆞᆯ 當ᄒᆞ얫도다 <初杜解 6:36a>
예3) ① 처소의 부사격: 블근 旗ᄂᆞᆫ 너븐 내해 흐럿도다 <初杜解 22:23b>
② 공동의 부사격: 나모와 뫼콰 내콰 프ᅀᅥᆼ귀와 사ᄅᆞᆷ과 즁ᅵᆼ괘 다 物이
라 <楞解 2:34b>

이와 같은 교체를 보이는 명사는 수사를 포함하여 약 80여 단어가 넘는다. 근대국어에서는 말음 'ㅎ'이 소멸되면서 차차 사라지게 되었고 현대국어의 '수탉, 조팝' 등에서 화석화되어 남아 있다. 한편 후기중세국어 문헌에서도 ㅎ말음체언의 'ㅎ'이 소실되는 경향을 찾아볼 수 있다.

예4) ① 하ᄂᆞᄅᆞᆯ 섬기디 아니코 <釋譜 9:25a>
② 여슷 하ᄂᆞ래 그듸 가 들 찌비 ᄇᆞᆯ쎠 이도다 <釋譜 6:35b>
③ 너브신 복이 하늘와 ᄀᆞᆮ투샤 <飜朴 1a>

⑨ 바·ᄅᆞ·래: 바ᄅᆞᆯ(체언, 海) + 애(처소의 부사격조사)

<龍歌 003>

周國。大王·이◦幽谷·애:사ᄅᆞ·샤◦帝業·을◦:여·르시·니

·우리 ▢ 始祖 ㅣ ◦慶興·에 :사른·샤 ◦ ▢ 王業·을 ◦ :여·르시·니

昔周◦大王◦干▨斯依◦干▨斯依◦肇造丕基
今我 ▢ 始祖◦慶興是宅◦慶興是宅◦肇開鴻業

[어절 분석]
周國大王·이 # ▨谷·애 # ① :사른·샤 # 帝業·을 # ② :여·르시·니
·우리 # 始祖 ㅣ # 慶興·에 # :사른·샤 # 王業·을 # :여·르시·니

[배경 고사]
周 大王 古公亶父는 棄의 후손 公劉의 九代孫이다. 기는 주의 선조 后稷
의 이름으로 본래 堯舜의 신하였다. 후에 기의 후손 공류가 ▨谷에서
戎狄의 땅에서 살며 후직의 업을 닦아 빈곡에 나라를 세웠다. 공류가
죽은 후 그의 후손 고공단부가 기와 공류의 업을 닦고 덕을 쌓고 의를
행하자 백성들이 고공단부를 임금으로 추대하였다.

穆祖가 全州에서 江原道 三陟縣으로, 다시 咸吉道 德源府로 옮겨가 살
았다. 이후 목조는 元에 귀속되어 斡東으로 옮겨 갔는데 오동은 지금의
慶興府 동쪽 30리에 있다. 원나라는 그를 5000호의 達魯花赤로 삼았다.
동북 사람들이 목조를 따랐는데 조선의 왕업이 여기에서 시작되었다.

[현대역]
주 대왕5)이 빈곡6)에 사시어 제업을 여시니
우리 시조가 경흥에 사시어 왕업을 여시니

---

5) 周國大王: 주나라의 태왕(太王). 즉 고공단부(古公亶父)를 가리킴.
6) ▨谷: '빈'이라는 골짜기. 주나라가 맨 처음을 나라의 터전을 잡았던 곳임.

[주석]

① :사ᄅᆞ·샤: 살−(어간, 生) + −(ᄋᆞ)시−(주체 높임의 선어말어미) +
−아(연결어미)

② :여·르시·니: 열−(어간, 開) + −(으)시−(주체 높임의 선어말어미)
+ −니(연결어미)

<龍歌 004>

狄人ㅅ·서리·예·가·샤◦狄人·이◦ᄀᆞᆯ·외어·늘◦岐山:올·ᄆᆞ샴·도◦하·ᄂᆞᆳ·ᄠᆞ·
디시·니

野人ㅅ·서리·예·가·샤◦野人·이◦ᄀᆞᆯ·외어·늘◦德源:올·ᄆᆞ샴·도◦하·ᄂᆞᆳ·ᄠᆞ·
디시·니

狄人與處◦狄人干侵◦岐山之遷實維天心

野人與處◦野人不禮◦德源之徙◦實是天啓

[어절 분석]

①狄人ㅅ#②·서리·예#③·가·샤#狄人·이#④ᄀᆞᆯ·외어·늘#岐山#⑤:올·
ᄆᆞ샴·도#⑥하·ᄂᆞᆳ#·ᄠᆞ·디시·니

野人ㅅ#·서리·예#·가·샤#野人·이#ᄀᆞᆯ·외어·늘#德源#:올·ᄆᆞ샴·도#
하·ᄂᆞᆳ#·ᄠᆞ·디시·니

[배경 고사]

古公亶父가 豳谷에 살 때에 북쪽 오랑캐가 쳐들어오자 私屬과 함께 빈

곡을 떠났다. 고공단부는 漆水, 沮水 두 강을 건너고 梁山을 넘어 岐山 아래에 마을을 이루고 살았다. 이에 빈곡의 사람들이 고공단부를 따랐고 다른 나라에까지 이 이야기가 전해졌다. 많은 사람들이 고공단부를 따르자 고공단부는 오랑캐의 풍습을 없애고 성곽을 지어 周라고 이름 지었다.

穆祖가 斡東에 살 때에 女眞의 여러 千戶가 마을에 오면 잔치를 벌였는데 翼祖도 그와 같이 하였다. 그런데 익조가 마을 사람들에게 신임을 얻고 그의 위엄이 커지자 여러 천호들이 익조를 해하려 하였다. 익조가 황급히 가족들을 豆漫江으로 보내 赤島에서 만나기로 약속하였다. 익조가 부인과 함께 적도에 이르렀는데 오동의 사람들이 익조의 소식을 듣고 적도로 좇아 왔다. 후에 익조가 德源府에 돌아왔는데 慶興의 백성들이 모여드는 모습이 장날의 장사꾼들과 같았다.

[현대역]
(고공단부가) 적인7)의 무리에 가시어 적인이 대적하거늘 기산으로 옮기신 것도 하늘의 뜻이시니
(익조가) 야인8)의 무리에 가시어 야인이 대적하거늘 덕원으로 옮기신 것도 하늘의 뜻이시니

[주석]
① 狄人ㅅ: 狄人(체언) + ㅅ

---

7) 狄人: 옛날 중국에서는 중국의 주변 민족을 일컬을 때 중국의 북쪽 민족을 (北)狄(적), 남쪽 민족을 (南)蠻(만), 동쪽 민족을 (東)夷(이), 서쪽 민족을 (西)戎(융)이라 불렀다.
8) 野人: 고려 말과 조선 초에 두만강 일대에 살던 '오랑캐(兀良哈), 우디거(兀狄哈), 여진(女眞)' 등의 여러 종족을 야인이라고 불렀다.

안병희(1992:48-50)에 따르면 중세국어 시기에는 'ㅅ'이 관형격조사의 기능을 할 때 유정물과 무정물 지칭 체언에 두루 연결되며 위치에 따라 여러 교체형을 보인다. 특히 불경 언해서에서는 일반적으로 'ㅅ'이 존귀한 인물 지칭 체언에 연결되고 경어법상 평칭인 인물에는 '익/의'가 연결된다. 그런데 본문의 '狄人'은 문맥 상 존칭의 대상이 아니기 때문에 안병희(1992)의 설명에 따르면 '狄人ㅅ'의 'ㅅ'은 관형격조사로 분석할 수 없다.

② ·서리·예: 서리(체언, 間) + 에(처소의 부사격조사)
중세국어 시기의 'ᄉᅀᅵ'는 '둘 간의 사이'를 지칭하였고 '서리'는 '셋 사이'를 의미한다.

③ ·가·샤: 가-(어간, 去) + -시-(주체 높임의 선어말어미) + -아
   (연결어미)

④ 글·외어·늘: 글외-(어간, 敵) + -거늘(연결어미)
안병희·이광호(1990:220)에 따르면 초성 'ㄱ'인 어미 '-거-, -게/긔, -고' 등은 선행하는 어간의 말음이 'ㄹ'이나 'ㅣ(y)'인 경우에 'ㄱ'이 약화하여 '-어-, -에/의, -오' 등으로 교체된다. 본문의 '글외어늘'도 본래는 '글외거늘'이지만 어간 '글외-'가 'ㅣ'로 끝나서 '-거늘'의 'ㄱ'이 약화하여 '글외어늘'로 실현된 것이다.

⑤ :올·ᄆᆞ샴·도: 옮-(어간) + -(ᄋᆞ)시-(주체 높임의 선어말어미) + -옴(명사형 어미) + 도(보조사)
안병희·이광호(1990:223)에 따르면 존경의 선어말어미 '-시-'는 후

행하는 어미가 '—아, —오—'의 형태가 오면 '—(♀/으)샤'로 교체된다. 이때 후행하는 어미의 모음은 축약되거나 탈락한다. 즉, 어미 '—아/어, —오딕/우딕, —옴/움, —쨔'와 결합한 활용형은 아래와 같이 '—샤, —샤딕, —샴'으로 나타난다.

예) ① 海東 六龍이 <u>ᄂᆞᄅᆞ샤</u> 일마다 天福이시니 <龍歌 1>
　　② 부톄 目連이ᄃᆞ려 <u>니ᄅᆞ샤딕</u> <釋譜 6:1a>
　　③ 글발로 말이ᅀᆞ 뷜둘 <u>가샴</u> 오ᄂᆞᆯ 다ᄅᆞ 리잇가 <龍歌 26>

고영근(1987/2010:308—309)에 따르면 '—옴, —오딕, —옷, —오려, —오마' 등은 '오'를 필수적으로 요구한다. 즉, '—ㅁ(명사형어미), —딕 (연결어미), —ㅅ(감동법의 선어말어미), —려(연결어미), —마(종결어미)' 등은 홀로 사용되지 못하고 반드시 '—오—'가 선접한다는 것이다. 이러한 설명의 가장 큰 원인은 중세국어시기의 '—오/우—'의 정확한 기능을 설명할 수 없기 때문이며, 이런 이유로 '—옴, —오딕, —옷, —오려, —오마' 등은 공시적으로 형태소 분석을 하지 않고 단일 형태소로 처리한다. 다만, 이럴 경우에도 이들 어미들은 통시적으로는 '—오— + —ㅁ/ —딕/—ㅅ/—려/—마'의 통합 과정을 거쳐 형성된 것으로 보고 있다.

⑥ 하ᄂᆞᆶ#·ᄠ·디시·니: 하ᄂᆞᆯ(ㆆ말음체언) + ㆆ(사잇소리) # [ᄠᅳᆮ(체언) + 이(서술격조사)]— + —시—(주체 높임의 선어말어미) + —니 (연결어미)

『龍飛御天歌』에서는 한자어 뒤에서 사잇소리 'ㅅ' 대신에 'ㄱ, ㄷ, ㅂ, ㅸ, ㆆ' 등이 다양하게 나타나지만 그 체계에는 일정한 규칙이 있었다. 앞 단어의 말음이 불청불탁자인 경우에는 그것과 같은 계열의 전청자를 사용하였다. 즉 앞 음절의 받침이 'ㅇ'이면 그 뒤에 'ㄱ'을 쓰고, 'ㄴ'이면 'ㄷ'

을, 'ㅁ'이면 'ㅂ'을, 'ㅱ'이면 'ㅸ'을, 'ㅇ'이면 그 뒤에 'ㆆ'을 쓴 것이다.

한편 이광호(2015:184)에서는 15세기에 'ㅅ' 이외의 글자들이 사용됨으로써 '사잇소리' 또는 '삽입자음'이란 말을 쓰는 것에 대해 이것은 15세기 국어에서 속격조사였으므로 엄격하게 말하면 잘못된 명칭들이라고 하면서 '사이시옷'이라고 하였다. 그리고 이 다양한 표기들이 나중에 'ㅅ' 하나로 통일되는데 이처럼 'ㅅ'이 선택된 이유에 대해서는 향찰 표기에서 이 속격어미가 '叱'로 표기된 데서 유래한 것으로 추측하였다.

<龍歌 005>

漆沮:ㄱ·샛·움·흘。後聖·이니르·시·니。帝業憂勤·이。·더러·ᄒ시·니
赤島안·햇·움·흘。至今·에·보·습ᄂ·니。▯ 王業艱難·이。·이러·ᄒ시·니

漆沮陶穴。後聖以矢。帝業憂勤。允也如彼
赤島陶穴。今人猶視。▯ 王業艱難。允也如比

[어절 분석]
漆沮#①:ㄱ·샛#②·움·흘#後聖·이#③니르·시·니#帝業憂勤·이#④·더러·ᄒ시·니

赤島#⑤안·햇#·움·흘#至今·에#⑥·보·습ᄂ·니#王業艱難·이#·이러·ᄒ시·니

[배경 고사]
古公亶父가 岐山으로 옮겨 갔을 때 漆水, 沮水 강가에서 움을 파고 살았다. 이 움은 周公 때에까지 남아 있었는데, 이때 주공은 시를 지어 成王

을 타일렀다. 주공은 시에서 周 大王이 岐周에서 왕업을 이룩할 때의 어려움을 노래하였다.

翼祖가 赤島에 살 때에 움을 파고 살았는데 그 터가 世宗 때까지 남아 있었다. 왕업을 이루는 일이 어렵다는 것을 서술하고 있다.

[현대역]
(고공단부가) 칠저9) 가의 움막을 후세 성인10)이 말하시니 제업우근11)
이 저러하시니
(익조가) 적도 안의 움막을 지금에 보시니 왕업간난12)이 이러하시니

[주석]
① : ᄀᆞ생: ᄀᆞᆺ(체언, 邊) + 앳(관형격조사)
'ᄀᆞᆺ'은 후행하는 조사의 초성에 따라 그 형태의 양상이 달라진다. 조사가 모음으로 시작할 경우에는 'ㅅ'이 'ㅿ'으로 바뀌지만 자음으로 시작하는 조사와 결합하면 'ㅅ'의 형태가 그대로 유지된다.

　　예) ① ᄀᆞᅀᅵ, ᄀᆞᅀᅵ라, ᄀᆞᅀᆞᆫ, ᄀᆞᅀᆞᆯ, ᄀᆞᅀᆞ로, ᄀᆞᅀᅢ(ᄀᆞᅀᅵ)
　　　　② ᄀᆞᆺ과, ᄀᆞᆺ도

또한 'ᄀᆞ생'의 '앳'은 부사격조사와 관형격조사가 합쳐진 복합조사의 형태이다.

---

9) 漆沮: 칠수와 저수라는 두 강.
10) 後聖: 훗날의 성인. 여기에서는 주나라의 주공(周公)을 가리킴.
11) 帝業憂勤: 황제가 되는 일의 근심과 걱정.
12) 王業艱難: 임금이 되는 일의 어려움.

황화상(2003:133)에서는 구조격조사가 선행할 경우 명사구 전체를 작용역으로 할 수 없으므로 구조격조사가 후행하여야 한다고 하였고, 임동훈(2004:124)에서도 문법격과 의미격이 중첩될 때에는 문법격이 의미격을 후행한다고 하였다. 또한 성환갑·조재형(2011:76－77)에서도 관형격조사는 구조격조사이며 부사격조사는 의미격조사에 해당하는데 국어의 구조격조사와 의미격조사가 중첩할 때에는 항상 구조격조사가 의미격조사에 후행한다고 하였다.

한편 위의 '앳'은 관형격조사의 기능을 수행하기 때문에 여기에서는 '앳, 엣, 옛'을 관형격조사로 분석한다.

② ·움·흘: 움(ㅎ말음체언) + 을(목적격조사)

③ 니르·시·니: 니르－(어간, 謂) + －시－(주체 높임의 선어말어미) + －니(연결어미)

④ ·뎌러·ㅎ시·니: 뎌러ㅎ－(어간) + －시－(주체 높임의 선어말어미) + －니(연결어미)

⑤ 안·햇: 안(ㅎ말음체언, 內) + 앳(관형격조사)

⑥ ·보·ᄉᆞᆸ·ᄂᆞ·니: 보－(어간, 看) + －ᄉᆞᆸ－(객체 높임의 선어말어미) + －ᄂᆞ－(시상의 선어말어미) + －니(연결어미)

'－ᄉᆞᆸ－'은 후기중세국어 시기의 객체 높임의 선어말어미이다. '－ᄉᆞᆸ－'은 선행하는 어간과 후행하는 어미에 따라 실현되는 형태가 다르다. 고영근(1987/2010:137－138)에서는 '－ᄉᆞᆸ－'의 이형태와 그 실현 환경을 다음과 같이 제시하였다.

어간 말 자음 \ 후행 어미	자음 어미 형태	자음 어미 예문	모음 어미 형태	모음 어미 예문
ㄱ, ㅂ, ㅅ, ㅎ	습	막습거늘, 닙습고, 빗습더니, 노습고	슨	돕스ᄫᅵ니, 깃스ᄫᅡ, 먹스ᄫᅵ니
ㅈ, ㅊ, ㄷ	줍	마쯥더니, 좃줍고져, 듣줍게	즐	얻ᄌᆞᄫᅡ, 좃ᄌᆞᄫᅵ니, 마쯔ᄫᅡ
ㄴ, ㅁ, ㄹ, 모음	습	보습건대, 아ᅀᆞᆸ게	슬	ᄀᆞ초ᅀᆞᄫᅡ, 안ᅀᆞᄫᅡ, 삼ᅀᆞ보리라

‘보습ᄂᆞ니’는 모음으로 끝나는 용언 어간 ‘보-’에 ‘-습-’이 결합한 것이므로 이형태 ‘-습-’이 실현된 것이다. 또한 본문에서 주체가 보는 대상이 ‘赤島 안·햇·움·흘’이다. ‘움’은 익조가 야인들에게 쫓겨 赤島에 피해 살 때, 살았던 곳이다. 따라서 익조가 살았던 곳을 높이기 위해 어간에 ‘-습-’이 결합되었다.

<龍歌 006>

商德·이衰·ᄒᆞ거·든。天下·를맛ᄃᆞ·시릴·ᄊᆡ。西水ㅅ:ᄀᆞᅀᅵ。져·재·ᄀᆞᆮ ᄒᆞ·니
麗運·이衰·ᄒᆞ거·든。나·라·ᄒᆞᆯ맛ᄃᆞ·시릴·ᄊᆡ。東海ㅅ:ᄀᆞᅀᅵ。져·재·ᄀᆞᆮ ᄒᆞ·니

商德之衰。将受九圍。西水之滸。如市之歸
麗運之衰。将受大東。東海之濱。如市之從

[어절 분석]
商德·이#①衰·ᄒᆞ거·든#天下·를#②맛ᄃᆞ·시릴·ᄊᆡ#西水ㅅ#:ᄀᆞᅀᅵ#③져·재#·ᄀᆞᆮ ᄒᆞ·니
麗運·이#衰·ᄒᆞ거·든#④나·라·ᄒᆞᆯ#맛ᄃᆞ·시릴·ᄊᆡ#東海ㅅ#:ᄀᆞᅀᅵ#져·재#·ᄀᆞᆮ ᄒᆞ·니

[배경 고사]

商(殷)의 덕이 쇠하여 周가 앞으로 천하를 받게 되니 西水의 물가가 시장과 같다.

高麗의 운이 쇠하여 李成桂가 앞으로 나라를 받게 되니 東海의 물가가 시장과 같다.

[현대역]

상덕13)이 쇠하므로 천하를 맡으실 것이므로 서수14)의 가가 시장과 같으니

여운15)이 쇠하므로 나라를 맡으실 것이므로 동해의 가가 시장과 같으니

[주석]

① 衰·ᄒ거·든: [衰(어근) + −ᄒ(동사 파생 접사)]− + −거든(연결어미)

② 맛ᄃ·시릴·ᄊᆡ: 맜−(어간) + −(ᄋ)시−(주체 높임의 선어말어미) + −리−(추측의 선어말어미) + −ㄹᄊᆡ(연결어미)

③ 져·재#·ᄀᆞᆮᄒ·니: 져재(체언, 市場) + zero형 비교의 부사격조사 # ᄀᆞᆮᄒ−(어간) + −니(연결어미)

서술어 'ᄀᆞᆮᄒ다, ᄃᆞᄅ다' 앞에는 일반적으로 비교의 부사격조사가 온다. 따라서 '져재'와 'ᄀᆞᆮᄒ다' 사이에는 zero형의 비교의 부사격조사가 사용된 것으로 볼 수 있다. zero형 격조사는 선행 체언이 모음 'ㅣ'나 반

---

13) 商德: 商의 덕. 여기서의 商은 殷을 가리킴.
14) 西水: 칠수(漆水)와 저수(沮水)를 말함.
15) 麗運: 고려의 운명.

모음 'y'로 끝날 때에 사용된다.

④ 나·라·홀 : 나라(ㅎ말음체언) + 을(목적격조사)

<龍歌 OO7>

블·근:새·그·를므·러∘寝室이·페안ᄌ·니∘聖子革命·에∘帝祐·를∘:뵈ᅀᆞ·
ᄫ·니
·ᄇ야·미:가·칠므·러∘즘·겟·가·재연ᄌ·니∘ㅁ聖孫將興·에∘嘉祥·이∘몬:졔
시·니

赤爵御書∘止室之戶∘聖子革命∘爰示帝祐
大蛇御鵲∘寘樹之揚∘ㅁ聖孫將興∘爰先嘉祥

[어절 분석]
①블·근#②:새#·그·를#③므·러#寝室#④이·페#⑤안ᄌ·니#聖子革
命·에#帝祐·를#⑥:뵈ᅀᆞ·ᄫ·니
⑦·ᄇ야·미#⑧:가·칠#므·러#⑨즘·겟#·가·재#연ᄌ·니#聖孫將興·에#
嘉祥·이#⑩몬:졔시·니

[배경 고사]
周 文王이 천명을 받을 때에 붉은 새가 단서(丹書)를 물고 와서 문왕의
침실 창문에 앉았다. 그 글에 이르기를 "공경함이 게으름을 이기면 길
하고 게으름이 공경함을 이기면 멸망한다. 의가 욕망을 이기면 순조롭
고 욕망이 의를 이기면 흉한다. 무릇 억지로 일을 하지 않으면 비뚤어

지지 않고 공경하지 않으면 바르지 않으니 비뚤어지면 망할 것이요. 공경하면 영원할 것이다. 仁으로 얻고 인으로 지키면 十世에 이를 것이고 不仁으로 얻어 불인으로 지키면 당대에도 미치지 못한다."라고 했다.

度祖가 일찍이 行營에 있을 때에 까치 두 마리가 영내의 큰 나무에 모여 앉았다. 도조가 새를 쏘려고 하는데 나뭇가지와의 거리가 백보나 되었다. 군사들이 모두 맞출 수 없을 것이라고 말했다. 도조가 활을 쏘았는데 까치 두 마리가 함께 떨어졌다. 그 때에 큰 뱀이 나타나 까치를 물어 다른 나뭇가지 위에 올려놓고 먹지 않았다. 사람들이 이를 신기하게 여기며 도조를 칭송하였다.

[현대역]
붉은 새가 글을 물어 (주 문왕의) 침실 창문에 앉으니 성자혁명16)에 제호17)를 보이셨으니
뱀이 까치를 물어 (도조 근처의) 나뭇가지에 얹으니 성손장흥18)에 가상19)이 먼저이시니

[주석]
① 블·근: 븕−(어간, 赤) + −(으)ㄴ(관형사형 어미)
중세국어 시기의 '븕다'는 'ㅂ'의 영향을 받아 원순모음화를 겪으면서 '붉다'로 형태가 변했다.

---

16) 聖子革命: 성스러운 아들이 혁명을 일으킴. 이때 '성자(聖子)'는 주나라의 무왕을 가리킴.
17) 帝祐: 하늘의 황제가 내리는 복.
18) 聖孫將興: 성스러운 손자가 장차 일어남. 여기에서는 이 태조의 할아버지인 도조(度祖)가 일어날 것임을 가리킴.
19) 嘉祥: 좋은 일이 일어날 조짐.

② :새: 새(체언) + zero형 주격조사

③ 므·러: 믈-(어간) + -어(연결어미)

④ 이·페: 잎(체언) + 에(처소의 부사격조사)

⑤ 안ᄌ·니: 앉-(어간, 坐) + -(ᄋ)니(연결어미)

⑥ :뵈ᅀᆞ·ᄫᆞ·니: 뵈-(어간) + -ᅀᆞᆸ-(객체 높임의 선어말어미) + -
(ᄋ)니(연결어미)
여기에서 '-ᅀᆞᆸ-'이 높이는 대상은 '제호(帝祜)'다.

⑦ ·ᄇᆞ야·미: ᄇᆞ얌(체언, 蛇) + 이(주격조사)

⑧ :가·칠: 가치(체언) + ㄹ(목적격조사)

⑨ 즘·겟#·가·재: 즘게(체언) + ㅅ(관형격조사) # 갗(체언, 枝) + 애(처
소의 부사격조사)
'즘겟가재'가 하나의 단어였다면 성조가 [LHLH]로 나타나야 하지만
『龍飛御天歌』에서는 [LHHH]로 나타난다. 거성불연삼[20]의 규칙을 고
려하면 '즘겟가재'는 하나의 단어가 아니라 '즘겟#가재'의 두 단어로
분리해서 봐야 한다. 또한 '즘게'가 단독으로 쓰이는 경우가 있기 때문
에 '즘겟가재'를 '즘겟#가재'로 분석할 수 있다.

---

20) 去聲不連三: 거성 세 개가 연속해서 실현되는 것을 막는 율동규칙으로 [HHH],
[RHH]를 [HLH], [RLH]로 실현시킨다. 이 규칙은 15세기에는 강력하였지만, 16세
기에 들어서면 문헌에 따라 지키지 않는 경우가 나타난다.

⑩ 몬:제시·니: [몬져(체언) + 이(서술격조사)] - + -시-(주체 높임의
선어말어미) + -니(연결어미)

<龍歌 008>

太子·를하·늘·히글·히·샤 兄ㄱ·뜨·디·일·어시·늘。聖孫을。:내시·니이·다
世子·를하·늘·히글·히·샤 帝命·이ᄂ·리·어시·늘。ㅁ 聖子·를。:내시·니
이·다

維周太子。維天擇兮。兄讓旣遂。聖孫出兮
維我ㅁ世子。維天簡兮。帝命旣降。ㅁ 聖子誕兮

[어절 분석]

太子·를#①하·늘·히#②글·히·샤#③兄ㄱ#·뜨·디#④:일·어시·늘#聖
孫을#⑤:내시·니이·다
世子·를#하·늘·히#글·히·샤#帝命·이#ᄂ·리·어시·늘#聖子·를#:내
시·니이·다

[배경 고사]

周 大王에게 세 아들이 있었다. 첫째 아들은 泰伯이고 둘째 아들은 仲雍
이고 셋째 아들은 季歷이었다. 주 대왕이 殷을 멸하려 하였는데 태백이
왕의 뜻을 따르지 않았다. 이에 대왕은 계력에게 왕위를 물려주어 계력
의 아들 昌에게 미치게 하려고 하였다. 태백이 이를 알고 중오가 함께
荊蠻으로 도망갔다. 마침내 계력이 왕이 되어 창이 왕위를 물려받았고
천하를 셋으로 나누어 둘을 차지하였는데 그가 바로 文王이다. 문왕이
죽고 그의 아들 發이 왕이 되었는데 이가 바로 武王이다.

穆祖가 죽고 翼祖가 왕위를 이어 받았다. 익조가 죽자 度祖가 즉위하였
으며 도조가 죽자 그의 아들 子興이 왕이 되었으나 일찍 세상을 떠났
다. 자흥의 아들 天桂가 있었으나 나이가 어려 元은 桓祖가 왕위를 잇게
하였다.

[현대역]
태자를 하늘이 가리시어 형의 뜻이 이루어지거늘 성손을 내신 것입니다.
세자를 하늘이 가리시어 제명이 내리시거늘 성자를 내신 것입니다.

[주석]
① 하·늘·히: 하늘(ㅎ말음체언) + 이(주격조사)

② 골·히·샤: 골히-(어간) + -시-(주체 높임의 선어말어미) + -아
   (연결어미)

③ 兄ㄱ#·뜨·디: 兄(체언) + ㄱ(사잇소리) # 뜯(체언) + 이(주격조사)

④ :일·어시·늘: 일-(어간, 成) + -시-(주체 높임의 선어말어미) +
   -거늘(연결어미)
이때 '-거시늘'은 '-거늘'의 사이에 '-시-'가 끼어들어간 형태다.
본문에서는 어간 '일-'의 말음 'ㄹ' 뒤에서 'ㄱ'이 약화되어 '일어시늘'
로 표기되었다.
어미 '-거늘'이 문장 속에서 '-시-'와 결합될 때에는 특이하게도 '-
거-'와 '-늘-'이 바로 이어지지 않는다. 이와 같은 형태소를 '불연속
형태'라 부르기도 하는데 이후 전위(轉位)가 일어나 '-시거늘'이 되었다.

김유범(2007:128)에 의하면 15세기 국어의 문법형태소 중 선어말어미 '-거-', 그리고 통시적으로 이 선어말어미 '-거-'가 통합되어 발달한 일련의 어말어미들 '-거X'의 경우에는 '타동성'과 '비타동성'이라는 용언의 문법 범주가 이형태 교체의 주된 조건으로 작용하고 있는 것으로 보인다. 물론 여기서 '주된 조건'이라고 말한 것은 이러한 교체 조건이 절대적이지 못하다는 점을 의미한다. 그리고 '타동성'과 '비타동성'을 선어말어미 '-거-'와 어말어미 '-거X'의 이형태교체 조건으로 처음 언급한 고영근(1980:95-98)에서는 교체 조건의 예외들에 대해 15세기 이후에 '-거X'형 어미들이 어느 형태 쪽으로 변화하는가를 고려하는 교체 양상의 동적 측면에서 설명하였다. 예를 들어, '-거사'와 '-어사'는 '-어사' 쪽으로 합류되는 양상을 보이므로 자동사류에도 '-어사'가 결합된 예들이 많이 나타나는 것인 반면, '-거늘'과 '-어늘'의 경우에는 '-거늘' 쪽으로 합류되는 양상을 보이므로 타동사류에도 '-거늘'이 결합된 예들이 많이 나타난다는 것이다. 그렇더라도 선어말어미 '-거-'와 어말어미 '-거X'의 이형태교체는 비록 완전하지는 않지만 1차적으로 그것이 통합되는 용언 어간의 문법 범주, 즉 '타동성'과 '비타동성'이라는 조건에 의한 것임을 인정하였다.

⑤ :내시·니이·다: 내-(어간) + -시-(주체 높임의 선어말어미) + -니이다(종결어미)

<龍歌 009>

奉天討罪·실·씨。四方諸侯ㅣ 몯·더·니。聖化ㅣ 오·라·샤。西夷·쪼모·ᄃ·니
唱義班師ㅣ·실·씨。千里人民·이몯·더·니。ㅁ聖化ㅣ 기프·샤。北狄·이·

·쏘모·ᄃ·니

奉天討罪諸侯四合。聖化旣久。西夷亦集
唱義班師。遠人競會。□聖化旣深北狄亦至

[어절 분석]
奉天討罪·실·씨#四方諸侯ㅣ#①몯·더·니#聖化ㅣ#②오·라·샤#西夷#·
쏘#③모·ᄃ·니
唱義班師ㅣ실·씨#千里人民·이#몯·더·니#聖化ㅣ#④기프·샤#北狄·이
#·쏘#모·ᄃ·니

[배경 고사]
武王이 동쪽으로 관병하러 盟津에 이르렀다. 이때 8백 제후가 모여 殷
의 紂王을 쳐야 한다고 말하자 무왕이 "너희들은 천명이 아직 이르지
않았음을 모르는가?"하고 군대를 돌려 돌아왔다. 2년 후 무왕이 제후들
에게 이르기를 "殷이 큰 죄를 지었으므로 모두 치지 않을 수 없다."라고
말하고 주왕을 쳤다.

李成桂가 威化島에서 회군하여 鴨綠江을 건넜다. 이성계가 백마를 타
고 동궁(彤弓)과 백우전(白羽箭)을 차고 언덕에 서서 군사들이 강을 다
건널 때까지 기다렸다. 이러한 이성계의 모습을 보고 군중들이 존경하
였는데 이때 장맛비가 며칠 동안 내렸음에도 강물이 불어나지 않았다.
군사들이 강을 다 건너자 큰물이 넘쳐 모든 섬이 물에 잠겼다. 사람들
이 이를 신기하게 여겼다.

[현대역]

(무왕이) 봉천토죄[21]이시므로 사방제후[22]가 모이더니 성화[23]가 오래 되시어 서이[24] 또한 모이니

(이성계가) 창의반사[25]이시므로 천리인민이 모이더니 성화가 깊으시어 북적이 또한 모이니

[주석]

① 몯·더·니: 몯—(어간) + —더—(시상의 선어말어미) + —니(연결어미)

② 오·라·샤: 오라—(어간, 舊) + —시—(주체 높임의 선어말어미) + —아(연결어미)

③ 모·드·니: 몯—(어간) + —(ᄋ)니(연결어미)

④ 기프·샤: 깊—(어간) + —(으)시—(주체 높임의 선어말어미) + —아(연결어미)

⟨龍歌 010⟩

一夫ㅣ 流毒홀·씨 ◦我后·를 기·드·리ᅀ·바 ◦玄黃筐篚·로◦ 길·헤·ᄇ·라ᅀ·ᄫ·니

21) 奉天討罪: 하늘을 받들어 (殷의) 죄를 침.
22) 四方諸侯: 사방의 제후.
23) 聖化: 성스런 교화(敎化).
24) 西夷: 서쪽의 오랑캐.
25) 唱義班師: 대의를 부르짖으며 군사를 돌이킴.

狂夫ㅣ肆虐홀·씨。義旗·를기·드·리슨·밧。簞食壺漿·ᄋ·로。길·헤·ㅂ·라
슨·ᄫ·니

一夫流毒。爰徯我后。玄黃筐篚。干路迎候
狂夫肆虐。爰徯義旗。簞食壺漿。干路望來

[어절 분석]
一夫ㅣ#流毒홀·씨#我后·를#①기·드·리슨·밧#玄黃筐篚·로#②길·헤
#③·ㅂ·라슨·ᄫ·니
狂夫ㅣ#肆虐홀·씨#義旗·를#기·드·리슨·밧#簞食壺漿·ᄋ·로#길·헤#·
ㅂ·라슨·ᄫ·니

[배경 고사]
紂는 殷의 帝乙의 작은아들 辛이다. 주는 견문에 통달했고 재주와 힘,
지혜와 언변이 뛰어났다. 그런데 술과 음탕한 음악을 좋아하였고 妲己
를 좋아해 달기의 말을 따랐다. 달기에 빠진 주는 나라를 제대로 통치
하지 못하였고 결국 周 武王에 의해 주와 달기가 죽었다. 무왕이 동쪽
을 정벌하여 그곳의 남녀들을 편안하게 하니 그들이 무왕을 기뻐하였
다. 이에 대광주리에 검고 누런 폐백을 담아 무왕이 周의 왕이 될 덕이
있음을 밝혔다.

高麗 辛禑가 海州의 白沙汀에서 사냥을 한다고 핑계를 대고 五部에서
군사를 차출하여 西海道로 갔다. 이는 遼東을 치기 위해 신우가 崔瑩과
함께 세운 속임수였다. 그런데 李成桂는 遼陽을 치는 것에 대해 반대했
고 백성들의 화가 미칠 것을 염려하였다. 결국 이성계는 위화도 회군을

실행하고 사람들이 이성계의 신비한 능력에 탄복하였다. 이후 최영과 이성계가 대립하였는데 백성들은 이성계의 군대를 반기고 기뻐하였다.

[현대역]

일부26)가 유독27)하므로 아후28)를 기다려 현황광비29)로 길에서 바라시니

광부30)가 사학31)하므로 의기32)를 기다려 단사호장33)으로 길에서 바라시니

[주석]

① 기·드·리ᅀᆞᆸ·뱌: 기드리-(어간) + -ᅀᆞᆸ-(객체 높임의 선어말어미)
  + -아(연결어미)

이때 '-ᅀᆞᆸ-'은 어간 '기드리-'의 대상인 '아후(我后)'를 높인다.

② 길·헤: 길(ㅎ말음체언) + 에(처소의 부사격조사)

③ ·ᄇᆞ·라ᅀᆞᆸ·뵝·니: ᄇᆞ라-(어간, 望) + -ᅀᆞᆸ-(객체 높임의 선어말어미) + -(ᄋᆞ)니(연결어미)

이 문장에서 '-ᅀᆞᆸ-'이 높이는 대상은 문장에는 나오지 않았지만 '李成桂'로 형상되는 '의기'를 참고했을 때 '이성계'라 볼 수 있다.

---

26) 一夫: 한 사람의 지아비. 여기에서는 상나라의 주(紂) 임금을 가리킴.
27) 流毒: 해독을 끼침.
28) 我后: 우리 임금.
29) 玄黃筐篚: 검은 빛과 누런 빛의 광주리.
30) 狂夫: 미친 사내.
31) 肆虐: 함부로 포학한 짓을 함.
32) 義旗: 의로운 깃발.
33) 簞食壺漿: 대그릇에 담은 밥과 병에 담은 간장.

<龍歌 011>

虞芮質成ᄒᆞᄂᆞ·로。方國·이:해모·ᄃᆞ·나。至德·이실·ᄊᆡ。獨夫受ㄹ셤·기시·니
威化振旅·ᄒᆞ·시ᄂᆞ·로。興望·이:다몯ᄌᆞ·ᄫᆞ·나。ㅁ至忠·이실·ᄊᆡ。中興主·
를:셰시·니

虞芮質成。方國多臻。維其至德。事獨夫辛
威化振旅。興望或聚。維其 ㅁ 至忠。立中興主

[어절 분석]
①虞芮質成ᄒᆞ·ᄂᆞ·로#方國·이#②:해#③모·ᄃᆞ·나#至德#·이실·ᄊᆡ#獨
夫#④受ㄹ#⑤셤·기시·니
⑥威化振旅·ᄒᆞ·시ᄂᆞ·로#興望·이#:다#⑦몯ᄌᆞ·ᄫᆞ·나#至忠#·이실·ᄊᆡ
#中興主·를#⑧:셰시·니

[배경 고사]
周 文王 때에 虞와 芮의 옳고 그름을 바르게 하니 주변의 많은 나라가
문왕에게 많이 모였다. 그런데 문왕은 오직 殷을 섬기고자 하여 은의
紂王만을 섬겼다. 孔子는 문왕의 이러한 성품에 대하여 천하를 셋으로
나누어 그 중 둘을 차지하여도 殷을 섬겼으니 周의 덕은 가히 지극한
덕에 이르렀다고 말할 수 있다고 하였다.

李成桂가 위화도에서 회군하였을 때 많은 무리들이 이성계가 왕위에
오르기를 바랐다. 그런데 이성계는 고려를 위한 마음이 있어 神宗의 둘
째 아들인 恭讓公 恕의 6대손 瑤를 고려의 임금으로 세웠다.

[현대역]

(주 문왕 때에) 우예질성³⁴⁾을 한 것으로 방국³⁵⁾이 많이 모이나 지덕이 있으시므로 독부³⁶⁾의 수³⁷⁾를 섬기시니

(이성계가) 위화진려³⁸⁾하신 것으로 여망이 다 모이나 지충³⁹⁾이 있으시므로 중흥주⁴⁰⁾를 세우시게 하니

[주석]

① 虞芮質成ㅎ·ᄂᆞ·로: [虞芮質成(어근) + −ㅎ(동사 파생 접사)]− + −ㄴ(명사형 어미) + (ᄋᆞ)로(도구의 부사격조사)

이기문(1961/1972:188)에 따르면 중세국어에서는 동명사형 어미 중에서 '−ㅁ'만이 명사적 용법으로 사용되었고, '−ㄴ, −ㄹ'은 체언 앞에 위치하여 체언을 수식하는 기능을 가졌지만 본래 명사적 용법을 가지고 있었다고 기술하였다. 이기문(1961/1972)의 견해를 따른다면 위의 '−ㄴ'은 형태상으로는 관형사형 어미이지만 명사적 기능을 하고 있는 것으로 봐야 한다. 따라서 여기서는 명사형 어미로 기술한다.

② :해: 하−(어근, 多) + −이(부사 파생 접사)

③ 모·ᄃᆞ·나: 몯−(어간, 集) + −(ᄋᆞ)나(연결어미)

---

34) 虞芮質成: 우와 예, 두 나라의 임금이 주나라 문왕에게 옳고 그름을 바르게 판결 내려 달라고 물은 일.
35) 方國: 사방의 여러 나라.
36) 獨夫: 외로운 지아비. 사람들의 마음이 모두 멀어져 갔기 때문에 외로운 지아비라고 함.
37) 受: 상나라 주(紂) 임금의 이름.
38) 威化振旅: 위화도에서 군대를 떨쳐 일으킴.
39) 至忠: 지극한 충성.
40) 中興主: 나라를 중흥시킬 주인.

④ 受ㄹ: 受(체언) + ㄹ(목적격조사)

⑤ 셤·기시·니: 셤기-(어간) + -시-(주체 높임의 선어말어미) + -
니(연결어미)

⑥ 威化振旅·ᄒ·시ᄂ·로 [威化振旅(어근) + -ᄒ(동사 파생 접사)]- +
-시-(주체 높임의 선어말어미) + -ㄴ(명사형 어미) + (ᄋ)로(도
구의 부사격조사)

⑦ 몯ᄌ·ᄫ·나: 몯-(어간, 集) + -ᄉᆞᆸ-(객체 높임의 선어말어미) +
-(ᄋ)나(연결어미)
이성계를 향한 백성들의 기대를 나타내기 위해 '몯-'에 '-ᄉᆞᆸ-'이 결
합되었다.

⑧ :셰시·니: [셔-(어근, 立) + -이(사동 접사)]- + -시-(주체 높임
의 선어말어미) + -니(연결어미)
안병희 · 이광호(1990:131)에 따르면 중세국어 시기에 사동 접사 '-이
-'는 선행 어간의 말음이 'ᄎ, ᄫ' 등이거나 'ᅀ, ㄹ'일 때 나타나고, 말
음이 모음이면 '-ㅣ'로 나타났다. '셰다'는 이와 같이 어간에 사동 접사
'-이-'가 결합하여 이루어진 사동사이다. 그러나 후에 또 다른 사동 접
사 '-우-'가 덧붙어 '세우다'가 되었다. 이러한 변화에 대해 일반적으로
학계에서는 언중들이 '셰다'가 사동 접사에 의해 파생된 형태임을 인식
하지 못해 또 다른 사동 접사 '-우-'를 덧붙여 '세우다'라는 형태를 만
든 것으로 보고 있다. 결과적으로 '세우다'는 중복 사동형인 셈이다.

<龍歌 012>

五年·을改過:몯·ᄒᆞ·야ᇰ虐政·이·날·로더을·씨。倒戈之日·에。先考ᄒᆞ·ᄠᅳᆮ:
몯일·우시·니

·첫나·래讒訴·를드·러ᇰ兇謀ㅣ·날·로더을·씨。勸ロ進之日·에。ロ平生ㄱ·
ᄠᅳᆮ:몯일·우시·니

五年罔悛。虐政日深。倒戈之日。莫遂考心
始日聽讒。兇謀日熾。勸ロ進之日。莫遂素志

[어절 분석]

五年·을#改過#①:몯#·ᄒᆞ·야ᇰ#虐政·이#·날·로#②더을·씨#倒戈之日·
에#③先考ᄒᆞ#·ᄠᅳᆮ#:몯#④일·우시·니

⑤·첫나·래#讒訴·를#드·러ᇰ#兇謀ㅣ#⑥·날·로#더을·씨#勸進之日·에
#平生ㄱ#·ᄠᅳᆮ#:몯#일·우시·니

[배경 고사]

周 文王은 천하의 3분의 2를 차지하였음에도 殷을 섬겼는데, 周 武王에
이르러 殷의 紂王을 쳤으므로, 돌아가신 아버지 문왕의 뜻을 따르지 못
한 것이다.

李成桂가 위화도 회군 후 위세가 날로 높아갔지만 恭讓王을 세워 高麗
를 지키려고 하였다. 그러나 공양왕이 즉위한 첫날부터 이성계를 해치
려는 모함이 날로 더해지고 측근들이 귀양을 가게 되자, 李成桂는 南誾,
鄭道傳 등의 추대로 왕위에 오르게 된다.

[현대역]

(은 주왕이) 5년을 못 개과[41]하여 학정[42]이 나날이 더하므로, (주 무왕이) 도과지일[43]에 선고[44]의 뜻을 못 이루시니

(고려 공양왕이 즉위한) 첫날에 (이성계를 해치려는) 참소[45]가 들어오고, 흉모[46]가 나날이 더하므로, 권진지일[47]에 (고려를 지키려던) 평생의 뜻을 못 이루시니

[주석]

① :몯#·ᄒᆞ·야: 몯(부정부사) # ᄒᆞ-(어간) + -아(연결어미)

고영근(1987/2010:246)에 따르면 중세국어의 부정법은 현대국어와 큰 차이가 없다. '아니' 부정문은 의지의 부정문을 나타내고, '몯' 부정문은 능력의 부정을 나타내는 부정문이다. '몯' 부정문은 짧은 것과 긴 것으로 구분되는데, 짧은 부정문은 용언 앞에 부정부사 '몯'이 오며, 긴 부정문은 용언의 어간에 보조적 연결어미 '-디'를 매개로 한 보조용언을 붙여 만든다. '-디'는 구개음화를 겪어 '-지'로 변하게 된다. 특히 여기에서처럼 명사 어근에 'ᄒᆞ다'가 붙은 동사는 어근과 접사 사이에 '몯'이 들어간다. '아니' 부정문과 같이 '몯' 부정문도『龍飛御天歌』나『月印千江之曲』에서는 짧은 부정문만 보인다.

---

41) 改過: 허물을 고치다.
42) 虐政: 포악한 정치.
43) 倒戈之日: 창을 거꾸로 드는 날. 곧 거느리고 있는 군사가 자기편에 반대하여 反旗를 드는 날.
44) 先考: 돌아가신 아버지. 여기서는 주나라 文王을 가리킴.
45) 讒訴: 남을 헐뜯어서 죄가 있는 것처럼 꾸며 윗사람에게 고하여 바침.
46) 兇謀: 흉악한 모략.
47) 勸進之日: 임금의 자리에 나아가기를 권하는 날.

② 더을·씨: 더으-(어간) + -ㄹ씨(연결어미)

'-ㄹ씨'는 15세기 문헌 자료들에서 실제로 '-ㄹ식, -을식, - 올식, -ㄹ씨, -을씨, - 올씨' 등 다양한 모습으로 표기되어 있다. 여기에서 '-ㄹ씨'는 '원인'의 의미 기능을 갖고서 종속절에 이어진다.

③ 先考ㆆ: 先考(체언) + ㆆ(사잇소리)

'ㅇ' 뒤의 사잇소리는 특수하게 'ㆆ'이 온다. '考'의 종성을 'ㅇ'으로 볼 수 있는 것은 '考'의 한자음 때문인데 이 시기에는 동국정운식 한자음이 사용되었다.

④ 일·우시·니: [일(어근, 遂)- + -우(사동 접사)]- + -시-(주체 높임의 선어말어미) + -니(연결어미)

'일우다'는 '일구다(ㄱ약화)'에서 왔을 가능성이 있으며, '일우다'의 함경도 방언형에 그 흔적이 남아 있다. 이와 관련해 장윤희(2015:50)에서는 '일우-, 져믈우-'와 같이 ㄹ말음 어간을 어근으로 한 '오'계 접미사 파생 사동사는 접미사 '-고/구-'가 통합하면서 그 접미사가 형태음운론적 교체를 보여 '-오(ɦo)/우/(ɦu)-'로 실현된 것으로 보았다. 또한 구본관(1996ㄱ/1998)에서도 '일우-'에 자음적인 접미사 '-오(ɦo)/우(ɦu)-'가 통합한 것으로 보았다.

⑤ ·첫나·래: 첫날(체언) + 애(시간의 부사격조사)

음성 환경에 따라 유성 자음 'ㄴ' 앞에서 '첫'이 '첫'으로 표기되었다.

⑥ ·날·로: 날(체언) + (으)로(시간의 부사격조사)

'날로'는 현대 국어의 관점에서 두 가지의 형태소 분석이 가능하다. 첫째 어근 '날'에 부사 파생접사 '－로'가 결합되어 형성된 부사 '날로'로 볼 수도 있고, 둘째 체언 '날'에 부사격조사 '로'가 결합된 형태로 볼 수 있다. 고영근(1987/2010:188)에서는 '진실로, 날로, 새로'의 경우, 명사에 접사화한 조사 '로'가 붙은 것으로 보았다. 그러나 이 시기에 '날로'가 부사인지는 확언할 수 없다. 그래서 여기에서는 이와 같이 '체언 + 부사격조사'로 분석한다.

<龍歌 013>

:말쓰·물 슬·᠍·리:하·딕°天命·을疑心·ᄒ실·씨°·ᄉᆞᄆᆞ·로°뵈·아시·니
놀·애·를브르·리:하·딕°天命·을모·ᄅ실·씨°·ᄉᆞᄆᆞ·로°알·외시·니

獻言雖衆°天命尚疑°昭茲吉夢°帝迺趣而
謳歌雖衆°天命靡知°昭茲吉夢°帝迺報之

[어절 분석]

:말쓰·물#①슬·᠍#·리#:하·딕#天命·을#疑心·ᄒ실·씨#·ᄉᆞᄆᆞ·로#②뵈·아시·니
놀·애·를#브르#·리#③:하·딕#天命·을#모·ᄅ실·씨#·ᄉᆞᄆᆞ·로#④알·외시·니

[배경 고사]

周 武王이 文王을 이어 즉위하여 관병할 때, 기약하지 않고 모인 제후가 팔백이나 되었는데, 모두 殷 紂王을 쳐야 한다고 무왕에게 진언했다. 그러나 무왕은 천명을 알 수 없다 하여 군대를 돌이켰다. 그 후 2년 뒤

주왕의 학정은 점점 심해가므로, 무왕은 '내 꿈으로 보나 점괘로 판단하나 천의가 내게 있음을 알 수 있으니, 반드시 주를 쳐 이기리라.' 하고 발병(發兵)했다.

李成桂가 위화도에서 회군할 무렵, 진중에서는 이성계가 나라를 세워 백성을 구해 줄 것을 바라는 동요['木子得國(목자득국)'이라는 讖謠的 내용으로 李氏가 나라를 세울 것]가 떠돌기도 하고, 목자(木子 즉 李씨)가 나라를 얻을 것이란 뜻의 노래가 불리었으나, 이성계는 천명을 모른다 하여 潛邸에 있을 때, 꿈에 신인이 하늘에서 내려와 금척(金尺)을 주면서 '공이 문무를 겸하여 민망이 높으니, 이것으로써 나라를 바로잡으라.'고 하여, 드디어 결심하기에 이르렀다.

[현대역]
(비록 주 무왕에게) 말씀을 드리는 무리가 많아도, (무왕이) 천명을 의심하시므로 (천제께서) 꿈으로 (천명을) 재촉하시니[48]
(비록) 노래[49]를 부르는 사람이 많아도, (이성계는) 천명을 모르시므로 (천제께서) 꿈으로 (천명을) 알리시니

[주석]
① 슬·ᄫᅩᇙ#·리: 슓-(어간) + -(ᄋᆞ)ㄹ(관형사형 어미) # 이(의존명사)

② 뵈·아시·니: 뵈아-(어간) + -시-(주체 높임의 선어말어미) + -니(연결어미)

---

48) '趣'는 '뜻 취, 재촉할 촉, 벼슬 이름 추'로 쓰이는데 여기서는 '促(촉)'으로 읽는다.
49) 謳歌: '謳'는 소리에 선율이 있는 것이고, '歌'는 말을 길게 빼는 것이다. 맹자는 '노래 부르는 사람이 堯의 아들을 칭송하는 노래를 부르지 않고 舜을 칭송하는 노래를 부른다.'고 했다.

③ :하·딕: 하−(어간) + −(오)딕(연결어미)

고영근(1987/2010:152, 308)에 따르면 연결어미 '−오딕'의 경우, '오'가 빠진 '*−딕'는 없으므로 '오'를 필수적으로 요구한다. 이때의 '오'는 형태소의 일부분으로, '−오딕'는 음성모음으로 된 어간 아래에서는 '−우딕'로 교체되고, 서술격조사 아래에서는 '−로딕'로 교체된다고 하였다. 그런데 '하딕'의 경우와 같이 어간이 '아'로 끝났을 경우에는 'ᄋᆞ'로 끝났을 때와는 구분해서 생각해야 한다. 즉 'ᄒᆞ다'에 '−오딕'가 붙었을 때는 'ᄋᆞ'가 탈락된 'ᄒᆞ딕'의 형태를 보이지만, 어간이 '아'로 끝난 '하다'의 경우에는 '가딕(가− + −오딕)'와 동일한 경우로 보아야 한다. 따라서 어간 '가−' 뒤에 '−오딕'가 붙어 '가딕'의 형태로 나타나는 것처럼, 여기서도 '하다'의 어간 '하−'가 '아'로 끝났기 때문에 '−오딕'가 붙어도 '하딕'의 형태로 나타난 것으로 볼 수 있다. 한편 '−오딕'는 기원적으로 '−오− + −딕'에서 온 것으로 보는 견해가 많다.

④ 알·외시·니: 알외−(어간) + −시−(주체 높임의 선어말어미) + −니(연결어미)

'일구다>일우다>이루다'의 형태를 참고하면 '알외다(>아뢰다)'의 선대형으로 '*알괴다'를 상정해 볼 수 있다.

<龍歌 014>

聖孫·이 一怒·ᄒᆞ시·니。六百年天下ㅣ。洛陽·애·올·ᄆᆞ·니이·다
聖子ㅣ 三讓·이시·나。五百年나·라·히。漢陽·애·올·ᄆᆞ·니이·다

維周聖孫。一怒而起。六百年業。洛陽是徙

維我口聖子。三讓雖堅。五百年邦。漢陽是遷

[어절 분석]
聖孫·이#一怒·ᄒ시·니#六百#年#天下丨#洛陽·애#①올·ᄆ·니이·다
聖子丨#三讓·이시·나#五百#年#②나·라·히#漢陽·애#올·ᄆ·니이·다

[배경 고사]
周 武王이 殷의 紂王을 치고 도읍을 洛陽으로 옮길 뜻이 있어서 나라의
상징으로 삼고 있던 보배 '九鼎'을 낙양에 옮겨 두었는데, 무왕의 아들
成王과 아우인 周公이 그 뜻을 이어받아 낙양에 왕성을 세웠으니 이것
이 곧 東都이다.

李成桂는 高麗 恭讓王으로부터 벼슬을 세 번이나 사양하였으나, 결국
그 뜻을 지켜내지 못하고 왕위에 오르게 되어 도읍을 한양으로 옮겼다.

[현대역]
성손50) (주의 무왕)이 일노51)하시니 600년의52) (은의) 천하가 낙양53)
으로 옮겼습니다.
성자54) (이성계)가 산양55)이시나 (고려) 500년의 나라가 한양56)으로
옮겼습니다.

---

50) 聖孫: 성스러운 후손.
51) 一怒: 한번 화를 냄.
52) 맹자가 말하기를, "무왕이 한 번 노하니 천하의 백성이 편안해졌다."고 했다. 은나
라가 계속된 햇수를 춘추위서에서는 629년이라고 했고, 경세서에서는 644년이라
고 했는데, 여기서 600년이라고 한 것은 끝자리를 버리고 成數를 쓴 것이다.
53) 洛陽: 주나라의 도읍.
54) 聖子: 성스러운 자손.
55) 三讓: 세 번 사양하다.
56) 漢陽: 조선의 도읍.

[주석]

① 올·ᄆ·니이·다: 옳−(어간) + −(ᄋ)니이다(종결어미)

② 나·라·히: 나라(ㅎ말음체언) + 이(주격조사)

'ㅎ말음체언'은 'ㅎ'으로 끝나는 체언을 말한다. 이진호(2017:547)에 의하면, 'ㅎ 眉名詞(전몽수 1941)'에서부터 'ㅎ 보유어(김유범 2006)'에 이르기까지 'ㅎ말음체언'에 관한 용어는 다양하지만, 'ㅎ말음체언'을 가리키는 용어는 'ㅎ'의 첨가설을 주장하는 것들을 제외하면 모두 'ㅎ'으로 끝나는 명사 또는 체언이라는 의미를 담고 있다. 'ㅎ'이 첨가되는 이유에 대해서는 발음을 고르게 하기 위함이라고 해석하면서 첨가된 'ㅎ'에 대해 발음을 고르게 하는 '조음소(調音素)' 또는 '연음소(連音素)'라고 부르기도 했으나 이런 입장을 취할 경우 왜 특정한 체언에서만 'ㅎ'이 나타나는지를 설명하기가 어렵다. 따라서 'ㅎ말음체언'의 'ㅎ'은 기원적으로 'ㄱ'에서 자음약화를 거쳐 나온 것일 가능성이 높다. 이것은 주로 방언에 남아 있는 'ㅎ말음체언'의 반사형을 통해 확인할 수 있는데, 방언에서는 '욱에, 우그로(上), 독(石), 가싥에(秋)' 등에서 보듯 'ㅎ말음체언'이었던 명사들의 말음이 'ㄱ'으로 남아 있는 경우가 적지 않다. '나랑(<나랗, 國), 바랑(<바닿, 海)'과 같은 방언형의 존재도 'ㅎ'의 원음을 'ㄱ'으로 볼 때 좀 더 설명하기가 쉽다. 'ㅎ말음체언'은 현대국어에는 존재하지 않지만 중세국어 시기에는 '웋(上), ᄒᆞ낳(一), 앓(內), 않(雌), 하늘(天), 돓(石)' 등 많은 단어들이 'ㅎ'을 말음으로 가지고 있었다. 그러나 중세국어 시기부터 이미 'ㅎ'이 없어지는 변화가 일어났고, 근대국어를 거치면서 모두 'ㅎ'이 사라진 형태로 바뀌게 되면서 현재는 '암캐(앓+개), 수탉(숳+닭)' 등과 같은 단어에만 흔적으로 남아 있다. 한편 중세국어 시기의 'ㅎ말음체언'이 보이는 교체 양상은 규칙적이라고 보기는 어렵다.

예) 짜히(짷 +이), 짜흐로(짷 + ᄋ로), 짜콰(짷 + 과), 짜토(짷 + 도), 짜마
다(짷 + 마다), 짜(짷 #), 짯(짷 + ㅅ)

위 예에서 보듯 'ㅎ말음체언' 뒤에 모음으로 시작하는 조사가 결합하면
'ㅎ'이 온전히 연철되어 나타나며, 뒤에 'ㄱ, ㄷ'와 같이 평음으로 시작
하는 조사가 오면 유기음화가 실현되어 역시 간접적으로나마 'ㅎ'의 존
재를 드러낸다. 그러나 조사 '마다, ㅅ'과 결합하거나 홀로 쓰일 때에는
'ㅎ'이 나타나지 않는다. 그런 점에서 'ㅎ말음체언'의 'ㅎ'이 사라지게 된
후대의 변화는 불규칙적인 교체를 보이는 명사가 규칙적인 교체를 보
이게 되는 일련의 변화 흐름과 맥을 같이한다고 볼 수 있다.

<龍歌 015>

揚子江南·을 :쩌리샤ᄒ 使ᄒ者·를 보·내신·들 。七代之王·을 ᄒ·뉘마·ᄀ·리
잇·가
公州ㅣ江南·을 저흐·샤 ᄒ子孫·을 ᄀᄅ·치신·들 。九變之局·이ᄒ:사᷆·뜨디·
리잇·가

揚子江南ᄒ忌且遣使。七代之王ᄒ誰能禦止
公州江南ᄒ畏且訓嗣。九變之局ᄒ豈是人意

[어절 분석]
揚子江南·을 #①:쩌리샤#使者·를 #②보·내신#·들 #七代之王·을 #·뉘
#③마·ᄀ·리잇·가
④公州ㅣ#江南·을 #⑤저흐·샤#子孫·을 #ᄀᄅ·치신#·들 #九變之局·
이#⑥:사᷆#⑦·뜨디·리잇·가

[배경 고사]

秦始皇 때 望氣者가 金陵에 천자의 기운이 있다고 말하자, 진시황은 이를 막으려고 죄수들을 시켜 산을 파고 개천을 만들어 지맥을 끊고 이름도 秣陵이라고 고쳤다. 그렇지만 吳, 晉, 宋, 濟, 梁, 陳, 明이 모두 도읍을 금릉에 정했다.

高麗의 太祖 王建은 '訓要十條'를 지어 자손에게 경계하였는데, 그 중에 "公州 이남의 땅은 산형과 지세가 반역하는 형상이니 그 고을 사람을 조정에 들이지 말라."고 했다. 그러나 全州에 조상을 둔 李成桂를 높은 벼슬로 쓰게 되었으니 이것이 天命이다.

[현대역]

(진시황이) 양자강남(금릉)을 꺼리시어 사자⁵⁷⁾를 보내신 것을 (이미 하늘에서 정한) 칠대지왕⁵⁸⁾을 누가 능히 막을 수 있겠습니까

(고려 태조가) 공주의 강남을 두려워하여 자손을 가르치신 것을⁵⁹⁾ 구변지국⁶⁰⁾이 사람의 뜻이겠습니까

[주석]

① :쩌리샤: 쩌리-(어간, 忌) + -시-(주체 높임의 선어말어미) + -아(연결어미)

57) 使°者: '使'는 '하여금 사/부릴 사, 보낼 시' 등으로 쓰이고 여기서는 거성으로 쓰였다.
58) 七代之王: 칠대의 왕.
59) 訓要十條: 고려태조가 자손들을 훈계하기 위해 942년(태조 25)에 몸소 지은 열 가지 유훈.
60) 九變之局: 왕조 교체를 예언한 圖讖書로, 전문이 밝혀지지 않아서 자세한 내용은 알 수 없지만, 여기에 東國의 역대 王都가 아홉 번 바뀐다고 예언되어 있으며, 아울러 이 나라가 천명을 받아 수도를 세우게 되는 일을 말하고 있다. 저자는 단군조선 때의 神誌라고 전해져 오나 신빙성이 없다.

병서는 초성·중성·종성 가운데 둘 또는 세 글자를 결합할 때 나란히 쓰는 것을 말하는데, 여기에는 동일 문자를 결합하는 각자병서와 서로 다른 문자를 결합하는 합용병서가 있다. 초성 합용병서에 대해서는 『訓民正音解例』합자례에서 설명하고 있다. 15세기 문헌에서 합용병서의 용례를 찾아보면 'ㅺ, ㅼ, ㅽ, ㅳ, ㅄ, ㅶ, ㅷ, ㅺ, ㅩ' 등이 자주 나타난다. 이밖에 매우 드문 예로 'ㅩ'이 있고 여진어 표기에 썼던 'ㅊㅋ'이 보인다. 합용병서의 발음과 관련해서는 글자 그대로 중자음이었다는 견해와 'ㅅ'계는 적어도 된소리 표기였다는 논의가 있는데, 이는 『訓民正音解例』에 이들 중자음에 대한 명문화된 규정이 없기 때문이다. 이기문(1972ㄱ:51)의 경우 'ㅂ계'는 자음군으로 'ㅅ계'는 된소리로 보는 견해를 취하였다. 'ㅂ계' 병서는 자음군이었고 그 실제 음가는 초두음이 내파화된 상태였다고 했다. 다시 말해 훈민정음의 모든 문자는 본래의 음가대로 사용되는 것이 원칙이었는데 'ㅅ'은 이 원칙에 중대한 예외로 선행어의 말음이 자음인 경우 이 'ㅅ'은 된소리화의 기호에 지나지 않다는 것이다.

반면 중자음설을 따르고 있는 허웅(1985:348)에서는 합용자의 소리에 대해 훈민정음에서 특별히 설명하지 않은 이유는 합용자의 각 글자가 저마다 제 소리를 가지고 있었기 때문이라면서, 만일 그렇지 않고 'ㅶ'과 같이 합용되었을 경우에 /ㅂ/과 /ㅈ/와는 다른 무슨 소리를 나타냈다면 해례의 성질상 반드시 소리에 대한 설명이 있었을 것이라고 했다.

② 보·내신·둘: 보내-(어간) + -시-(주체 높임의 선어말어미) + -ㄴ(관형사형 어미) # 둘(의존명사)

③ 마·ᄀᆞ·리잇·가: 막-(어간) + -(ᄋᆞ)리잇가(의문형 종결어미)

판정의문문 의문형 종결어미 ᄒᆞ쇼셔체는 '-가'의 형태를 보이고, 의문 사가 들어 있는 설명의문문의 형태는 '-고'의 형태를 보인다. 여기서 '-리잇가'는 '뉘'와 호응하여 수사적 표현으로 쓰었다.

④ 公州ㅣ: 公州(체언) + ㅣ(관형격조사)
중세국어의 관형격조사는 현대국어와 달리 역할에 따라 여러 형태가 있었다. 'ㅅ'은 선행 체언이 무정물이거나 존칭 대상물일 때 두루 쓰이고, '익/의'는 선행 체언이 평칭의 유정명사일 때 결합하며, '익/의'와 같은 기능을 하면서 체언이 모음으로 끝나는 특정 명사나 인칭대명사 '나, 너, 저, 누' 뒤에서는 'ㅣ'가 결합하기도 한다.

⑤ 저ᄒᆞ·샤: 젛-(어간, 畏) + -(ᄋᆞ)시-(주체 높임의 선어말어미) + -아(연결어미)

⑥ :사ᄅᆞᆷ: 사람(체언) + ㅂ(사잇소리)
'ㅂ'은 'ㅁ' 뒤에 오는 사잇소리이다[61].

⑦ ·ᄠᅳ디·리잇·가: [ᄠᅳᆮ(체언) + 이(서술격조사)]- + -리잇가(의문형 종결어미)

<龍歌 O16>

逃亡·애命·을미·ᄃᆞ·며 ᄒᆞ놀·애·예일·훔미·ᄃᆞ·니 ᄒᆞ英主 ᅀ 알·픠 ᄒᆞ내:내붓·그리·리

---

61) 자세한 내용은 <상세 문법 설명> Ⅴ.사잇소리 부분 참조.

올·모·려:님·금·오시·며。姓굴·희·야貝·이오·니。□오·는나·래。:내·내:웃·보·리

恃命於逃。信名於謳。英主之前。曷勝62)其差
欲遷以幸。擇姓以尹。□當今之日。曷勝其哂

[어절 분석]
逃亡·애#命·을#미·드·며#놀·애·예#일·홈#미·드·니#英主△#①알·핀#:내·내#②붓·그리·리
③올·모·려#:님·금#·오시·며#姓#④굴·희·야#貝·이#오·니#오·는#나·래#:내·내#⑤:웃·보·리

[배경 고사]
隋 李密이 망명하여 다닐 때, 천하를 얻을 계책을 말하는데 처음에는 아무도 믿지 않다가 점차 그 말을 수긍하여 따르는 자가 많았다. 그때 '桃李의 아들이 왕이 된다.'는 민요가 떠돌아 다녔으므로, 이밀은 속으로 자기가 장차 임금이 되리라 생각하고 있었다. 그러나 뒤에 隋 다음에 일어난 唐 高祖의 아들 李世民(太宗)을 만나 본 이밀은 이 사람이야말로 참된 영주라고 경탄했다 한다.

풍수도참설의 영향으로 漢陽에 李氏가 나라를 세운다는 예언을 믿은 高麗에서는 이를 미리 막기 위해 肅宗 때 삼각산에 궁궐을 짓기도 하고, 李씨 성 가진 사람을 가려서 한양 부윤을 삼은 일도 있었다.

---

62) '勝'의 음은 '升(벼슬을 올리다)'이다.

[현대역]

(수 이밀이) 도망할 때에 명을 믿으며, 노래에 (자기의) 이름이 있음을 믿으니, (훗날) 영주의 앞에서 내내 부끄러워하리

(고려 때 한양으로 도읍을) 옮기려고 행차하고, (이씨) 성을 가려서 원63)이 오니, 오늘날에 내내 우스우리

[주석]

① 앐·픠: 앒(체언) + 익(처소의 부사격조사)

② 붓·그리·리: 붓그리-(어간) + -리(연결어미)
이 시기에 '리'는 일반적으로 선어말어미의 '-리-'의 형태가 많이 보인다. 그런데 간혹 종결어미로 쓰이는 듯한 '리'의 형태도 볼 수 있다. "내가 그걸 하리."에서의 '-리'와 같은 기능을 한다고도 볼 수 있다. 한편 장윤희(2012:75, 90)에서와 같이 15세기에 평서형과 의문형에 모두 사용되었던 종결어미 '-리' 뒤에 '-의'를 설정한 '-의' 통합설에 따라 '-의'가 붙은 것으로 판단할 수도 있다. 그러나 여기에서는 『龍飛御天歌』가 운문이라는 점을 감안하여 연결어미로 처리한다.

③ 옳·모·려: 옮-(어간) + -오-(의도법의 선어말어미) + -려(의도형 연결어미)

④ 글·히·야: 글히-(어간, 擇) + -아(연결어미)

⑤ :웃·ᄇᆞ·리: [웃-(어근) + -ᄇᆞ(형용사 파생 접사)]- + -리(연결어미)

---

63) 員: 원래는 관원의 수효를 셀 때 쓰는 글자이다. 속어에 의하면 지방 수령을 원님이라고 한다.

'웃ᄫᅳ리'의 경우와 같이 유성음과 유성음 사이에 놓인 'ㅂ'이 'ㅸ'으로 변하는 예는 15세기 문헌에서 확인할 수 있다. 특히 『龍飛御天歌』에서는 이러한 변이가 규칙적으로 일어남을 '셔ᄫᆞᆯ(京), 스ᄀᆞᄫᆞᆯ(鄕), ᄒᆞᄫᅡ(獨), 대ᄫᅥᆷ(虎), 열ᄫᅩᆫ(薄), 웃ᄫᅳ-(笑)' 등에서 확인할 수 있다.

김완진(1973:43)에서는 15세기의 문헌에는 '웃다(笑)'의 어간이 분명히 'ㅿ'을 가지고 있었고, 그 뒤에는 'ㅿ'의 음운변화의 통례에 어긋남이 없이 그 탈락형을 보이던 것인데도 불구하고 현대어의 어형은 '웃-'으로 분명히 'ㅅ' 말음을 가진 모습이 되어 있다면서 이런 특이한 발달을 방언형의 틈입(闖入)으로 설명하였다. 즉 'ㅿ'의 소멸 이후에 '웃-'의 모음 앞에서의 형태가 '우-'로 변했었다는 것은 수많은 예(우음, 우움, 우으니, 우어라, 우웁다 등)를 통해 뒷받침 되는데, 이 시기의 언중들에게는 종종 곤혹스럽기 그지없는 동음의 경우가 발생했을 것이라고 짐작하였다. 가령 '웃-'에 '-으니'라는 어미를 붙였을 때 일단은 '우으니'라는 형태가 나오지만, 흔히는 축약의 결과로 '우니'로 발음되는 것인데, 이 형태는 '울-(泣)'에 '-으니'가 붙어 이루어지는 '우니'와 발음상으로 완전히 일치됨으로써 동음이 되어서는 안 될 이들 두 동사 어간의 형태소의 음운론적 외형을 혼동이 생기지 않도록 조정하는 것이 필요했는데, 가장 알맞은 수순으로 '웃다'의 방언형인 '웃으니'를 끌어 들이는 일이었다고 보았다.

한편 조규태(2007/2010:63)에서는 '웃ᄫᅳ리'의 형태소 분석과 관련하여 다음과 같이 두 가지 측면에서 살피고 있다. 첫째, '웃다'의 기본 형태를 '웃다'로 보는 경우, 어간 '웃-'이 모음 어미 앞에서는 '우수믈, 우서늘' 등에서처럼 기본 형태로 쓰이지만, 자음 어미 앞에서는 '웃게, 웃다' 등과 같이 '웃-'으로 변이되어 쓰이므로 기본 형태인 '웃-'에 파생접미사 '-브-'가 결합되어 '-브-'가 유성음 사이라는 환경에서 '-ᄫᅳ-'

로 바뀌게 되어, '웃브리'와 같은 형태가 생기게 되었다는 것이다. 둘째, 과잉수정형의 관점에서 '웃다'의 기본형을 '웃다'로 보고, '웃-'에 '-브-'가 결합되면 '웃브-'가 되어야 하는데, 유성음 사이에서 '웅-, -브-'로 표기해야 한다는 의식이 지나쳐 과잉수정형 '웅브-'로 표기하게 되었다는 것이다.

<龍歌 O17>

宮女·로:놀·라샤·미º宮·監·이다·시언마·른º問罪江都·를º느·치·리잇·가
官妓·로怒·ᄒ샤·미º官吏·의다·시언마·른º肇基朔方·을º뵈·아시·니이·다

宮娥以驚º宮監之尤º問罪江都º其敢留止
官妓以怒º官吏之失º肇基朔方º實維趣只

[어절 분석]

宮女·로#①:놀·라샤·미#宮·監·이#②다·시언마·른#問罪江都·를#③
느·치·리잇·가
官妓·로#怒·ᄒ샤·미#官吏·의#다·시언마·른#肇基朔方·을#뵈·아시·니
이·다

[배경 고사]

李淵(훗날 唐 高祖)가 太原留守로 있을 때, 이연과 친분인 두터웠던 궁감 裵寂이 이연에게 궁녀를 바친 일이 있었다. 이연의 아들 世民(훗날 唐 太宗)과 배적은 이연에게 죄를 입기 전에 隨 煬帝를 치기를 권하였다. 궁녀의 일로 놀라고 두려워진 것은 비록 배적의 유혹 때문이었지만

수 양제의 악이 이미 가득 찼기에 그의 죄를 묻는 일을 참으로 늦출 수 없다는 것이다.

穆祖가 관기의 일로 전주를 떠나 함경도로 옮겨 살게 되었는데, 관기에 관한 책임은 관리에게 있었으니, 이것은 목조가 마지못해 쫓겨 간 것이 아니라, 하늘이 북쪽에서 새 왕조의 기틀을 마련하도록 재촉한 것이다.

[현대역]
궁녀의 일로 놀라심은 궁감64)의 탓이지만, (그래서 이연이 죄를 입을 일은 아니건만) 문제강도65)를 늦추겠습니까
관기의 일로 노여워하심은 관리의 잘못이지만, (그래서 목조가 책임을 질 일은 아니지만) (하늘은 이런 일로써) 조기삭방66)을 재촉하십니다.

[주석]
① :놀·라샤·미: 놀라-(어간) + -시-(주체 높임의 선어말어미) + -옴-(명사형 어미) + 이(주격조사)

② 다·시언마·ᄅᆞᆫ: [닷-(체언) + 이-] + -건마ᄅᆞᆫ(연결어미)
'닷'은 이후 '탓'으로 변화한다. 이 변화는 이진호(2017:329, 주129)의 설명에 의하면 광의의 유기음화에 포함할 수 있다. 유기음화를 광의의 개념으로 보면 평음이 유기음으로 바뀌는 일련의 현상을 모두 가리킨다. 광의의 유기음화에는 다음과 같이 여러 가지 현상이 포함된다. 첫

---

64) 宮監: 세금을 거두기 위해서 각 宮에서 보내는 사람.
65) 問罪江都: 唐 高祖가 江都 앞쪽에 머무르고 있는 수 양제의 죄를 물어 내친 것을 가리킴.
66) 肇基朔方: 북방에서 나라의 기틀을 열다.

째, 어두에서 일어나는 유기음화이다. '갈>칼, 고>코' 등에서 보이는 유기음화로 이러한 유기음화는 특히 'ㅎ'말음체언에서 많이 일어난다. 그래서 말음인 'ㅎ'의 영향으로 어두 유기음화가 일어났다고 해석하기도 한다. '닷'이 '탓'으로 변화한 것이 여기에 해당한다고 할 수 있다. 둘째, 어말의 유기음화가 있는데 이것은 어두 유기음화의 반대 현상이다. '녁>녘, 부섭>부엌' 등의 예에서 찾을 수 있다.

한편 '-건마른'이 '-언마른'으로 된 것은 'ㅣ' 모음 아래에서 'ㄱ' 약화가 일어난 것이다. 박용찬(1996:165-169, 188)에 따르면 '-건마른'은 15세기 국어에서 '-거/어늘', '-거/어니와' 등과 함께 불연속 형태(선어말어미 '-시-'가 통합될 때)에 속하는 것으로 항상 '-ㄴ마른'에 '-거/어-'가 통합된 형태로만 쓰이며, '-건마른'에 '-리-'가 통합될 때는 '-리언마른/-련마른'처럼 나타난다. 그리고 다음 예처럼 '-시-'와 '-리-'가 동시에 '-건마른'에 통합될 때는 '-시-'가 '-리-'보다 앞선다.

예) 四天下를 ㄱ슴 아ᄅ시련마른 늘그니 病ᄒ니 <釋譜 6:17b>

뿐만 아니라 『初杜解諺解』에 한정되어 '-간마른'과 같은 특이한 용례가 출현하는데, 이때 '-간마른'은 '-거- + -오- + -ㄴ마른' 정도로 분석될 듯싶은데 여기에 인칭활용이나 의도법의 선어말어미라고 하는 '-오/우-'가 개재되어 있는지는 단언하기 힘들다고 한다. 그리고 19세기에 형성된 '-지마는'과 관련해서는 '-디빅(디위/디외/디웨)'의 형태 통합 제약과 의미 기능을 추적해보면, 15세기 국어의 '-디빅'는 현대국어의 '-지마는'과 형태 통합 제약과 의미 기능 면에서 완전히 일치함을 알 수 있으므로, 이를 바탕으로 '-지마는'은 '-지(<디빅)'와 '-건마는(건마른)'의 혼효형이 아니라, 연결어미 '-지'에 양보

의 의미를 강화시켜 주기 위해 '마른'이 통합된 것으로 추정하고 있다. '디빙'가 '一지'로 변화하는 과정에서 일어나 두 음절이 한 음절로 줄어드는 음절 축약에 대한 보상 심리도 작용했다고 보았다.

한편 허웅(1975:788, 804)에서는 '一간마른'을 1인칭과 호응하는 '一오一'가 포함되어 있는 것으로 보았다. 또 다른 형태인 '一컨마른'의 경우, 연결어미 바로 뒤에 나타나는데 『南明集諺解』와 『金剛經三家解』에서만 발견되는 특징을 보이고, '一으나/으니/거늘/올딘댄/거니와'와 같은 몇몇 한정된 연결어미 뒤에만 출현하며 16세기 이후의 자료에서는 찾을 수 없다. 그래서 이는 'ᄒᆞ건마른'이라는 'ᄒᆞ一'의 활용형에서 생성되어 나온 것으로 구결문의 '爭奈(乃)'에 대응하는 자리에 나타난다고 하였다.

③ 느·치·리잇·가: [늦一(어근) + 一히(사동 접사)]一 + 一리잇가(의문
   형 종결어미)

<龍歌 018>

驪山役徒·를일ᄒᆞ·샤ᄋᆞ지·ᄇᆞ·로도·라·오싫·제。·열·희무ᅀᆞ·ᄆᆞᆯ。하·ᄂᆞᆯ·히
달·애시·니
:셔ᄫᅳᆯ使者·를:ᄢᅥ리·샤ᄋᆞ바·ᄅᆞ·ᄅᆞᆯ:건·너싫·제。二百戶·ᄅᆞᆯ。어·느·뉘請ᄒᆞ·니

失驪役徒。言歸于家。維十人心。天實誘他
憚京使者。爰涉于海。維二百戶。誰其請爾

[어절 분석]
驪山#役徒·를#일ᄒᆞ·샤#지·ᄇᆞ·로#①도·라·오싫#·제#②·열·희#무

슈·믈#하·늘·히#③달·애시·니

④:서욼#使°者·롤#:쩌리·샤#바·ᄅ·롤#:건·너싫#·제#二百戶·롤#

어·느#⑤:뉘#請ᄒ·니

[배경 고사]

劉邦(훗날 漢 高祖)이 泗上亭長67)으로 있을 때, 역도68)를 秦始皇의 장

지인 驪山으로 보내게 되었는데 중도에 도망치는 사람이 많았다. 그런

데 그중에 장사 몇몇이 유방을 따라가기를 자청하고 나섰고, 후에 이

사람들이 유방이 나라를 세우는 데 공을 세웠다.

穆祖가 전주에서 강원도로, 함경도로 옮겨갈 때 170여 호가 스스로 따

라갔다.

[현대역]

이산의 역도를 잃으시고 집으로 돌아오실 때, (유방을 따라가기를 자청

한) 열 사람의 마음을 하늘이 달래시니

서울의 사자69)를 꺼리시어 바다를 건너실 때, 200호70)의 사람을 어느

누가 청하리니

[주석]

① 도·라·오싫#·제: 도라오-(어간) + -시-(주체 높임의 선어말어

   미) + -ㅭ(관형사형 어미) # 제(체언)

---

67) 중국 秦 때에 십리마다 나그네가 숙식하는 곳을 만들어 그것을 '정'이라 했는데, '정
    장'은 그 책임자이다.
68) 役徒: 부역에 동원되는 장정들.
69) 使°者: '使'는 거성이다.
70) 穆祖가 덕원으로 옮겨 갈 때, 따르는 백성이 모두 170여 戶였다. 여기에서 200호라
    한 것은 成數를 말함이다.

전청 계열의 'ㆆ'는 현대에 쓰이지 않을 뿐더러 중세에서도 그 쓰임이 극히 제한되어 있었다. 관형사형 어미 '－ㄹ' 아래 쓰이거나(니르고져 홇 배), 사잇소리로 쓰였으며(快ㆆ 字), 때로는 동국정운식 교정음인 影母(音흠)로서도 표기되었다. 그리고 'ㄹ'에 입성의 효과를 주기 위한 以影補來의 표기(不붏)로도 쓰였다. 고영근(1987/2010:17)에서는 관형사형 어미 '－ㄹ' 아래에서 사용된 'ㆆ'는 된소리부호의 기능을 표시했던 것으로 보았다. '도라오싫 제'에서 'ㆆ'가 제거되면 뒤의 초성이 'ㅉ'와 같이 각자병서로 나타난다는 점이 된소리부호라는 사실을 더 강하게 뒷받침한다고 하였다.

② 열·희: 열(ㆆ말음체언) + 의(관형격조사)

③ 달·애시·니: 달애－(어간) + －시－(주체 높임의 선어말어미) + －니(연결어미)
'달개다'에서 'ㄱ' 약화로 '달애다'가 되었을 가능성이 높다. '달개다'는 현재 강원, 함경, 충청, 경북, 전라 등지에서 '달래다'의 방언형으로 남아 있다.

④ :셔븂: 셔블(체언) + ㅅ(관형격조사)

⑤ ·뉘: 누(체언) + ㅣ(주격조사)
고영근(1987/2010:77, 110)에 따르면, 중세국어의 제3인칭 대명사도 현대국어와 마찬가지로 정칭, 미지칭, 부정칭, 재귀칭으로 구분할 수 있다. '나, 너, 저, 누'와 같은 인칭대명사가 주격과 관형격조사에 결합되면 성조가 바뀌는데 교체양상은 불규칙하다.

한편, '누'의 관형격형은 상성을 취한 ':뉘(:뉘지브서)'가 되어 거성을 취한 주격형 '·뉘'와 구별되며, 목적격형은 '눌'이다. '누'의 의미는 현대국어의 '누구'와 큰 차이가 없다.

<龍歌 019>

구·든城·을모·르·샤º:긿·길·히:입·더시·니º:셴·하나·비·를º하·늘·히브·
리시·니

·쇠한도ᄌ·글모·르·샤º:보리·라기·드·리시·니º:셴·할미·를º하·늘·히보·
내시·니

不識堅城 º則迷于行º皤皤老父º天之令兮

靡知黠賊º欲見以埃º皤皤老嫗º天之使兮

[어절 분석]

구·든#城·을#모·르·샤#:긿#·길·히#①:입·더시·니#:셴#·하나·비·를
#하·늘·히#②·브리시·니

·쇠#한#도ᄌ·글#③모·르·샤#④:보리·라#기·드·리시·니#:셴#·할미·
를#하·늘·히#보·내시·니

[배경 고사]

後漢 光武帝가 싸움에서 지고 도망가면서 어디로 가야 할지를 몰라 방황할 때 흰 옷을 입은 노인이 길에서 손을 들어 가리키면서 아직 적에게 항복하지 않고 있는 신도성으로 가는 길을 가르쳐 주었다. '굳은 성'은 신도성을 가리키며, 그 노인은 아마도 신인(神人)이었던 것이다.

翼祖가 穆祖를 이어 그 덕망이 날로 높아갔으므로 야인들이 이를 시기하여 익조를 해치려고 군사를 청하러 갔었다. 익조는 이 사정을 모르고 그들을 만나러 가는 도중에 한 손에 작은 대접을 들고 오는 한 노파의 도움으로 그 사실을 알게 되었다. 익조는 황급히 두만강을 따라서 赤島로 피하여 어려움을 면했는데, 이 노파를 하늘에서 보냈다는 것이다.

[현대역]

(후한 광무제가) 견고한 성을 모르시어 갈 길이 아득하시더니, (그때 마침) 머리가 센(하얀) 노인을 하늘이 부리시니[71]

(익조가) 간교한 도적(여진족)을 모르시어 "보겠다." 하고 기다리시는데, 머리가 센 노파를 하늘이 보내시니

[주석]

① :입·더시·니: 입-(어간) + -더-(시상의 선어말어미) + -(으)시-(주체 높임의 선어말어미) + -니(연결어미)

'-더- + -시-'가 나중에 '-시- + -더-'로 바뀌게 된 것은 전위(轉位) 현상이 일어난 것이다.

② ·브·리시·니: 브리-(어간) + -시-(주체 높임의 선어말어미) + -니(연결어미)

③ 모·ᄅ·샤: 모ᄅ-(어간) + -시-(주체 높임의 선어말어미) + -아(연결어미)

---

71) 슈 : 하여금 령(영), 명령하다. 여기서는 평성이다.

④ :보리·라: 보-(어간) + -리-(추측의 선어말어미) + -다(종결어미)
여기서 추측의 선어말어미 '-리-'는 화자의 의도, 목적, 의지의 의미
기능을 가지는 것으로 보인다.

'-리-'의 'ㅣ' 모음 뒤에서 종결어미 '-다'의 'ㄷ'이 'ㄹ'로 바뀌었다.
조창규(1994:523-526)에 따르면, 서술격조사 '이-'(다라기라<釋譜
6:2b>) 뒤와 추측의 선어말어미 '-리-'(두외리러라<釋譜 19:34a>),
형용사 '아니-'(아니러라<法華 2:77a>) 뒤에서 'ㄷ' 첫소리를 가진 어
말어미 '-다', 선어말어미 '-더-, -다-, -도-' 등은 각각 '-라, -
러-, -라-, -로-'로 교체되는 현상이 일어난다. 그런데 어미에서
일어나는 'ㄷ→ㄹ 교체' 현상이 어간의 끝소리가 '이'일 때(뻐러ᄇ리다
<月釋 7:31a>)나 주체 높임의 선어말어미 '-시-'(得ᄒ시다<釋譜
13:30b>)와 사동 접사 '-이-'나 피동 접사 '-이-'(길이더시니<月
釋 8:91b>) 뒤에서는 일어나지 않은 것으로 보아, 어미에서 일어나는
'ㄷ→ㄹ 교체'는 음운론적으로 조건된 것이라기보다는 형태론적으로
조건된 현상이라고 하였다.

<龍歌 020>

四海·ᄅᆞᆯ 년·글 :주리·여。ᄀᆞ·ᄅᆞ·매·빅 :업거·늘。얼·우시·고。·ᄯᅩ 노·기시·니
三韓·ᄋᆞᆯ·ᄂᆞ·ᄆᆞᆯ :주리·여。바·ᄅᆞ·래·빅 :업거·늘。녀·토시·고。·ᄯᅩ 기·피시·니

維彼四海。肯他人錫。河無舟矣。旣氷又釋
維此三韓。肯他人任。海無舟矣。旣淺又深

[어절 분석]

四海·롤#①년·글#②:주리·여# ᄀ·ᄅ·매#·빈#:업거·늘#얼·우시·고#·
쏜#노·기시·니

三韓·올#·ᄂ·ᄆᆯ#:주리·여#바·ᄅ·래#·빈#:업거·늘#③녀·토시·고#·
쏜#기·피시·니

[배경 고사]

漢 光武帝가 王郞에게 쫓겨 가다가 滹沱河에 이르렀을 때, 정찰하는 관
리가 되돌아와서 배가 없어 건널 수가 없다고 하자, 광무제가 王覇에게
가보도록 하였다. 왕패는 관속들의 마음을 놀라게 할까 두려워 얼음이
얼어서 건널 수 있다고 했다. 그리하여 강에 이르니 녹았던 얼음이 다
시 얼어붙어 일행이 건너갈 수 있었고, 건너간 후에 얼음이 다시 녹았
다고 한다.

翼祖가 야인에게 쫓겨 赤島로 건너가려고 바닷가에 이르렀을 때 배도
없고 물이 깊어 건널 수 없자 어찌할 바를 몰랐다. 궁지에 몰린 그때, 깊
었던 물이 갑자기 빠지므로 그 틈을 타서 손부인과 함께 흰말을 타고
물을 건너 무사히 적도에 다다랐다. 그 뒤로 바다가 다시 깊어져서 적
들이 바닷물을 건너지 못하고 되돌아갔다. 북쪽 사람들은 지금까지도
이 일을 가리켜 하늘이 한 일이지 사람의 힘이 아니라고 말한다.

[현대역]

사해72)를 다른 사람에게 주겠는가 (그렇게 하지 못할 것이므로) 강에
배가 없으므로 (하늘이 그 강을) 얼리시고 또 녹이시니

---

72) 四海: 온 世上을 일컬음.

삼한을 남에게 주겠는가 (그렇게 하지 못할 것이므로) 바다에 배가 없으므로 (하늘이 그 바다를) 얕게 하시고 또 깊게 하시니

[주석]

① 년·글: 녀느(ㄱ말음체언, 他) + 을(여격의 부사격조사)

여기서의 '을'은 간접목적어를 나타내는 조사의 기능을 한다. 형태상으로는 목적격조사이지만 기능상으로는 여격의 부사격조사의 기능을 수행하고 있다.

중세국어에서는 체언에 조사가 통합할 때 그 체언이 교체를 하는 경우가 있다. 이광호(2015:18)에 따르면, 이렇듯 비자동적 교체 현상으로 '모/무'와 '느'로 끝나는 체언이 모음으로 된 조사와 결합할 때 체언의 끝음절 '오/우'와 '으'가 떨어지고 'ㄱ'이 덧생기는 현상을 'ㄱ'의 덧생김이라 한다. 'ㄱ'의 덧생김 현상은 '낡(木), 녀(他), 굶(穴), 붊(풀무)'의 형태 요소에서 'ㄱ'이 이유 없이 생기는 현상을 지칭한다.

이기문(1998/2006:165)에서는 2음절의 어중음 '·'를 설정하여 'ㄱ'이 덧생기는 이유를 설명한다. 예를 들면 '나모'는 고대에는 '*나목'이었는데 어떤 이유로 휴지나 자음 앞에서는 체언 끝 자음이 탈락하여 '낡'이 되었을 것이라고 추정한다. 따라서 '나모'와 '낡'이라는 두 체언의 기원형을 '*나목'으로 설정하여 불규칙 곡용을 설명할 수 있는 기원적 두 형태를 설정한 것이다. 이 두 형태 요소는 곡용을 할 경우에 모음 앞에서는 자음으로 끝나는 '낡, 녀, 굶, 붊'의 형태 요소가 실현되고, 자음 앞에서는 모음으로 끝나는 '나모, 녀느, 구무, 불무'의 형태가 실현된다.

한편 중세국어시기에 목적격조사는 때로는 간접목적어 뒤에 사용되어서 '에게'의 의미를 가지기도 하였다. 그리고 여격의 기능을 가진 조사가 제대로 발달되어 있지 않아서 목적격조사가 여격 표지를 대신하기도 하였고, 'NP(체언) + 익/의/ㅅ(관형격조사) # 그에/거긔/손ᄃᆡ'[73]가

여격의 부사격조사의 형태를 대신하였다. 이현희(1994)에 따르면 위 과정에서 중요한 점은 '익/의그에'와 '익/의게'가 조사화한 형태가 아닌 통사적 구조체의 단계에 머무르고 있다는 것이다. 이현희(1994:43)에서는 '의게(의 + 그에)'가 이 시기에서는 완전히 조사화하지 못하고 여전히 '속격조사 # 형식명사'의 성격을 지니고 있는 것으로 파악하고 있다.

조재형(2016:186)에서는 15-16세기 문헌에서의 말뭉치 자료 분석을 통해 소위 여격의 기능을 가지는 특이한 용례를 찾아냈는데 다음의 예를 통해 확인할 수 있다.

예) ① 無畏를 衆生애 施ㅎᄂ니(無畏施衆生) <楞解 6:65b>
　　② 善男子ㅣ 뎌 이든 버데 惡念을 니르왇디 아니ㅎ면(若善男子 於彼善友 不起惡念)<圓覺 下3-1:93a>
　　③ 여러 션븨에 服虔을 혀 ᄡᅳ시놋다(諸儒引服虔) <初杜解 20:11a>

조재형(2016)에 따르면, 위의 예문에 보이는 '에'가 여격의 기능을 한다고 보았다. 앞서 이현희(1994)에서 '의게'가 후기중세국어 시기에 완전히 조사화 하지 못한 것으로 파악하고, 이 시기의 일반적인 여격 형태는 통사적 구조체의 단계에 머무르고 있다고 한 반면, 조재형(2016)에서는 위에서 제시하고 있는 '에'의 형태를 완전한 助詞의 형태로 보고 있다. 물론 위 예문에서 여격의 기능을 수행하는 것으로 보이는 '에'가 한문 원문에서의 '於'를 직역한 것으로 처리할 가능성도 있지만, 이런 경우에도 ②에만 해당하며 ①, ③의 원문에는 '於'가 없다는 점에서 단순히 '於'를 직역한 것으로 처리하기에는 어려움이 있다고 하였다.

---

73) '그에'는 '궁 + 에(부사격조사)', '거긔'는 '그 + 어긔[부사격조사, 차자표기에서의 부사격조사 '良中(어긔)'에 해당함.]'로 분석이 가능하다. 다만 '거긔'의 분석이 공시적으로 가능한지에 대해서는 확답을 할 수 없다. 또한 '손딕'는 아직까지 그 어원을 정확히 알 수 없기에 형태소 분석을 할 수 없다.

② :주리·여: 주-(어간) + -리-(추측의 선어말어미) + -여(의문형
   종결어미)
장윤희(2002:201, 주76)의 설명에 따르면 '-녀'형 어미의 다른 형태인
'-려' 또한 직접의문 가운데 1·3인칭 의문문에 사용되었다.

　예) ① 그 福이 <u>하리여</u> 아니 <u>하리여</u> <釋譜 21:21b>
　　 ② 得혼 福이 <u>하려</u> 몯 <u>하려</u> <法華 7:108b>

장윤희(2002)에서는 위 예문에 대해서 '-려'는 제시된 명제에 대한 '청
자의 추측'이 어떠한지를 묻는, 곧 '~할 수 있겠는가' 정도의 의미로 해
석한다. 또한 의문법 어미 '-려'는 순수한 의문문보다는 주로 수사의
문문에 사용되었다고 하였다. 그리고 고영근(1987/2010:140)에서 '-
려'의 기저형을 '리…녀'로 파악한 것에 대해, 이는 결국 의문법 어미
'-려' 속에서 선어말어미 '-리-'의 의미 기능을 발견할 수 있음을 의
미하는 것이라고 하면서. '-려'와 '-리-'가 지닌 의미 기능상의 공통
성은 이들 각 형태소의 형성 과정의 공통성으로 인해 나타난 것이라고
보았다. 조규태(2007/2010:73)에서는 '-여'를 '-녀'의 변이형으로 보
고 있다.

③ 녀·토시·고: [녈-(어근, 淺) + -오(사동 접사)]- + -시-(주체 높
   임의 선어말어미) + -고(연결어미)
장윤희(2015:49)에서는 '나토-(現)'를 '낱-'과 쌍형 어간 관계에 있는
'낱-'에 '-오-'가 통합한 것으로 보고 있다. 장윤희(2015)의 의견을
수용한다면 '녀토-'도 '녈-'의 쌍형 어간인 '녇-'에 사동 접사 '-호
-'가 결합한 것으로 볼 수도 있을 것이다.

<龍歌 021>

하·늘·히일·워시·니。赤脚仙人아·닌·들。天下蒼生·을。니즈·시·리잇·가
하·늘·히굴·희·어시·니。누·비:줗아·닌·들。海東黎民·을。니즈·시·리잇·가

天旣成之。匪赤脚仙。天下蒼生。其肯忘焉
天方擇矣。匪百衲師。海東黎民。其肯忘斯

[어절 분석]

하·늘·히#①일·워#시·니#赤脚仙人#②아·닌·들#天下蒼生·을#니즈·
시·리잇·가
하·늘·히#③굴·희·어#시·니#④누·비:줗#아·닌·들#海東黎民·을#니
즈·시·리잇·가

[배경 고사]

宋 眞宗에게 아들이 없었으므로 玉皇上帝에게 아들을 빌었더니, 옥황
상제는 여러 선인들 중에 赤脚仙人에게 명하여 그 아들로 내려가도록
하니 이가 곧 仁宗이다. 인종이 궁중에서 맨발로 다니는 것을 좋아하는
것이 그 증거다. 하늘이 宋의 社稷[74]을 이어가도록 이미 결정해 놓은 일
이니, 이런 일이 없었다 해도 그 후사가 끊어지는 않았을 것이다.

翼祖가 貞淑王后와 함께 강원도 洛山寺 觀音窟을 찾아가 후사를 빌었
는데, 꿈에 누비옷을 입은 스님 한분이 찾아와서 반드시 귀한 아들을
낳을 것이라 하니, 이 귀한 아들이 度祖이다. 노래의 뜻은 이런 일이 없
었다 해도 후사가 끊어지는 일은 없었을 것이다.

---

74) 社稷: 중국과 우리나라 왕조시대에 국토와 곡식의 번창을 기원하는 제사 및 그 장
소. '社'는 土地神, '稷'은 穀神을 상징한다.

하늘이 (이미 다) 이루어 있으니, 적각선인75)의 일이 아닌 것을, (하늘이) 천하창생76)을 잊으시겠습니까

하늘이 (이미) 가리어 있으니, 누비옷을 입은 중이 아닌 것을, (하늘이) 해동여민77)을 잊으시겠습니까

[주석]

① 일·워#시·니: [일−(어근) + −우(사동 접사)]− + −어(연결어미) # 시−(어간) + −니(연결어미)

② 아·닌#·들: [아니(체언) + zero형 서술격조사]− + −ㄴ(관형사형 어미) # 들(의존명사)

③ 굴·히·어#시·니: 굴히−(어간, 擇) + −어(연결어미) # 시−(어간) + −니(연결어미)

④ 누·비:즁: 누비옷을 입은 스님

누비(縷緋)란 말은 승복의 납의(衲衣)에서 비롯되었다. 납은 '깁다'는 뜻이다. 불교가 발생한 당시부터 고행의 한 수행방법으로 세상 사람들이 내버린 낡은 헝겊을 모아서 누덕누덕 기워 만든 옷을 입었다. 혹자는 그래서 누덕의(累德衣)라고 말하기도 한다. 흔히 '누더기'라고 쓴다. '덕을 쌓는 옷'이라는 말이 얼핏 듣기에 그럴듯하게 들린다. 그리고 이런 옷을 입은 중을 납승(衲僧)이라고 불렀다. '납의'라는 말이 변하여 '누

---

75) 赤脚仙人: 大空을 몸으로 삼아 알몸으로 돌아다닌다고 하는 신선.
76) 天下蒼生: 온 나라의 백성을 뜻하는 말.
77) 海東黎民: 海東은 우리나라를 말함이니, 해동 여민은 우리나라 백성을 가리키는 말.

비'라는 새로운 말이 생겼으며, 여러 가지 헝겊을 깁는 대신 두 겹의 천을 안팎으로 하여 사이에 솜을 넣고 바느질을 한 옷으로 가리키게 되었다. 한편『雅言覺非』[78]에서는 누비는 승복인 '납의'의 오류라고 지적하고, 승려들이 해진 옷을 기운데서 비롯되었다[79].

〈龍歌 022〉

赤帝니·러·나·시릴·씨。白帝 흔 갈·해주·그·니。火德之王·을。神婆ㅣ 알·외
ᅀᅳ·ᄫᅵ·니

黑龍·이 혼사·래주·거。白龍·을 살·아:내시·니。▢ 子孫之慶·을。神物·이 슬·
ᄫᅵ·니

赤帝將興。百帝翎戮。火德之王。神婆告止
黑龍卽殪。白龍使活。▢ 子孫之慶。神物復止

[어절 분석]

赤帝#니·러·나·시릴·씨#白帝# 흔 #①갈·해#주·그·니#火德之王·을 #
神婆ㅣ#②알·외ᅀᅳ·ᄫᅵ·니

黑龍·이# 혼 #사·래#주·거#白龍·을 #③살·아#:내시·니#子孫之慶·을
#神物·이#슬·ᄫᅵ·니

---

78) 다산 정약용이 지은 어원 연구서. 한국의 속어(俗語) 중에서 와전되거나 어원과 용처(用處)가 모호한 것을 고증한 책으로, 당시 한자의 사용에 착오가 많아 이를 바로 잡기 위하여 저술하였다.

79) 불교닷컴(현각스님) http://www.bulkyo21.com/news/articleView.html?idxno=26859 (검색일: 2018.3.7)

[배경 고사]

劉邦(훗날 漢 高祖)이 驪山으로 가다가 장사 몇 명을 데리고 되돌아갈 때, 앞에 큰 뱀이 길을 막고 있으므로 그 뱀을 죽였다. 뒤에 따라오는 사람이 뱀이 죽은 곳을 지나가니, 한 노파가 울면서 "내 아들은 白帝로서 뱀으로 화해 있었는데 赤帝가 죽였다."고 하였다. 이 말을 유방에게 전하니 유방은 그 뜻을 마음속으로 짐작하였다.

度祖의 꿈에 어떤 이가 찾아와 아뢰기를 "나는 흰 용인데, 검은 용이 내가 사는 곳을 빼앗으려 하니 구해 달라."고 두 번이나 간청하였다. 도조가 이상하게 여겨 그가 일러준 날에 그곳으로 가보니 과연 흰 용과 검은 용이 싸우고 있었다. 도조는 검은 용을 쏘아 한 발에 넘어뜨리니 연못에 잠기었다. 그 후 흰 용이 다시 꿈에 나타나, "그대의 자손에게 복이 있을 것이다."고 했다.

[현대역]

적제80)가 일어나시므로, 백제81)가 한 칼에 죽으니, 화덕지왕82)을 신파83)가 알리오니

흑룡이 한 화살에 죽어 (도조가) 백룡을 살려내시니, 자손지경84)을 신물(용)이 (도조에게) 알리니

[주석]

① 갈·해: 갈(ㅎ말음체언) + 애(도구의 부사격조사)

---

80) 赤帝: 五方神將의 하나. 여름을 맡는다는 남쪽의 신으로 여기서는 漢을 상징한다.
81) 白帝: 가을을 맡아보는 서쪽의 신으로 여기서는 秦을 상징한다.
82) 火德之王: 火德은 漢 나라의 상징이니, 화덕지왕은 한 고조를 가리킨다.
83) 神婆: 신령스러운 노파.
84) 子孫之慶: 자손에게 있을 경사.

② 알·외ᅌᅮ·ᇦ·니: 알외−(어간) + −ᇦ−(객체 높임의 선어말어미) +
　　−(ᄋᆞ)니(연결어미)

③ 살·아:#내시·니: 사ᄅᆞ−(어간) + −아−(연결어미) # 내−(어간) +
　　−시−(주체 높임의 선어말어미) + −니(연결어미)

여기서 '사ᄅᆞ다'는 'ᄋᆞ/으' 불규칙 용언이다. 관련된 내용은 정경재
(2015)를 참고할 만하다. 다만 정경재(2015)에서는 'ᄋᆞ/으' 불규칙을
'르' 변칙(ㄹㅇ) 활용으로, 'ᄅᆞ/르' 불규칙을 '르' 변칙(ㄹㄹ) 활용으로 표
기하였다. 정경재(2015:259−261)의 논의에 따르면 '르' 불규칙(ㄹㅇ)
활용은 15세기에 [X르고, X르니, Xㄹ어]와 같이 활용한다. 이 활용 부
류에 속하는 단어로는 '게으르다[怠], 니ᄅᆞ다/니르다[謂], 다ᄅᆞ다[異], 오
ᄅᆞ다[上]' 등이 있는데, 자음·매개모음 어미 결합형 [X르고, X르니]에
대해 모음어미 결합형 [Xㄹ에]가 기대된다. 그러나 이들의 모음어미 결합
형은 정연하게 'ㄹㅇ'으로 분철 표기됨에 따라서 이 단어들은 'ᆞ' 규칙,
'ㅡ' 규칙 활용과 구분되는 '르' 불규칙 활용으로 분류된다. 이 단어들의
모음어미 결합형이 연철되지 않는 것은 후행하는 'ㅇ' 자리에 기원적으
로 /ㄱ/가 존재했던 흔적에 의한 것으로, '르' 불규칙(ㄹㅇ) 활용은 모음
어미 결합형에 /ㄱ/가 남아 있는 '므' 불규칙 활용과 평행하게 발달해 왔
다고 하였다. '르' 불규칙(ㄹㅇ) 활용 부류에 속한 용언들은 16세기 후반
부터 서서히 '르' 불규칙(ㄹㄹ) 활용으로 변화하는데, 이 변화는 '르' 불
규칙(ㄹㅇ) 활용에 속한 단어에 예외 없이 일관되게 나타나 이 활용 부
류에 속했던 모든 구성원이 '르' 불규칙(ㄹㄹ) 활용으로 변화하여 현대
한국어로 이어지고, 이 변화가 완성되면서 '르' 불규칙(ㄹㅇ) 활용 부류
는 소멸한다는 것이다. '르' 불규칙(ㄹㅇ) 활용의 모음어미 결합형이 [X
ㄹ에]>[Xㄹ레]의 변화를 겪은 원인은 명확하지 않다. 이에 대해 정경

재(2015)에서는 몇 가지 원인을 상정하고 있다. 우선 정경재(2015)에서는 후기중세국어 시기에 공존했던 '르' 불규칙(ㄹㄹ) 활용에 유추되었을 가능성을 제시하고 있다. 정경재(2015)에 따르면 '골오다[擇]>고르다!, 머믈우다[留]>머무르다!, 그울다[轉]>구르다!' 등과 같이 후기중세국어 이래로 어간말 음절에 /ㄹ/를 지닌 다양한 규칙 활용 용언이 '르' 불규칙(ㄹㄹ) 활용으로 변화해 왔으며, 동일한 조건의 단어가 동시기에 동일하게 변화한 것으로 보아 음운론적인 동인에 의한 변화 가능성이 있다. 즉 'ㄹㅇ'을 [lɦ] 혹은 모음 사이의 [l]을 표기한 것으로 본다면 설측음 [l]이 모음 사이에서 양음절성을 지녀 [ll]로 발달하는 것을 음운론적으로 설명할 수 있으나, /ㄹㄹ/로의 변화는 용언의 활용에서만 일관되게 나타났을 뿐, 다른 환경에서의 모든 'ㄹㅇ' 표기가 /ㄹㄹ/로 발달한 것은 아니라는 점에서 문제가 될 수 있다.

〈龍歌 023〉

雙鵰ㅣ 호·사·래:쎄·니。絶世英才·를。邊人·이。拜伏·ㅎ·ᅀᆞ·ᄫᆞ·니
雙鵲·이호·사·래디·니。曠世奇事·를北°人·이。稱頌·ㅎ·ᅀᆞ·ᄫᆞ·니

維彼雙鵰。隨於一縱。曠世奇事。北°人稱頌

[어절 분석]

雙鵰ㅣ#호#①·사·래#②:쎄·니#絶世英才·를#邊人·이#③拜伏·ㅎ·ᅀᆞ·ᄫᆞ·니

雙鵲·이#호#·사·래#④디·니#曠世奇事·를#北人·이#③稱頌·ㅎ·ᅀᆞ·ᄫᆞ·니

[배경 고사]

(훗날 後唐의 太祖) 李克用이 달단족(韃靼族과, Tatar)과 힘겨루기를 하였는데, 달단족 사람이 날아가는 수리 두 마리를 가리키며, 한 번에 맞힐 수 있는지 물었다. 태조가 화살을 쏘니 두 수리에 이어 맞았다. 이에 달단족 사람들이 배복[85]하였다.

度祖가 行營에 있을 때, 수백 보나 떨어진 곳의 큰 나무에 앉은 까치 두 마리를 한 화살에 쏘아 떨어뜨리니, 큰 뱀이 물고 다른 나뭇가지 위에 까치 두 마리를 얹어 두고 먹지 않았다. 이에 사람들이 신기하게 여겨 칭송하였다.

[현대역]

(이극용이 화살을 쏘아) 저 쌍조[86]가 한 살에 꿰이니 절세영재[87]를 변인[88]이 배복하니

(도조가 화살을 쏘아) 저 쌍작[89]이 한 살에 떨어지니 광세기사[90]라고 북인이 칭송하니

[주석]

① ·사·래: 살(체언) + 애(수단·방법의 부사격조사)

'살'은 화살을 말한다. '활'과 '살'이 합성어를 형성할 때, '살'의 'ㅅ' 앞에서 '활'의 'ㄹ'이 탈락하여 '화살'의 형태로 바뀌었으나 의미는 현대어와

---

85) 拜伏: 절하며 복종함.
86) 雙鵰: 한 쌍의 독수리.
87) 絶世英才: 세상에서 뛰어난 영재.
88) 邊人: 변방 사람.
89) 雙鵲: 한 쌍의 까치.
90) 曠世奇事: 세상에서 보기 드문 기이한 일.

동일하다.

한편, 체언 '살' 뒤에 오는 부사격조사 '애'의 기능을 '원인'으로 보는 견
해가 많으나 의미상 '화살로'와 동일하기 때문에 여기서는 '수단 · 방법
의 부사격조사'로 보고자 한다.

② :쀄·니: 쀄－(어간, 貫) ＋ －니(연결어미)

③ 拜伏·ᄒ·ᅀᆞᆸ·니: [拜伏(어근) ＋ －ᄒ(동사 파생 접사)]－ ＋ －습－
   (객체 높임의 선어말어미) ＋ －(ᄋᆞ)니(연결어미)
   稱頌·ᄒ·ᅀᆞᆸ·니: [稱頌(어근) ＋ －ᄒ(동사 파생 접사)]－ ＋ －습－
   (객체 높임의 선어말어미) ＋ －(ᄋᆞ)니(연결어미)

여기에 '－습－'이 들어간 것은 후당 태조의 '絶世英才'를 높이기 위함
이다. '稱頌ᄒᅀᆞᆸ니'에서의 '－습－' 또한 익조의 '曠世奇事'를 높이기
위함이다.

④ 디니: 디－(어간) ＋ －니(연결어미)
   디다＞지다(구개음화)

이 문장에서의 '디다'의 의미는 '떨어지다'로 보는 것이 적절하다.

<龍歌 024>

·ᄂᆞ·ᄆᆞᆫ·ᄠᅳᆮ다ᄅᆞ거·늘。:님·그·믈 救·ᄒ시·고。六合·애·도。精卒·ᄋᆞᆯ자ᄇᆞ·시·니
앗·ᄋᆞᆫ·ᄠᅳᆮ 다ᄅᆞ거·늘。나·라·해 도·라·오시·고。雙城·에·도。逆徒·ᄅᆞᆯ平·ᄒ
시·니

他則意異。我救厥辟。于彼六合。又殲精卒

弟則意異。我還厥國。于彼雙城。又平逆賊

[어절 분석]

①·ᄂᆞ·ᄆᆞᆫ#·ᄠᅳᆮ#다ᄅᆞ거·늘#:님·그·를#救·ᄒᆞ시·고#②六合·애·도#精卒·

올#③자ᄇᆞ·시·니

④앗·ᄋᆞᆫ#·ᄠᅳᆮ#다ᄅᆞ거·늘#⑤나·라·해#·도·라·오시·고#雙城·에·도#逆

徒·ᄅᆞᆯ#平·ᄒᆞ시·니

[배경 고사]

後周 太祖가 죽으니, 北漢主 兪崇이 기뻐하며 후주를 쳤다. 이때 다른
장수들은 달아나거나 항복하였으나 趙匡胤(훗날 宋의 太祖)만은 끝내
분전하여 당시 후주의 왕 세종을 보필하였다. 또한 조광윤은 세종이 후
당을 칠 때도 후당의 장수 景達의 군세를 육합91)에 유인하여 이를 대파
하였다.

翼祖와 度祖가 제 임금을 섬기매, 왕의 총애를 받았기에 桓祖 역시 雙城
등지의 천호92)로서 恭愍王을 내조하였다. 쌍성은 땅이 비옥하여 백성
들이 많이 옮겨 살았는데, 공민왕은 환조에게 이곳을 관리하도록 하였
다. 이때 奇轍이 반역을 꾀하자 공민왕이 환조에게 하유93)하여, 쌍성
등지를 회복하라 하니, 환조가 왕명을 받들고 쌍성총관부를 쳤다. 그러
나 환조의 아우 子船은 내내 귀순하지 아니하였다.

---

91) 六合: 揚州에 속해 있는 縣으로 揚州에서 西北쪽으로 130리에 있다. 이기석
(1976:92)에 따르면 六合은 동서남북상하를 의미하는 것으로 온 세상을 뜻하는 말
이지만 여기에서는 지명으로 볼 수 있다.

92) 千戶: 고려 후기 몽고의 영향을 받아 나타난 관직. 그 명칭은 萬戶·百戶와 더불어 관
령하는 民戶의 수에 따라 붙여졌다.

93) 下諭: 지방 벼슬아치에게 서울에 올라오도록 내리는 임금의 명령

[현대역]

모두의 (남은) 뜻이 다르기 때문에 (조광윤만은) 임금을 구하시고, 육합

에서도 정졸94)을 섬멸하니

(환조의) 아우는 뜻이 다르거늘 (환조만은) 나라에 돌아오시고 쌍성에

서도 역도95)를 평정하시니

[주석]

① ·ᄂᆞ·ᄆᆞᆫ : 놈(체언) + (ᄋᆞ)ᄂ(보조사)

안병희·이광호(1990:192)에서는 현대국어의 보조사 '은/는'의 의미가

'대조' 혹은 '배타'의 뜻을 나타내고 있으며, 중세국어의 보조사 'ᄂ'도

그 의미가 동일하다고 보았다.

고영근(2010:389)에서도 'ᄂ/는, 은/은'을 '대조'의 의미를 갖는 보조사

로 설명하고 있다.

② 六合·애·도 : 六合(체언) + 애(처소의 부사격조사) + 도(보조사)

여기서 처소의 부사격조사 '애'는 '에서'의 기능을 수행하는 것으로 볼

수 있다.

조재형(2016:184-185)에서는 15~16세기 문헌에서의 부사격조사

'애, 에, 예'의 문헌별 용례수를 분석하면서, 후기중세국어 시기의 '에'

가 '에서'의 기능을 가졌음을 확인하였고, '에서'의 기능이 이 시기 '에'

의 주된 기능 중의 하나라고 보았다.

③ 자ᄇ·시·니 : 잡-(어간) + -(ᄋᆞ)시-(주체 높임의 선어말어미) +

   -니(연결어미)

---

94) 精兵 : 우수하고 강한 군사.

95) 逆徒 : 반역하는 무리들.

④ 앗·은: 아ᅀ(체언) + (ᄋ)ㄴ(보조사)

'앗은'은 '아ᅀ(아우)'에 보조사 'ㄴ'이 결합된 어형으로 중세국어의 비자동적 교체 양상을 보여주는 체언 중의 하나이다. 이와 비슷한 체언에는 '여ᅀ/여스(여우), 무수(菁)' 등이 있다. 이들은 모음으로 시작하는 조사 앞에서 마지막 모음을 탈락시키고 2음절의 초성을 1음절의 종성으로 올려 표기하였다.

예) 아ᅀ, 앗이, 앗ᅵ, 앗은

고영근(1987/2010:107)에서는 이러한 현상을 'ᄋ/으'로 끝난 명사가 모음으로 시작하는 조사 앞에서 형태를 바꾸는 것으로 설명하고 있다. 안병희·이광호(1990:147)에서는 이를 명사어간의 비자동적 교체라고 설명한다. 이러한 비자동적 교체를 보이는 명사들의 독립형은 공통된 음운론적 조건을 갖고 있는데, 첫째는 두 음절로 되어 있는데, 그 말음절이 'ㄴ, ㄹ, ㅿ' 등 유성자음과 모음 'ᄋ/으'로 되어 있다는 것이고, 두 번째는 명사의 성조가 모두 저조, 곧 평성이라는 것이다.

⑤ 나·라·해: 나라(ㅎ말음체언) + 애(처소의 부사격조사)

<龍歌 025>

德望·이·더러·ᄒ실·ᄊᆡ。·가다·가도·라옳軍士ㅣ。ᄌᆞ걋·긔。黃袍니·피ᅀᆞ·ᄫᆞ·니

忠誠·이·이러·ᄒ실·ᄊᆡ。죽다·가:살언百姓·이。ㅁ아·ᄃᆞ:닚·긔。袞服니·피ᅀᆞ·ᄫᆞ·니

德望如彼。言旋軍士。酒於厥躬。黃袍用被

忠誠若此。其蘇藜庶。酒於厥口嗣。袞服以御

[어절 분석]

德望·이#①·더러·ᄒ실·씨#·가다·가#②도·라올#軍士ㅣ#③·ᄌ걋·긔
#黃袍#④니·피ᄉ·ᄫ·니

忠誠·이#·이러·ᄒ실·씨#죽다·가#⑤:살언#百姓·이#⑥아·ᄃ:닚·긔#
袞服#니·피ᄉ·ᄫ·니

[배경 고사]

後周 恭帝 때 北漢과 契丹이 침략해오니 趙匡胤이 이를 막으려고 떠났다.
마침 해 아래에 또 하나의 해가 가리어 검은 빛이 움직이니, 하늘이 명한
것이라 하여 石守信 등이 이른 새벽에 군사들을 모아 조광윤의 침소로
갔다. 이때 조광윤은 술을 마시고 누워 자다가 이 소리를 듣고 일어났으
니, 조점검이 채 대답도 하기 전에 황포[96]가 조광윤의 몸에 덮이었다.
桓祖가 선조의 뜻을 이어 元의 벼슬을 하면서도 나라에 충성을 다하여
雙城總管府[97]를 치고 동북면[98]의 실지를 회복하였으므로 이 막중한
위덕으로 말미암아 아드님(李成桂)이 왕위에 올랐다.

[현대역]

(조광윤의) 덕망이 저러하시므로 가다가 돌아올 군사가 그분께 황포를
입히시니

---

96) 黃袍: 황금빛의 곤룡포. 황제의 예복.
97) 雙城總管府: 1270년 개경 환도 후, 元이 철령 이북의 고려 영토를 차지한 지역.
98) 동계의 북부 지역을 가리키는 말에서 시작한 고려의 지명이다. 원 간섭기에 탁청의
   난으로 빼앗겼다가 되찾았다. 오늘날의 함경도이다.

(환조의) 충성이 이러하시므로 (학정에) 죽다가 다시 살아난 백성이 (환조의) 아드님께 곤룡포[99]를 입히시니

[주석]

① ·뎌러·ᄒ실·ᄊᆡ: 뎌러ᄒ−(어간) + −시−(주체 높임의 선어말어미) + −ㄹᄊᆡ(연결어미)

뎌러ᄒ다>저러하다(구개음화)

② 도·라옳: 도라오−(어간) + −ᇙ(관형사형 어미)

③ ·ᄌᆞ갸·긔: ᄌᆞ갸(체언) + ᄋᆡ(여격의 부사격조사)

고영근(1987/2010:78)에 따르면 'ᄌᆞ갸'는 폐어화된 말로서 현대국어의 높임의 재귀대명사 '당신'과 비슷한 의미를 가지고 있다고 한다. 이 시기의 또 다른 재귀대명사로는 '저'가 있는데, 현대국어에서 같은 형태가 1인칭의 겸양어를 나타내는 대명사로 쓰이는 것과 달리, 이 시기에는 '저'가 3인칭의 재귀대명사라는 점에서 주의를 요한다.

④ 니·피ᅀᆞ·ᄫᆞ·니: [닙−(어근, 服) + −히(사동 접사)]− + −ᅀᆞᆸ−(객체 높임의 선어말어미) + −(ᄋᆞ)니(연결어미)

니피다 > 입히다(두음법칙)

⑤ :살언: 살−(어간) + −거−(시상의 선어말어미) + −ㄴ(관형사형 어미)

허웅(1977:56)에서는 '−언'은 '−건'의 ㄱ이 약화된 꼴로 보았다. 허웅(1977)에 따르면 '−건'은 '−거−'와 '−ㄴ'으로 다시 분리할 수 있다.

―――――――――――――――――――

99) 袞服: 곤룡포. 임금의 예복.

⑥아·ᄃ·ᄂᆞᆷ·ᄀᆡ: [아들(어근) + ―님(접사)] + ᄭᅴ(여격의 부사격조사)
'―님'의 'ㄴ' 앞에서 '아들'의 'ㄹ'이 탈락하였다.

<龍歌 026>

東都·애보·내·어시·늘ㅇ하·리·로말·이ᄉᆞ·ᄫᆞᆯ·ᄃᆞᆯㅇ·이·곧·더·고·대ㅇ後ㅿ·날
다ᄅᆞ·리잇·가
北道·애보·내·어시·늘ㅇ·글·발·로말·이ᄉᆞ·ᄫᆞ·ᄃᆞᆯㅇ가샴:겨샤·매ㅇㅁ오·늘
다ᄅᆞ·리잇·가

遣彼東都ㅇ沮以讒說ㅇ於此於彼ㅇ寧°殊後日
遣彼北道ㅇ尼ㅇ以巧詞ㅇ載100)°去載留ㅇ豈異�口今時

[어절 분석]
東都·애#①보·내·어시·늘#②하·리·로#③말·이ᄉᆞ·ᄫᆞᆯ·ᄃᆞᆯ#·이#·곧#·더
#·고·대#④後ㅿ·날#다ᄅᆞ·리잇·가
北道·애#②보·내·어시·늘#·글·발·로#③말·이ᄉᆞ·ᄫᆞ·ᄃᆞᆯ#⑤·가샴#:겨샤·
매#오·늘#다ᄅᆞ·리잇·가

[배경 고사]
唐 高祖는 李世民의 계략으로 晉陽에서 병사를 일으킨 후 이세민을 태
자로 삼고자 하였다. 장자인 建成과 셋째인 元吉이 세민을 타도할 꾀를
꾸미자 고조가 세민을 洛陽으로 보내 그곳에서 살게 하고자 하였으나,
건성과 원길의 상소로 실패하였다. 그러나 이세민은 토지·병갑을 잡은

---

100) 여기서의 載는 어조사로 별다른 뜻이 없다고 한다.

것도 아니지만, 하늘의 명에 따라 당의 2대 황제가 되었다.

高麗 恭愍王은 桓祖를 朔方道兵馬使[101]로 삼았다. 御史臺가 상소하여 못 보내도록 말렸으나 왕은 이를 허락하지 않고, 잔치와 연회를 베풀어 위로해 주었다. 환조가 北道[102]로 돌아간 지 얼마 안 되어, 야인의 땅에 들어간 우리나라 사람들이 모두 명을 어기지 않고 나왔다는 소식이 날아왔다. 만일 공민왕이 환조를 보내지 않았더라도 李成桂가 천명에 따라 나라를 열었을 것이다.

[현대역]
(당 고조가 그 아들 이세민을) 동도[103]에 보내시는 것을 참소로 말린들 이곳저곳에 (있는 것이) 훗날(이세민이 임금이 된 것)과 다르겠습니까
(고려 공민왕이 환조를) 북녘[104]에 보내시는 것을 글로 말린들 (그곳에) 가심이나 계심에 오늘(이성계가 왕이 된 것)과 다르겠습니까

[주석]
① 보·내·어시·늘: 보내-(어간) + -시-(주체 높임의 선어말어미) + -거늘(연결어미)
'내'의 'ㅣ' 뒤에서 '-거-'의 'ㄱ'이 약화되었다.

---

101) 삭방 지역의 도병마사. 삭방도는 현재의 강원도와 함경남도를 포함한 지역이며, 도병마사는 중서문하성과 중추원의 2품 이상의 고위 관리인 재신과 추밀이 함께 모여 국방문제와 같은 국가 중요문제를 논의하는 회의 기구이다.
102) 동북면(東北面). 곧 함경도 지방을 이른다. 삭방도.
103) 東都: 동쪽의 도읍, 중국 하남성의 낙양. 주나라 성왕 때 여기에 성을 쌓고, 동도라 이름지었다. 동쪽에 있는 서울이라는 뜻이다.
104) 北道: 북방의 도. 고려 공민왕이 환조(이성계의 아버지)를 삭방도의 병마사로 임명하였다.

② 하·리·로: [할-(어근, 讒) + -이(명사 파생 접사)] + 로(도구의 비
   교격조사)
   할-(어간) + -ㄹ(관형사형 어미) # 이(의존명사) + 로(도구의 비
   교격조사)
해당 구절은 두 가지 분석이 가능하다. 첫 번째는 '참소로', 두 번째 분
석은 '참소하는 것으로'라 해석된다.

③ 말·이·ᅀᆞᆸ·들: [말-(어근) + -이(사동 접사)]- + -ᅀᆞᆸ-(객체
   높임의 선어말어미) + -(ᄋᆞ)ㄴ(관형사형 어미) # 들(의존명사)
'말이다'의 현대형은 '말리다'이나, 방언형으로 '말기다'가 존재하는 것
으로 보아 이전의 형태로 '*말기다'를 재구해볼 수 있다.
여기서의 '-ᅀᆞᆸ-'은 '동도에 가시는 李世民', '북도에 가시는 桓祖'를
높이기 위해 사용되었다.

④ 後ᅀᅵ·날: 後(체언) + ㅅ(사잇소리) + 날(체언)
'ᅀᅵ'은 유성음 사이의 사잇소리 표기이다.

⑤ ·가샴#:겨샤·매: 가-(어간) + -시-(주체 높임의 선어말어미) +
   -옴(명사형 어미) # 겨시-(어간) + -옴(명사형 어미) + 애(상황
   의 부사격조사)

<龍歌 027>

·큰화·리常例아·니·샤:얼ᄌᆞ·밧ᄀᆞ·초ᅀᆞ·바。濟世才·를後人·이·보·ᅀᆞᆸ·니
·큰·사·리常例아·니·샤。ᄆ·보시·고더·디시·나。ᄆ命世才·를。卽日·에깃
그·시·니

大弧匪常。得言藏之。濟世之才。後人相之

大箭匪常。囗 見焉擲之。囗 命世之才。卽日懌之

[어절 분석]

·큰#·화·리#常例#·아·니·샤#①:얻즈·밠#②ㄱ·초ᄉᆞ·밠#濟世才·를 #
後人·이#③·보ᄉᆞ·ᄫᆞ·니

·큰#·사·리#常例#·아·니·샤#·보시·고#④더·디시·나#命世才·를 #卽日·
에#⑤깃그·시·니

[배경 고사]

唐 太宗의 활은 다른 어떤 활보다 갑절이나 컸다. 태종이 劉黑闥을 쫓
을 때, 용맹스러운 突厥族 병사가 칼을 뽑아들고 오므로 태종이 큰 화
살로 등을 꿰뚫었다. 이에 돌궐 사람들이 보고 놀라며 '신인(神人)'이라
고 경탄하였다. 곧 대궁과 화살 다섯을 세보105)로 삼았다.

李成桂는 쏘면 소리가 나는 大哨箭을 좋아하였다. 어린 시절 이성계는
桓祖를 따라 사냥을 갔는데, 환조가 이 화살을 들어 보고 사람이 쓰는
것이 아니라면서 던져 버렸다. 이성계가 다시 주웠고 마침 뛰어나온 노
루 일곱을 쏘아 맞히니 환조가 크게 기뻐하였다.

[현대역]

(당 태종의) 큰 활이 일반적인 것이 아니시어 (돌궐족이 이 활을) 얻어
감추어, 제세재106)를 후대의 사람이 뵈오니

(이성계의) 큰 화살이 일반적인 것이 아니시어 (환조가 이것을) 보시고

___

105) 世寶: 대대로 내려오는 보물.
106) 濟世才: 세상을 구제하는 바탕.

던지시나 명세재[107]를 그 날에 기뻐하시니

[주석]

① :얻ᄌ·ᄫᅡ: 얻-(어간) + -ᄉᆞᆸ-(객체 높임의 선어말어미) + -아(연결어미)

② ᄀᆞ초ᅀᆞᄫᅡ: ᄀᆞ초-(어간) + -ᄉᆞᆸ-(객체 높임의 선어말어미) + -아(연결어미)

ᄀᆞ초다 > 감추다

소신애(2010)에서는 국어에서는 파찰음 /ㅈ, ㅊ/앞에서 비음 /ㄴ/이 삽입되는 음운현상이 있다고 하였는데, 이러한 음운 변화는 후기중세국어 시기부터 일부 등장하여 근대국어 시기에 활발히 전개된 것으로 보았다.

예) ᄀᆞ초->ᄀᆞᆫ초->ᄀᆞᆷ초-(藏), 더디->더지->던지-(投)

소신애(2010)에 따르면, 이는 일반적인 음운 변화에 비해서는 산발적으로 적용되었으나 조건 환경이 'V1-파찰음-V2'로 한정되어 있다. 이러한 환경은 음변화의 측면에서 '약화' 환경에 해당하여, 모음 사이의 장애음이 약화되는 경향이 있다. 대부분 이러한 환경에서는 파찰음이 마찰음화 되는 현상이 일어나지만 '머추-'의 경우 파찰음이 약화되는 대신 파찰음 앞에 /ㄴ/이 삽입되어 있다는 점이 특이하다. 소신애(2010)에서는 이때 /ㄴ/첨가가 일어나는 것은 /ㄴ/첨가가 일어나는 음절이 어간 형태소 내부의 음절 두음 위치에 해당하기 때문에 '약화'가 저

---

107) 命世才: 세상에 뛰어난 바탕.

지되는 것이라고 설명한다. 어간의 음절초 위치는 화자와 청자의 의식이 집중되는 위치이기 때문에 음절초 위치의 분절음이 변화될 경우, 원형태소의 의미가 손상될 우려가 있다. 따라서 파찰음의 '약화'를 저지하기 위해 분절음이 '삽입'되어 '강화'가 이루어졌다는 것이다. 이때 강화를 위해 삽입되는 분절음이 음절 말음이라는 점도 같은 맥락에서 이해할 수 있다.

여기서 삽입된 /ㄴ/은 비강 폐쇄음인데, 비강 폐쇄음이 나타나는 경우 비강이 열리는 대신 구강에서는 기류의 폐쇄가 일어난다. 파찰음은 '폐쇄-마찰'의 방법을 통해 조음되는데, 비강 폐쇄음과 연속적으로 조음하게 되면 기류의 폐쇄 지속 시간이 길어져 구강 내의 기압이 증가하고, 마찰될 때의 기압의 진폭을 상승시켜 소리의 강도를 높이게 된다. 또한 파찰음은 '폐쇄-마찰'이라는 복잡한 조음 방식을 지니는데, 이를 보다 쉽게 조음하기 위해서 '폐쇄'를 통해 조음되는 분절음이 파찰음 앞에 삽입된다는 것이다.

그렇다면 왜 비음 'ㄴ'이 삽입되었는가에 대해 소신애(2010)에서는 /ㄱ, ㄷ, ㅂ/를 비롯하여 비음이 아닌 다른 자음들은 후행하는 자음 /ㅈ/을 경음화시키거나 유기음화 시킬 우려가 있으며, /ㄹ/은 후행 자음과의 연쇄가 제약적이며 다른 자음 앞에서 탈락하기 쉬워 삽입 자음으로는 적합하지 않다고 하였다. 비음은 다른 폐쇄음과 달리 후행자음인 파찰음의 변별적 자질을 변경시키지 않는다는 것이다. 따라서 삽입자음으로 적합한 자음들은 비강 폐쇄음 /ㄴ, ㅁ, ㅇ/으로 한정된다. 이 중에서도 'ㄴ'은 조음 위치상 중자음으로 가장 무표적인 비음이라 할 수 있다. 따라서 비음 삽입으로 인한 형태소의 의미 손상을 최소화하기 때문에 /ㄴ/이 삽입되었으며, '감추-'의 경우 /ㄴ/이 삽입된 후에 /ㅁ/으로 변화한 것으로 설명하였다.

③ ·보·ᅀᆞᄫᆞ·니: 보-(어간) + -ᅀᆞᆸ-(객체 높임의 선어말어미) + -
(ᄋᆞ)니(연결어미)

④ 더·디시·나: 더디-(어간) + -시-(주체 높임의 선어말어미) + -
나(연결어미)
더디다 > 던지다
김유범(2007:98)에서는 중세국어의 어미 '-나'를 다음과 같이 두 가지
로 구분하여 설명한다.

예) ① -나1: ᄒᆞᆫ 願을 일우면 져그나 기튼 즐거부미 이시려니와 <月釋 2:5b>
② -나2: 오나 가나 다 새 지비 兼ᄒᆞ 얫도소니 <初杜解 7:16b>

김유범(2007:98)에서는 '-나1'과 '-나2'는 그것이 '역접'이나 '양보'의
의미를 갖는지, 아니면 나열적 선택의 의미를 갖는지에 따라 서로 다른
형태소로 구분된다고 하였다. '-나2'는 '-나 ~ -나'의 모습으로 반복
되어 사용되든지, 뒤에 바로 다른 절이 연결되지 않고 동사 'ᄒᆞ-'를 취
하는 특징을 보이는데, 이러한 구문상의 차이로부터 '-나1'과 '-나2'
가 다르다는 점을 알 수 있다고 하였다.

⑤ 깃그·시·니: 깄-(어간, 喜) + -(으)시-(주체 높임의 선어말어미)
+ -니(연결어미)
김유섭(2003:10)에서는 후기 중세국어 시기 'ㄱ, ㄴ, ㅁ, ㅂ, ㅅ'이 선행
하는 어간말 자음군을 다음과 같이 제시하고 있다.

선행자음 품사	체언	용언
ㄱ이 선행하는 경우	ㄳ	ㄱㅅ
ㄴ이 선행하는 경우		ㄵ, ㄶ
ㄹ이 선행하는 경우	ㄺ, ㄻ, ㄼ, ㄽ, ㄿ	ㄺ, ㄻ, ㄼ, ㅀ
ㅁ이 선행하는 경우		ㅁㅊ
ㅂ이 선행하는 경우	ㅄ	ㅄ
ㅅ이 선행하는 경우	ㅅㅅ	ㅅㅅ, ㅅㄷ

이 중 '짔―(喜)'는 어간말 자음군이 소멸한 예이다. 이 'ㅅㅅ'형은 중화에 의해 어간말 자음군이 소멸된 것으로 보이는데, 곽충구(1980)와 홍윤표(1987:117)에서 언급되었다. 곽충구(1980)에서는 어간말에 'ㅅㅅ'을 가진 어형을 체언과 용언으로 나누고 후행하는 음운에 따라 자음과 모음으로 나누어 기술하고 있다. 즉, 일차적으로 'ㅅ'이 'ㄷ'으로 중화되고, 이어 모음어미가 후행하면 'ㄷ'과 'ㄱ' 사이에 음절 경계가 생기는데, 그 결과 음절 경계를 전후로 한 'ㄷ'과 'ㄱ'은 다시 자음동화에 의해 'ㄲ'로 변한다고 보고 있다. 그리고 자음 어미가 후행할 경우에는 자음군 단순화로 인해 변한다고 하였다. 홍윤표(1987:117)에서도 'ㅅ'의 미파 내지는 중화로 'ㅅㅅ > ㄲ'을 설명하고 있다.

<龍歌 028>

員·의지·븨·가·샤⁰避仇홄소·니:마·리。兩漢故事·애⁰:엇더ᄒᆞ·니잇·고
아·바·님:뒤·헤·셔·샤⁰赴京홄소·니:마·리。三韓ㅁ 今日·에⁰:엇더ᄒᆞ·니잇·고

適彼令舍⁰避仇客辭。兩漢故事⁰果何如。其
立在ㅁ父後⁰赴京客辭。三韓ㅁ今日⁰果何如。其

[어절 분석]

員·의#①지·븨#②·가·샤#避仇ᄒᆞᆳ#③소·닉#:마·리#④兩漢故事·애#:
엇더ᄒᆞ·니잇·고
⑤아·바·닔#⑥:뒤·헤#·셔·샤#赴京ᄒᆞᆳ#소·닉#:마·리#三韓今日·에#:
엇더ᄒᆞ·니잇·고

[배경 고사]

呂公¹⁰⁸⁾은 원수를 피하여 沛令에게 왔다가 눌러 살았다. 그곳의 호걸과 관리들이 귀한 손님이 왔다는 말을 듣고 모두 와서 하례하였는데, 蕭何¹⁰⁹⁾가 축하금이 천전¹¹⁰⁾에 이르지 못하면 당하¹¹¹⁾에 앉힌다고 하였다. (훗날 漢 高祖가 되는) 유방은 이때 무일푼이었으나 손님을 만나기 위해 축하금으로 만전을 내겠다고 거짓말을 하였다. 이에 패령과 여공이 놀라며 일어나 문 앞까지 나와 유방을 맞이하였다. 여공이 유방의 상을 칭찬하니, 후에 여공은 그의 딸을 유방에게 주었다. 여공의 딸은 곧 呂皇后¹¹²⁾이다.

李達衷¹¹³⁾이 서울로 돌아가니 桓祖가 전송할 때 李成桂는 환조를 모시고 있었다. 이달충은 환조가 술을 따르면 서서 마시고, 이성계가 따르면 꿇어 앉아 마셨는데, 환조가 이를 이상히 여겨 그러한 행동을 하는 이유를 물으니, 이달충은 "아드님은 참으로 이인¹¹⁴⁾이니, 公이 미치지 못할 것입니다. 공의 가업이 이 아드님으로 크게 될 것입니다."라고 그의 자손을 당부하였다.

---

108) 진나라 말기 단보 사람. 이름은 文이고, 자는 叔平이다.
109) 중국 전한 때 유방의 재상.
110) 千錢.
111) 堂下: 대청 아래.
112) 전한 고조의 황후이며 전한 혜제의 어머니로, 휘는 雉이며 자는 娥姁이다.
113) 고려후기의 문신. 본관은 경주, 자는 仲權, 호는 霽亭으로 李齊賢의 종질이다.
114) 異人: 남다른 사람.

[현대역]

(유방이) 원115)님의 집에 가시어, (그때) 피구116)하는 손님의 말이 양한 고사117)와 (비교하여) 어떠합니까

(이성계가) 아버님 뒤에 서시어, (그 때) 부경118)할 손님의 말이 삼한금일119)과 (비교하여) 어떠합니까

[주석]

① 지·븨: 집(체언) + 의(처소의 부사격조사)

② ·가·샤: 가－(어간) + －시－(주체 높임의 선어말어미) + －아(연결어미)

③ 소·닉: 손(체언, 客) + 익(관형격조사)

④ 兩漢故事·애: 兩漢故事(체언) + 애(비교의 부사격조사)

⑤ 아·바·닚: 아바님(체언) + ㅅ(관형격조사)

⑥ :뒤·헤: 뒤(ㅎ말음체언) + 에(처소의 부사격조사)

115) 員: 고을의 장관. 수령(守令)을 말한다.
116) 避仇: 원수를 피하는 것.
117) 兩漢故事: 전한(前漢)과 후한(後漢), 두 한나라의 고사를 말한다.
118) 赴京: 서울로 가는 것.
119) 三韓今日: 세 한나라(마한, 진한, 변한)의 오늘날. 여기서 삼한은 우리나라를 가리킴.

<龍歌 029>

漢德·이 비·록 衰ᄒᆞ·나°帝胄ㅣ中°興·ᄒᆞ·시릴·ᄊᆡ°大耳兒·ᄅᆞᆯ°臥龍·이:돕·ᄉᆞᇦ·니

世亂·ᄋᆞᆯ 救·호·려·나·샤°ㅁ天姿ㅣ 奇偉·ᄒᆞ실·ᄊᆡ°ㅁ大耳相°ᄋᆞᆯ ㅁ詔使°ㅣ 일ᄏᆞᆯᄌᆞᇦ·니

漢德雖衰°帝胄中°興°大耳之兒°臥龍丞之
世亂將救°ㅁ天姿奇偉°ㅁ大耳之相°°ㅁ詔使°美之

[어절 분석]

漢德·이#비·록#衰ᄒᆞ·나#帝胄ㅣ#①中興·ᄒᆞ·시릴·ᄊᆡ#大耳兒·ᄅᆞᆯ#臥龍·이#②:돕·ᄉᆞᇦ·니

世亂·ᄋᆞᆯ#③救·호·려④·나·샤#天姿ㅣ#奇偉·ᄒᆞ실·ᄊᆡ#大耳相·ᄋᆞᆯ#詔使ㅣ#⑤일ᄏᆞᆯᄌᆞᇦ·니

[배경 고사]

劉備는 키가 일곱 자 다섯 치, 팔을 늘어뜨리면 무릎에 이르고, 얼굴을 돌리면 제 귀가 보였다. 일찍부터 큰 뜻을 품고 말이 적었으며 기쁨과 노여움을 얼굴에 표하는 일이 없었다. 유비는 荊州에 있으면서 襄陽의 使馬徽에게 뛰어난 인재를 추천하기를 청하니, 사마휘는 諸葛亮을 소개하였다. 유비는 제갈량을 얻어 조조를 赤壁[120]에서 대파하고 巴蜀[121]의 땅에 蜀漢[122]을 세웠다.

---

120) 후베이성 자위현의 북동, 양쯔강 남안에 위치해 있다.
121) 중국 쓰촨(四川)의 옛 이름.
122) 중국 삼국시대에 정립 상태에 있던 나라. 劉備가 촉(蜀)에서 창건하였다.

太祖 李成桂는 성품이 엄하고 무뚝뚝하여 멀리서 바라보면 늠름해 보이지만, 막상 사람을 대할 때는 온화하여 사람들은 그를 두려워하면서도 사랑하였다. 또한 빼어난 용모를 가졌으되, 귀가 유달리 크고 특이했다. 明 太宗이 兪士吉 등을 조선에 사신으로 보냈을 때, 유사길 등이 태조의 풍채에 탄복하고, 특히 특이한 귀에 놀랐으며, 또 관상쟁이 惠澄이 태조의 모습을 보고 왕씨를 대신하여 나라를 일으킬 상이라 하였다.

[현대역]

漢의 덕이 비록 쇠퇴하나, 한의 제주123)가 중흥하실 것이므로 대이아124)(유비)를 와룡125)(제갈량)이 도와드리니

혼란한 세상을 구하려고 나시어 (태조 이성계의) 천자126)가 기위127)하시므로 대이상128)을 소사129)가 가리켜 말씀 올리니

[주석]

① 中興·ᄒᆞ·시릴·씨: [中興(어근) + −ᄒᆞ(동사 파생 접사)]− + −시−
(주체 높임의 선어말어미) + −리−(시상의 선어말어미) + −ㄹ씨
(연결어미)

---

123) 帝胄: 황실의 후예.
124) 大耳兒: 귀가 큰 남자. 촉한(蜀漢)을 일으킨 유비가 귀가 유난히도 컸기 때문에 하는 말.
125) 臥龍: 제갈량.
126) 天姿: 하늘에서 주신 모습.
127) 奇偉: 뛰어나게 훌륭함.
128) 大耳相: 귀가 큰 상. 명나라 사신이 이 태조의 귀가 큰 것을 보고 장차 큰 인물이 될 것을 예언하였다고 함.
129) 詔使: 조서(詔書)를 받들고 온 사신.

② :돕·ᄉ·ᄫᆞ·니: 돕-(어간) + -ᄉᆞ-(객체 높임의 선어말어미) + -
(ᄋᆞ)니(연결어미)

여기서의 '-ᄉᆞ-'은 객체 大耳兒를 높임.

③ 救·호·려: [救(어근) + -ᄒᆞ(동사 파생 접사)]- + -오-(의도법의
선어말어미) + -려(연결어미)

④ ·나·샤: 나-(어간, 出) + -시-(주체 높임의 선어말어미) + -아
(연결어미)

⑤ 일ᄏᆞ·ᄌᆞ·ᄫᆞ·니: 일ᄏᆞ-(어간) + -ᄌᆞ-(객체 높임의 선어말어미) +
-(ᄋᆞ)니(연결어미)

여기서의 '-ᄌᆞ-'은 '大耳像'을 높이기 위한 것이다.

<龍歌 030>

:뒤헤·는:모딘도ᄌᆨ。알·ᄑᆡ·ᄂᆞᆫ 어·드ᄫᆞᆫ길·헤:업던·번·게·를。하ᄂᆞᆯ·히블·기
시·니

:뒤헤·는:모딘즁ᄉᆡᆼ。알·ᄑᆡ·ᄂᆞᆫ 기·픈모·새。열·ᄫᆞᆫ어·르·믈。하ᄂᆞᆯ·히구·티
시·니

後有猾賊。前有°暗程。有燀之電天爲°之明
後有猛獸前有深淵有薄之水。天爲°之堅

[어절 분석]

:뒤헤·는#①:모딘#도죽#②알·픠·ᄂᆞᆫ#③어·드볼#길·헤#:업던#·번·게·를#하·ᄂᆞᆯ·히#④·ᄇᆞᆯ·기시·니

:뒤헤·는#:모딘#⑤즁�”ᄉᆡᆼ#알·픠·ᄂᆞᆫ#기·픈#모·새#⑥:열·본#어·르·믈#하·ᄂᆞᆯ·히#⑦구·티시·니

[배경 고사]

훗날 後唐의 太祖가 되는 李克用이 왕이 되기 전, 宣武節度使 朱全忠이 성에 들어오기를 청하여 주연을 베풀자 주전충이 군사를 풀어 이극용의 군을 쳤다. 고함소리가 가득하였으나 이극용은 술에 취해 듣지 못했다. 시자130)가 이극용을 깨우니, 이극용이 눈을 부릅뜨고 활을 집고 일어났다. 연기와 불길이 사방에서 일어났는데, 때마침 뇌성벽력과 함께 큰 비가 내렸다. 이극용은 번갯불로 길을 찾아 성을 내려갔다.

李成桂가 젊은 시절에 고원에서 사냥을 하였는데, 큰 표범이 갈대숲에 숨어 있다가 뛰쳐나왔고, 태조가 활을 겨눌 틈도 없이 곧장 말을 채찍질하여 이를 피하였다. 때마침 깊은 못에 다다랐는데 엷은 얼음인지라 딛고 건널 수가 없었다. 이성계가 못 위로 말을 달리니 발자국마다 얼음이 뚫려 물이 솟아올랐으나 끝내 빠지지 않았다.

[현대역]

(이극용) 뒤에는 모진 도적, 앞에는 어두운 길인데 없던 번개로 하늘이 (길을) 밝히시니

(이성계) 뒤에는 모진 짐승, 앞에는 깊은 못인데 엷은 얼음으로 하늘이 (못을) 굳히시니

130) 侍子: 귀한 사람을 모시고 시중드는 사람.

[주석]

① :모딘: 모딜−(어간) + −ㄴ(관형사형 어미)

'ㄴ' 앞에서 어간말음 'ㄹ'이 탈락하였다.

모딜다 > 모질다(구개음화)

② 알·픠·는: 앒(체언) + 의(처소의 부사격조사) + 는(보조사)

앒 > 앞

③ 어·드른: 어듭−(어간, 暗) + −(으)ㄴ(관형사형 어미)

④ 볼·기시·니: [붉−(어근, 明) + −이(사동 접사)]− + −시−(주체 높임의 선어말어미) + −니(연결어미)

⑤ 즁·싱: 즁·싱(체언) + 주격조사 생략

'즁·싱'은 훈민정음으로 표기하는 경우와 한자로 '衆生'라고 표기하는 경우가 있다. 훈민정음으로 표기한 '즁·싱'은 오늘날의 '짐승'을 의미하고 한자로 표기한 '衆生'은 불교용어인 '중생'을 의미한다.

⑥ 열·븐: 엷−(어간) + −(으)ㄴ(관형사형 어미)

⑦ 구·티시·니: [굳−(어근, 固) + −히(사동 접사)]− + −시−(주체 높임의 선어말어미) + −니(연결어미)

<龍歌 031>

:전무·리·현버·늘딴·돌。三十年天子ㅣ·어시·니。:모딘·쇠·를◦일·우·리잇·가

石壁·이흔·잣ㅅ·실·둘。數萬里ㅿ ㅁ:니미·어시·니。百仞虛空·애。ᄂᆞ·리
시·리잇·가

爰有蹇馬。雖則屢蹶。三十年皇。悍謀何濟
爰有石壁。間不容尺數萬里ㅁ 主。縣崖其跌

[어절 분석]
①:젼#ᄆᆞ·리#②·현#버·늘#③딘·돌#三十年#④天子ㅣ·어시·니#:모
딘#·쇠·롤#일·우·리잇·가
石壁·이#흔#⑤·잣#⑥ㅅ·실·둘#數萬里ㅿ#⑦:니미·어시·니#百仞虛
空·애#ᄂᆞ·리시·리잇·가

[배경 고사]
唐 高祖가 아들 建成, 世民, 元吉에게 활재주를 겨뤄 보라 하였다. 이때
건성에게는 살찌고 강해 보이지만 곧잘 넘어지는 호마131)가 한 마리
있었는데, 건성이 이 말을 세민에게 주었다. 세민은 宇文士及에게 "형
이 말로써 나를 죽이려 하나, 죽고 사는 것은 명에 달려 있으니, 어찌 함
부로 죽겠습니까."라고 말하였다.

李成桂가 젊어서 산기슭에서 사냥을 할 때, 마침 노루 두 마리가 뛰쳐
나와 아래로 달아났다. 이성계가 이를 쫓아 맞히고서 말을 돌려 세우
니, 절벽에서 몇 발자국 떨어지지 않은 거리였다. 이에 사람들 모두가
탄복하였다. 이성계는 웃으며 "내가 아니고서는 이런 곳에서 멈추지 못
할 것이다."라고 하였다.

---

131) 胡馬: 예전에, 중국 북방이나 동북방 등지에서 나던 말.

[현대역]

저는 말이 몇 번을 넘어진들 (이세민은) 삼십 년 (동안) 천자이시니 모진 꾀를 이루겠습니까

석벽이 한 자 사인들 (이성계는 이 나라) 수 만 리 (강토의) 임금이시니 백인허공132)에 내려지겠습니까

[주석]

① :전: 졀-(어간, 御) + -ㄴ(관형사형 어미)

'ㄴ' 앞에서 어간말음 'ㄹ'이 탈락하였다.

② ·현: 몇

중세국어의 '현'은 관형사로 보는 것이 마땅할 것으로 보이나 『古語辭典』 등에서는 '몇'의 의미를 갖는 수사로 분류하고 있다.

안병희·이광호(1990:156)에서는 '흔, 두' 등을 '기수사의 관형어적 용법'으로 설명하고, 관형사의 설명에서는 이들이 수사와 동일한 형태의 수량 관형사로 쓰이고 있다고 설명하고 있다.

이상훈(2012:298)에서는 중세국어 문헌에서 '현'과 '몃(몇)'이 쓰인 예를 검토하여 '현'과 '몃'이 모두 현대국어의 '몇'의 의미로 쓰이고 있다고 보았다. 그러나 중세국어의 '현'과 '몃'은 모두 현대국어의 '몇'으로 연결해도 의미상 오류는 보이지 않지만, '현'은 [+不定]의 의미 속성 중 [+다량지향]에, '몃'은 '적은, 얼마 되지 않은', 즉 [+不定]의 의미 속성 중 [+소량지향]에 의미적 초점이 맞추어져 있음이 다르다고 하였다. 또한 중세국어 문헌에서 '현'이 수사로 쓰인 예를 찾기는 어려우며 모두 관형사로 쓰이고 있지만 근대국어 문헌에서 보이는 예들을 볼 때 중세국

---

132) 百仞虛空: 백 길(한 길은 8자)되는 허공(절벽).

어에도 '현'의 수사적 용법이 있었을 것으로 추정하고 있다. 중세국어에는 보이지 않던 '현'의 수사적 용법이 근대국어에 갑자기 나타났다고 보기보다는 중세국어에서도 '현'이 수사의 성격을 가지고 있었던 것으로 보는 것이 자연스럽기 때문이라는 것이다.

한편, 이광호(2009:29)에서는 『龍飛御天歌』 110장에서 동일한 문장에 '현'과 '멋'이 함께 쓰이고 있는데, 이는 철저한 대구의 형식을 보이며, 동일한 의미일 경우에는 동일한 단어로 표현하고, 이를 동일한 형식으로 나타내는 이 문헌의 특성으로 볼 때 의도적으로 구별한 것이라고 하였다.

③ 딘·들: 디-(어간, 倒) + -ㄴ(관형사형 어미) # 들(의존명사)

④ 天子ㅣ·어시·니: [天子(체언) + ㅣ(서술격조사)]- + -거-(시상의 선어말어미) + -시-(주체 높임의 선어말어미) + -니(연결어미)
서술격조사 'ㅣ' 아래에서 '-거-'의 'ㄱ'이 약화되어 '-어-'의 형태가 되었다.

⑤ ·잣: 자(체언) + ㅅ(관형격조사)

⑥ 스·싄·들: [스싀(체언) + zero형 서술격조사]- + -ㄴ(관형사형 어미) # 들(의존명사)
스싀>사이

⑦ :니미·어시·니: [님(체언) + 이(서술격조사)]- + -거-(시상의 선어말어미) + -시-(주체 높임의 선어말어미) + -니(연결어미)

<龍歌 032>

天爲建國·ᄒᆞ·샤◦天命·을ᄂᆞ·리·오시·니◦亭上牌額·을◦:세·사·ᄅᆞᆯ마·치시·니
天爲拯民·ᄒᆞ·샤◦ㅁ天才·ᄅᆞᆯ·ᄂᆞ·리·오시·니◦藪中담·뵈·ᄅᆞᆯ·스·믈·살마·치
시·니

天爲建國◦天命斯集◦亭上牌額◦三中不錯
天爲拯民◦ㅁ天才是出◦藪中蜜狗◦甘發盡獲

[어절 분석]

天爲建國·ᄒᆞ·샤#天命·을#①ᄂᆞ·리·오시·니#亭上牌額·을#:세#·사·ᄅᆞᆯ
#②마·치시·니
天爲拯民·ᄒᆞ·샤#天才·ᄅᆞᆯ#ᄂᆞ·리·오시·니#藪中#담·뵈·ᄅᆞᆯ#·스·믈#·살
#마·치시·니

[배경 고사]

南宋 高宗 元年에 金의 斡离不이 금, 은과 함께 삼진[133)]을 양도할 것 등
을 요구하였다. 그러나 남송은 서약서만을 보내고 이에 따르지 않으니,
금 太祖는 남송을 침략하여 徽宗, 欽宗과 그 후비 등 3천여 명을 잡아갔
다. 흠종의 아들 高宗은 방을 내걸어 의병을 모으고, 飛仙亭에 올라 패
액[134)]을 보며 기원하기를 "만약 화살이 패액의 글자를 차례로 맞히면
서울 소식이 들릴 것이다."라고 말하였는데, 그의 소원대로 세 번 쏜 화
살이 모두 맞았다.

---

133) 三津: 세 나루터. 中山, 太原, 河間.
134) 牌額: 글자나 그림을 새기어서 정자나 누각·사당 같은 곳의 들어가는 문 위나 처
    마 아래에 다는 널조각.

李成桂가 목욕을 하고 강가에서 쉬고 있는데 숲속에서 담비 한 마리가 뛰쳐나왔다. 이성계는 급히 나무 화살로 쏘아 맞혔는데, 이러기를 스무 번 하였음에도 한 마리도 놓치지 않으니 활솜씨가 참으로 신묘하였다.

[현대역]

천위건국135)하시어 (남송 고종에게) 천명을 내리시니 (고종은) 정자 위의 정상패액136)에 세 개의 화살을 맞히시니

천위증민137)하시어 (이성계와 같은) 천재를 내리시니 (이성계는) 수중138)의 담비139)에게 스무 개의 화살을 맞히시니

[주석]

① ᄂᆞ·리·오시·니: [ᄂᆞ리-(어근, 降) + -오(사동 접사)]- + -시-(주체 높임의 선어말어미) + -니(연결어미)

② 마·치시·니: [맞-(어근) + -히(사동 접사)]- + -시-(주체 높임의 선어말어미) + -니(연결어미)

<龍歌 033>

行宮·에도ᄌᆞ·기둘·어ᄋᆞ:님그·미:울·어시·늘。赴援說疑ᄒᆞ·샤ᄋᆞ도ᄌᆞ·기도·라가·니

---

135) 天爲建國: 하늘이 나라를 세움.
136) 亭上牌額: 정자 위의 현판.
137) 天爲拯民: 하늘이 백성을 구원함.
138) 藪中: 숲 속.
139) 담뵈 > 담비. 현대어와 어형이 다를 뿐 의미는 동일하다.

京都·애도ᄌ·기·드·러ᅌ:님·그·미避·커시·늘ᅌ。先登獻捷·ᄒ·샤ᅌ:님·금도·
라·오시·니

賊圍行宮ᅌ天子泣涕ᅌ赴援設疑ᅌ賊虜解退
賊入京都ᅌ君王出避ᅌ先登獻捷ᅌ車駕旋至

[어절 분석]
行宮·에#도ᄌ·기#①둘·어#:님·그·미#②:울·어시·늘#赴援說疑·ᄒ·샤
#도ᄌ·기#도·라가·니
京都·애#도ᄌ·기#·드·러#:님·그·미#③避·커시·늘#先登獻捷·ᄒ·샤#:
님·금#도·라·오시·니

[배경 고사]
隋 煬帝 때, 突厥의 始畢可汗의 무리가 쳐들어 왔다. 돌궐이 雁門城을
둘러싸자 당시 16세였던 (훗날 唐 太宗이 되는) 李世民이 깃발과 북으
로 의병140)을 만들어 설치할 것을 권하였다. 이내 돌궐의 척후병이 이
를 보고 포위를 풀고 물러났다.

高麗 恭愍王 때 紅巾賊이 20만 대군을 이끌고 침범하였다. 적병이 경
도141)에 들어오자 왕은 福州로 피신하였는데, 이때 李成桂는 친병
2000명을 거느리고 앞장서서 토성 안의 적을 크게 격파하였다. 이로 인
하여 공민왕이 다시 경도로 환경하였다.

---

140) 疑兵: 적의 눈을 속이는 가짜 병정.
141) 京都: 개성. 고려 때는 개성은 경도 · 경성 · 황도 · 송도 · 중경 · 개경 등의 이름으
로 불렸다.

[현대역]

행궁142)에 도적이 둘러싸 임금이 우시거늘, (이세민이) 부원설의143)하
시어 도적이 돌아가니

경도(개성)에 도적이 들어서 임금이 피하시거늘, (이성계가) 먼저 달려
가 적을 물리치시어144) 임금이 (경도로) 돌아오시니

[주석]

① 둘·어: 두르-(어간, 圍) + -어(연결어미)

고영근(1987/2010:125-126)에서는 중세국어에서 '딕/르'로 끝나는 용
언의 어간 교체에 대해 다음과 같이 설명하고 있다.

    예1) ① 달아, 달오라 cf. 다딕거늘
        ② 글어, 글옴 cf. 그르는

고영근(1987/2010)에서는 위 용례를 현대문법의 '르' 불규칙활용의 직
접적 소급형으로 보고 있다. ①은 양성모음으로 된 '다딕-'(異)가 자음
어미 앞에서는 변화가 없는데 연결어미 '-아'와 선어말 어미 '-오-'
앞에서 '♀'가 줄고 대신 'ㄹ'가 선행 음절에 붙고 뒤의 음절에는 후두유
성음 'ㅇ'가 얹힌다. ②의 '그르-'(解)는 연결어미 '-어'와 명사형 '-
옴' 앞에서 '글-'로 바뀌고 뒤의 음절에 역시 'ㅇ'가 얹힌다.

위 활용 용례는 '다딕~달ㅇ', '그르~글ㅇ'로 교체되며, 이러한 현상은
'딕'로 끝난 명사 가운데서 끝모음 '♀'가 줄고 'ㄹ'가 앞음절에 붙고 뒤
음절에 'ㅇ'가 얹히는 '글♀로'와 비슷하다. 위와 같은 활용을 하는 용언

---

142) 行宮: 임금이 여행 중에 머무는 임시 궁궐.
143) 赴援設疑: 援兵으로 달려가서 疑兵을 설치함. 곧 구원하러 가서 군사를 과장하여
    적을 속임을 뜻한다.
144) 先登獻捷: 앞장서서 성에 올라 승리했다는 보고를 올림.

에는 다음과 같은 것이 있다.

　예2) 고른다(均), 오른다, 게으르다, 기르다, 두르다, 바른다(直) ……

고영근(1987/2010)에 따르면 단어에 따라서는 현대국어와 같이 'ㄹ'가
덧생기기도 한다.

　예3) ① 몰라, 몰롤 cf. 모른 실씩
　　　 ② 블라, 블롬 cf. ㅂ른고

예3)과 같은 현상은 '른'로 끝난 명사에 조사가 붙을 때 'ㄹ'이 덧생겨
'흘른' 등으로 되는 것과 비슷하며, 이와 같은 활용을 하는 용언에는 다
음과 같은 것이 있다.

　예4) 샌른다, 누르다(鎭), 브르다(呼, 歌), 흐르다 ……

한편, 고영근(1987/2010)에 따르면 이미 15세기에 예1)의 활용 양상은
예3)의 활용 양상으로 통합되는 양상을 보인다. 또한 고영근
(1987/2010)에서는 현대국어에서 '따르다, 치르다'와 같이 어간의 끝음
절이 '르'로 된 동사 가운데서 '으'만 떨어지는 것이 있기 때문에 불규칙
활용으로 처리하는 것이 정당화될 수 있으나 중세국어에는 그런 일이
없으므로 규칙 활용으로 처리해야 한다고 주장하였다.

② :울·어시·늘: 울-(어간) + -시-(주체 높임의 선어말어미) + -거
　　늘(연결어미)
'-거-'의 'ㄱ'이 '울-'의 'ㄹ'에 의해서 약화되었다.

③ 避·커시·늘: [避(어근) + −ᄒᆞ(동사 파생 접사)]− + −시−(주체 높임의 선어말어미) + −거늘(연결어미)

<龍歌 034>

·믈깊·고·빅:업·건마·ᄅᆞᆫ°하·ᄂᆞᆯ히命·ᄒᆞ실·ᄊᆡ°ᄆᆞᆯ·톤자·히:건·너시·니이·다
城높·고ᄃᆞ리:업·건마·ᄅᆞᆫ°하ᄂᆞᆯ·히:도·ᄫᆞ실·ᄊᆡ°ᄆᆞᆯ·톤자·히°ᄂᆞ·리시·니이·다

江之深矣°雖無舟矣°天之命矣°乘馬截流
城之高矣°雖無梯矣°天之佑矣°躍馬下馳。

[어절 분석]
·믈#①깊·고#·빅#:②업·건마·ᄅᆞᆫ#하·ᄂᆞᆯ히#命·ᄒᆞ실·ᄊᆡ#ᄆᆞᆯ#③·톤#자·히#:건·너시·니이·다
城#높·고#ᄃᆞ리:업·건마·ᄅᆞᆫ#하ᄂᆞᆯ·히#④:도·ᄫᆞ실·ᄊᆡ#ᄆᆞᆯ#·톤#자·히#ᄂᆞ·리시·니이·다

[배경 고사]
金 太祖가 遼의 黃龍府를 치러갈 때에 混同江에 도착하였으나 배가 없어 강을 건너지 못하고 있었다. 이때 금 태조는 자기를 따르라 하고 말을 타고 강을 건넜다. 강물은 말의 배에 미치었다. 군사들이 다 건넌 후에 건너온 강의 깊이를 재었더니 강물이 너무 깊어 잴 수 없었다. 이렇게 깊은 물을 말을 탄 채로 건넜으니 이는 황룡부를 치라는 하늘의 명을 의미하는 것이었다. 그래서 금 태조는 그 길로 황룡부를 점령하였다.

李成桂가 길가의 한 집에 머물러 있는데 밤중에 紅巾賊과 우리 군사가 성문에서 싸우고 있었다. 그러던 중에 한 적이 뒤에서 창으로 이성계의 귀를 찔렀다. 이성계가 칼을 빼서 앞의 적들을 베고 말을 뛰게 하여 급히 성을 넘었는데, 말이 넘어지지 않고 무사히 성을 뛰어넘어 어려움을 면하였다. 이에 사람들은 모두 신기하게 여겼다.

[현대역]

물은 깊고 배는 없건마는 하늘이 명하시므로 (금 태조는) 말 탄 채로 (강을) 건너십니다.

성은 높고 다리는 없건마는 하늘이 도우시므로 (이성계는) 말 탄 채로 (성을 뛰어넘어) 내리십니다.

[주석]

① 깊·고: 깊-(어간) + -고(연결어미)

'깊고, 높고'는 원형을 밝혀 표기하였다. 『龍飛御天歌』는 '終聲復用初聲' 방법에 의하여 표기하였으며 대개 체언이나 용언의 말음이 'ㅈ, ㅊ, ㅍ'인 경우 원형을 밝혀 적고 있다.

② 업·건마·른: 없-(어간) + -건마른(연결어미)

'-건마른'은 현대국어의 '-건마는'에 해당하며 어떠한 사실을 기정의 사실로 또는 응당한 사실로 인정하거나 추측하면서 뒤의 사실에 대립시키는 뜻을 나타낸다.

③ ·톤#자·히: 투-(乘, 어간) + -오-(삽입모음) + -ㄴ(관형사형 어미) # 자히(의존명사)

관형사형 어미와 결합하는 '-오-'에 대해 허웅(1977)에서는 다음과 같이 설명하였다.

허웅(1977:71)에 따르면 관형사형을 만드는 방법은 두 가지가 있는데, 하나는 어간에 바로 어미 '－은, －을'을 붙이는 것이고, 하나는 그 사이에 '－오/우－'를 넣는 방법인데, '톤'은 후자의 경우에 해당한다. 관형사형과 결합하는 '－오－'는 피수식어가 의미상의 목적어임을 표시하는 기능, 즉 대상법의 기능을 하였다.

한편 '자히'는 다른 판본들에서 '지·히', '자·히'로도 표기되고 있다. '자히>채'로 변하였다.

④ :도·ᄫ·실·씨: 돕－(어간) ＋ －(ᄋᆞ)시－(주체 높임의 선어말어미) ＋ －ㄹ씨(연결어미)

'돕다'는 'ㅂ'불규칙 용언으로 'ㅂ'이 모음 사이에서 유성음화 되어 'ᄫ'으로 바뀌었다.

<龍歌 035>

:셔ᄫᆞᆯ긔·벼·를:알·씨◦ᄒᆞᄫᆞ·샤나·ᅀᅡ·가·샤◦:모딘도ᄌᆞᆨ·ᄀᆞᆯ◦믈리시·니이·다
·스ᄀᆞᄫᆞᆯ 軍馬·ᄅᆞᆯ이·길·씨◦ᄒᆞᄫᆞ·샤 믈·리조·치·샤◦:모딘도ᄌᆞᆨ·ᄀᆞᆯ◦자ᄇᆞ·시·니이·다

詗此京耗◦輕騎獨詣◦維彼勅敵◦遂能退之
克彼鄕兵◦挺身陽北◦維此兇賊◦遂能獲之

[어절 분석]
①:셔ᄫᆞᆯ#긔·벼·를#:알·씨#②ᄒᆞᄫᆞ·샤#나·ᅀᅡ·가·샤#:모딘#도ᄌᆞᆨ·ᄀᆞᆯ#믈리시·니이·다

③·스ᄀᄫᆯ#軍馬·ᄅᆯ#이·길·씨#ᄒᆞᄫ·사#④믈·리조·치·샤#:모딘#도
ᄌᆞᆨ·글#자ᄇᆞ·시·니이·다

[배경 고사]

李世民이 형제를 죽이고 제위에 오르자 突厥族이 唐의 수도가 내란으로
인하여 허약해졌다고 생각하고 쳐들어 왔다. 이 때 唐 太宗(이세민)이 혼
자 말을 타고 나아가 위세를 보이니 도리어 돌궐족이 화해를 청하였다.

高麗 恭愍王 때에 元의 승상 納哈出가 고려 북쪽 땅을 침략하자 李成桂를
시켜 막게 하였다. 이성계가 거짓으로 도망가니 적장이 급히 쫓아왔다.
앞서던 이성계가 오른쪽으로 슬쩍 피하니 적장이 멈추지 못하고 앞질러
달렸다. 이때 이성계가 뒤에서 활을 쏘아 적장 세 명을 쏘아 죽였다.

[현대역]

(돌궐족이) 서울의 기별을 알아 (침입하므로) (당 태종은) 혼자 나아가
시어서 모진 도적을 물리치십니다.
(나하추가) 시골의 군마를 이기므로[145] (이성계가) 혼자 물리치시어 모
진 도적을 잡으십니다.

[주석]

① :셔ᄇᆞᆳ: 셔ᄫᆞᆯ(체언) + ㅅ(관형격조사)
허웅(1977:72)에서는 사잇소리 표기라고 기술하였다.

② ᄒᆞᄫ·사
ᄒᆞᄫ사 > ᄒᆞ오사 > 호사 > 호자> 혼자

---

145) 만약 이성계가 주어였다면 '시'가 삽입되었을 것이나 그렇지 않으므로 나하추를
주어로 보아야 한다.

'ᄒᆞᄫᅡ'가 변하여 지금 남아 쓰이는 어형은 표준어인 '혼자'와 경남, 함경방언인 '호분자'이다. '홀로'는 'ᄒᆞ올로'가 변한 것으로 '혼자'와는 다른 어휘의 현대형이다. 지금은 표준형인 '혼자'와 경남방언형인 '호분자'로 남아 있다.

'호자>혼자'에서의 'ㄴ' 첨가에 대해서는 <龍歌 027>의 [주석] ② 소신애(2010)의 논의를 참고할 것.

③ ·스ᄀᆞᄫᆞᆳ: 스ᄀᆞᄫᆞᆯ(체언) + ㅅ(관형격조사)

'스ᄀᆞᄫᆞᆯ > 스ᄀᆞ올 > 스골 > 시골'로 변한다. 문헌에 따라서는 '싀골'의 형태도 보인다.

> 예) ① 그 지아비 다른 싀골 가 죽거늘 친히 스스로 주거를 져다가 <東新續
> 三綱烈 3:35b>
> ② 싀골히라도 손이 잇다감 년ᄒᆞ여 오시니 되답ᄒᆞ노라 <丙子 214>

④ 플·리조·치·샤: [{플리-(어근) + 좇-(어근)}- + -이(사동 접사)] - + -시-(주체 높임의 선어말어미) + -아(연결어미)

<龍歌 036>

兄·이·디·여:뵈·니。衆賊·이좇거·늘。。재ᄂᆞ·려·티·샤。:두·갈·히것·그·니

ᄆᆞ·를·채·텨:뵈시·니。三賊·이좇:줍거·늘。。길버·서·쏘·샤。:세·사래:다·디·니

兄墜而示。衆賊薄之。下阪而擊。両刀皆缺

策馬以示。三賊逐之。避道而射。。三箭皆踣

[어절 분석]

兄·이#①·디·여#:뵈·니#衆賊·이#좇거·늘#·재#ㄴ·려#·티·샤#:두#·
갈·히#②것·그·니

ᄆ·ᄅᆞᆯ#·채#·텨#:뵈시·니#三賊·이#좇:줍거·늘#·길#버·서#·쏘·샤#:
세#·사래#:다#디·니

[배경 고사]

唐 高祖가 아들 건성, 세민과 隋를 칠 때, 아들 건성이 말에서 떨어지니 수의 장수가 틈을 타 공격을 하였고 이에 당 고조의 군대가 후퇴하였다. 그러나 이를 본 李世民이 남쪽 들판에서 군사를 이끌고 내려와 손수 수십 명을 죽이니 칼 두 자루가 모두 부러졌다. 이로써 수의 군대는 크게 패하였다.

李成桂가 말을 타고 적장을 해치운 일은 위에 보인다. 이성계가 도망가니 적장이 급히 쫓아왔다. 앞서던 이성계가 오른쪽으로 슬쩍 피하니 적장이 멈추지 못하고 앞질러 달렸다. 이 때 이성계가 뒤에서 활을 쏘아 적장 세 명을 쏘아 죽였다.(35장 참고)

[현대역]

(이세민의) 형이 떨어져 보이니 중적146)이 쫓거늘, (이세민이) 고개를 내려가 적을 치시어 두 칼이 꺾어지니
(이성계가) 말에 채찍을 쳐 보이시니 삼적147)이 쫓거늘, 길을 벗어나 (활을) 쏘시어 세 화살에 (도적이) 다 쓰러지니

---

146) 衆賊: 여러 도적.
147) 三賊: 세 도적.

[주석]

① ·디·여: 디-(어간) + -어(연결어미)

'디'의 'ㅣ' 모음으로 인해 '-어'에 반모음이 첨가되었다.

② 젓·그·니: 져-(어간) + -(으)니(연결어미)

'젓다'는 일반적으로 타동사로 쓰였다. 그러나 여기서는 자동사로 쓰여 피동문을 형성하고 있다. 중세국어에는 뚜렷한 형태의 변화 없이 자동사와 타동사로 두루 쓰이는 동사가 많은데, 고영근(1987/2010:263)에서는 이들을 능격동사라고 부른다. 이런 동사에는 '긏다(그치다), 박다(박다. 박히다), 비취다(비추다, 비치다), 굴다(갈다, 갈리다), 닫다(닫다, 닫히다), 버히다(베다, 베이다), 흩다(흩다, 흩어지다) 등이 있다.

<龍歌 037>

:서블賊臣·이잇·고。흔:부·니天命·이실·씨。·쩌딘ᄆᆞ·를。하·늘·히:내시·니
나·라·해忠臣·이:업·고。ᄒᆞ 녕 ·사ᄆᆞ 至誠·이실·씨。여·린흘·글。하·늘·히
구·티시·니

朝有賊臣。一人有命。墮溺之馬。天使之迸
國無忠臣。獨我ᄆᆞ至誠。泥淖之地。天爲之凝

[어절 분석]

:서블#賊臣·이#잇·고# 흔#:부·니#①天命·이실·씨#②·쩌딘#ᄆᆞ·를#
하·늘·히#:내시·니

③나·라·해#忠臣·이#:업·고#ᄒᆞ 녕 ·사#至誠·이실·씨#여·린#흘·글#

하·늘·히#구·티시·니

[배경 고사]

曹操가 漢 獻帝를 다른 곳에 옮기고 스스로 대장군이 되니 천하는 조조
의 손안에 들어가게 되었다.

蜀의 劉備가 樊城에 머무를 때 荊州牧 劉表가 연회를 열어 유비를 초대
하고서는 유비를 죽이려고 하였다. 유비가 이를 깨닫고 몰래 나와 그의
말을 타고 도망가다 그만 물에 빠져 버렸다. 그러나 이 때 허우적거리던
말이 세 길 높이나 되는 물에서 뛰어올라 무사히 물을 건널 수 있었다.

(元 奇后의 오빠) 奇轍의 세도가 심하자 恭愍王이 그를 죽였다. 이에 기
후가 원한을 품고 高麗를 치자 崔瑩 장군과 李成桂가 함께 종군하였다.
이때 한 전투에서 이성계의 말이 진흙에 빠져 위태로웠으나 말이 온 힘
을 다하여 뛰쳐나오니 사람들이 기이하게 여기었다. 禑王 때의 한 전투
에서도 진흙탕을 만나자 말을 탄 이성계는 한 번에 뛰어 넘었지만 뒤에
따르던 사람들은 모두 건너지 못했다.

[현대역]

(漢의) 도읍(에) 적신148)이 있고, 한 분이 천명이시므로, (물에) 빠진 말
을 하늘이 주시니

나라(고려)에 충신이 없고 (이성계) 혼자 지성이시므로, 여린 흙을 하늘
이 굳히시니

---

148) 賊臣: 불충한 신하.

[주석]

① 天命·이실·씨: [天命(체언) + 이(서술격조사)] - + -시-(주체 높임
의 선어말어미) + -ㄹ씨(연결어미)

② ·꺼딘: 쩌디-(어간, 꺼지다/빠지다) + -ㄴ(관형사형 어미)

③ 나·라·해: 나라(ㅎ말음체언) + 애(처소의 부사격조사)

<龍歌 038>

四征無敵·ᄒ·샤ᅟᅠ·오샤·ᅀᅡ사ᄅ·시릴·씨。東·읜·니·거시·든。西夷·ᄇ·라ᅀᆞ·
ᄫ·니
用兵如神·ᄒ·샤ᅟᅠ·가샤·ᅀᅡ이·기시·릴·씨。西·예·오·나시·든。東鄙·ᄇ·라ᅀᆞ·
ᄫ·니

四征無敵。來則活己。我東曰徂。西夷苦徯
用兵如神。往則莫抗。我西曰來。東鄙竚望

[어절 분석]

四征無敵·ᄒ·샤#·오샤·ᅀᅡ#①사ᄅ·시릴·씨#東·읜#②·니·거시·든#西
夷#③·ᄇ·라ᅀᆞ·ᄫ·니
用兵如神·ᄒ·샤#·가샤·ᅀᅡ#이·기시·릴·씨#西·예#·오·나시·든#東鄙#·
ᄇ·라ᅀᆞ·ᄫ·니

殷 湯王이 열 한 개의 나라를 정벌하여 천하에 대적할 나라가 없었다. 동쪽을 정벌하면 서쪽 나라 백성이 원망하고, 남쪽을 정벌하면 북쪽 나라 백성이 원망했다. 그 나라 백성들이 자기 나라부터 정벌해 주기를 바랐다.

李成桂가 元의 침략을 물리치러 간 사이에 이성계의 고종 형제들이 여진을 꾀어서 고려의 북방을 침략하였다. 하지만 관군은 이것을 제대로 막지 못하였다. 이성계가 돌아오자 사람들이 모두 기뻐했고, 그 고종 형제들은 여진으로 달아났다. 恭愍王은 이성계를 의지했고 이성계는 싸움마다 이겼다.

[현대역]

(은 탕왕이) 사정무적[149]하시어 오셔야 살리실 것이므로, 동에 가시거든 서이[150]가 (은 탕왕 오시기를) 바라옵나니

(이성계가) 용병여신[151]하시어 가셔야 이기실 것이므로, (이성계가) 서에 오시거든 동도[152]가 (이성계 오시기를) 바라옵나니

[주석]

① 사ᄅ·시릴·ᄊᆡ: 사ᄅ—(어간) + —시—(주체 높임의 선어말어미) + —리—(추측의 선어말어미) + —ㄹᄊᆡ(연결어미)

② ·니·거시·든: 니—(어간) + —시—(주체 높임의 선어말어미) + —거든(연결어미)

---

149) 四征無敵: 사방으로 정벌하심에 적이 없음.
150) 西夷: 서쪽 오랑캐.
151) 用兵如神: 군대를 지휘하는 것이 신과 같음.
152) 東鄙: 동쪽 변방이 맞으나 여기서는 동쪽 변방의 사람들로 해석하는 것이 좋음.

'니다'는 어미 '-거'가 붙을 때 한해서 쓰이며 다른 활용형에서는 '녀다'
가 쓰였다.

③ ·브·라ᄉ·ᄫᆞ·니: 브라-(어간) + -ᄉᆞᆸ-(객체 높임의 선어말어미)
   + -(ᄋᆞ)니(연결어미)

<龍歌 039>

楚國·엣天子氣·를。行幸·ᄋᆞ·로마ᄀᆞ·시·니。:님·긊ᄆᆞᄉᆞ·미。긔아·니어·리
시·니
鴨江·앳將軍氣·를。ᄆᆞ:아모ᄰᇰ·다·ᄒᆞ시니。:님·긊:말ᄊᆞ·미。:긔아·니·올·
ᄒᆞ시·니

楚國王氣。游幸厭之。維君之心。不其爲癡
鴨江將氣。曰爲□某焉。維王之言。不其爲然

[어절 분석]
①楚國·엣#天子氣·를#行幸·ᄋᆞ·로#마ᄀᆞ·시·니#:님·긊#ᄆᆞᄉᆞ·미#②:
긔#아·니#③어·리시·니
鴨江·앳#將軍氣·를#④:아모#爲ᄒᆞ·다#·ᄒᆞ시니#:님·긊#:말ᄊᆞ·미#:
긔#아·니#⑤·올·ᄒᆞ시·니

[배경 고사]
秦의 始皇이 동남쪽(楚)에 천자가 날 기운이 보인다 하여, 스스로 그 쪽
으로 행차하여 이를 미리 막으려 하였다. 그러나 이 천자의 기운은 劉

邦(漢 高祖)이 장차 천자가 될 조짐이었다.

恭愍王은 李成桂에게 北元을 치게 하니, 이성계가 기병 5천과 보병 1만 명을 거느리고 鴨綠江을 건넜다. 그 무렵 압록강 방면에서 자줏빛의 상서로운 기운이 공중에 드리우고 그림자는 모두 남쪽으로 졌다. 이것을 본 공민왕은 이 상서로운 기운은 필히 이성계 덕분이라고 하였다.

[현대역]
楚에 있는 천자의 기운을 (임금) 행차로 막으시니, 임금(진 시황)의 마음이 그 아니 어리석으시니
압강[153]에 있는 장군(이성계)의 기운을 누구를 위한 것이라 하시니, 임금(공민왕)의 말씀이 그 아니 옳으시니

[주석]
① 楚國·엣: 楚國(체언) + 엣(관형격조사)

② :긔: 그(체언) + ㅣ(주격조사)

③ 어·리시·니: 어리-(어간) + -시-(주체 높임의 선어말어미) + -니(연결어미)
이 시기에 '어리다'는 '어리석다'를 의미한다.

④ 아모
'아모'는 대명사나 관형사로 쓰이는데 여기서는 부정칭 지시 대명사로 쓰였다. '아무/아모'로 쓰였다.

---

153) 鴨江: 압록강.

⑤ ·올·ᄒ·시·니: 옳－(어간) ＋ －(ᄋ)시－(주체 높임의 선어말어미) ＋
－니(연결어미)

<龍歌 040>

城아·래닐·흔·살·쏘·샤ᄋ·닐·ᄒ·늬·모·미맛거·늘。京觀·을ᄋ·밍·ᄀ·ᄅ·시·니
城우·희닐·흔·살·쏘·샤ᄋ·닐·ᄒ·늬ᄂᆞ·치맛거·늘。凱歌·로ᄋ·도·라·오시·니

維城之下。矢七十發。中七十人。京觀以築
維城之上。矢七十射。中七十面。凱歌以復

[어절 분석]
城#아·래#닐·흔#·살#·쏘·샤#①닐·흐·늬#·모·미#②맛거·늘#京觀·을
#·밍·ᄀ·ᄅ시·니
城#③우·희#닐·흔#·살#·쏘·샤#닐·흐·늬#ᄂᆞ·치#맛거·늘#凱歌·로#
도·라·오시·니

[배경 고사]
적 수천 명이 갑자기 성 아래로 쳐들어오자 唐 高祖가 친히 나서 이리
저리 적을 치고 활을 쏘았다. 이 때 당 고조가 70발의 활을 쏘았는데, 다
음날 적의 목을 베어 경관을 쌓았더니 적의 시체에서 활 70발을 모두
찾을 수 있었다.

李成桂가 北元을 칠 때, 성을 에워싸고 70발의 활을 쏘았는데, 쏘는 화
살마다 적의 얼굴에 맞았다.

[현대역]

(당 고조가) 성 아래에 일흔 발의 화살을 쏘시어 일흔 명의 몸이 맞거늘
경관154)을 만드시니
(이성계가) 성 위에 일흔 발의 화살을 쏘시어 일흔 명의 얼굴이 맞거늘
개가155)로 돌아오시니

[주석]

① 닐·흐·늬: 닐흔(체언) + 의(관형격조사)

② 맛거·늘: 맞-(어간, 的中) + -거늘(연결어미)
8종성 표기에 따라 적은 것이다. 『龍飛御天歌』는 원칙적으로 '終聲復
用初聲'이나 간혹 8종성 표기도 보인다.

③ 우·희: 우(ㅎ말음체언) + 의(처소의 부사격조사)

<龍歌 041>

東征·에功·이:몯:이나。所掠·을·다노ㅎ·샤。歡呼之聲·이。道上·애ㄱ득
ㅎ·니
西征·에功·이:일어·늘。所獲·을:다도로·주·샤。仁義之兵·을。遼左ㅣ깃ᄉ·
ᄫ·니

東征無功。盡放所掠。歡呼之聲。道上洋溢
西征建功。盡還所獲。仁義之兵。遼左悅服

---

154) 京觀: 적의 시체를 모아 만든 무덤.
155) 凱歌: 승리를 축하하여 부르는 노래.

[어절 분석]

東征·에#功·이#:몯#①:이나#所掠·을#②·다#③노ᄒᆞ·샤#歡呼之聲·
이#道上·애#ᄀᆞ득ᄒᆞ·니

西征·에#功·이#④:일어·늘#所獲·을#:다#도로#·주·샤#仁義之兵·을
#遼左ㅣ#⑤깃ᄉᆞ·ᄫᆞ·니

[배경 고사]

唐 太宗이 高句麗를 치다가 패배하여 고구려의 포로들을 놓아 주었다.
포로들이 기뻐하여 외치는 소리가 사흘 동안 끊이지 않았다.

李成桂가 北元을 칠 때, 전투 중에 사로잡은 소와 말 수천 마리를 모두 그
주인에게 돌려주니 북방 사람들이 매우 기뻐해서 따르는 사람이 많았다.

[현대역]

(당 태종이) 동정156)에 공이 못 이루어졌으나, 소략157)을 다 놓으시어
환호지성158)이 길 위에 가득하니
(이성계가) 서정159)에 공이 이루어지거늘 소획160)을 다 도로 주시어
(이성계의) 인의지병161)을 요동 사람들이 기뻐하니

[주석]

① :이나: 일-(어간, 成) + -나(연결어미)

---

156) 東征: 동쪽 정벌.
157) 所掠: 전쟁에서 포로된 사람과 싸울 때 빼앗은 물품.
158) 歡呼之聲: 환호하는 소리.
159) 西征: 서쪽 정벌.
160) 所獲: 싸움이나 정벌에서 획득한 것.
161) 仁義之兵: 어질고 의로운 군대.

어간 '일-'의 종성 'ㄹ'은 '-나'의 'ㄴ'앞에서 탈락하였다.

② ·다
원간후쇄본에서는 방점이 ':다'로 표기되어 있으나 제 1차 중간본인 만력본에서는 '·다'로 표기되어 있다.

③ 노ᄒᆞ·샤: 놓-(어간) + -(ᄋᆞ)시-(주체 높임의 선어말어미) + -아 (연결어미)

④ :일어·늘: 일-(어간) + -거늘(연결어미)
'-거늘'이 어간 말음 ㄹ 뒤에서 ㄱ이 약화되어 '-어늘'로 실현되었다.

⑤ 깃ᄉᆞ·ᄫᆞ·니: 깃-(어간) + -ᄉᆞᇦ-(객체 높임의 선어말어미) + -(ᄋᆞ)니(연결어미)
'깃다'는 '기뻐하다'의 뜻으로 '깃그다', '깃ᄯᆞ다', '기써ᄒᆞ다', '긷그다'로 나타나기도 하였다. '-ᄉᆞᇦ-'은 이성계의 '인의지병'을 높이기 위해 사용되었다.

<龍歌 042>

西幸·이ᄒᆞ마오·라·샤。角端·이:말·ᄒᆞ야·늘。術士·ᄅᆞᆯ。從·ᄒᆞ시·니
東寧을ᄒᆞ·마:아ᅀᆞ·샤。구루·미비·취여·늘。日官·ᄋᆞᆯ。從·ᄒᆞ시·니

西幸旣久。角端有語。術士之請。于以許之
東寧旣取。赤氣照營。日官之占。于以聽之

[어절 분석]

西幸·이#ㅎ마#①오·라·샤#角端·이#:말·ㅎ야·늘#術士·를#從·ㅎ
시·니

東寧을#ㅎ·마#②:아ᅀᆞ·샤#구루·미#③비·취여·늘#日官·을#從·ㅎ
시·니

[배경 고사]

元 太祖가 回回國을 치고 印度에까지 나아갔는데 처음 보는 짐승이 나
타나 사람의 말로 돌아가라고 하였다. 알고 보니 이 짐승은 角端이라는
것으로 하늘이 살생을 싫어하여 이 짐승을 보내어 알리는 것이라고 하
였다. 태조는 그 길로 군사를 돌렸다.

元이 망하자 奇轍의 아들이 아버지의 원수를 갚기 위해 高麗의 북쪽을
침범했다. 恭愍王이 李成桂에게 공격을 명하자 이성계는 성 서쪽에 군
대를 주둔시키고 있었다. 그런데 日官이 군영을 옮길 것을 요청하자 이
성계는 군사를 돌렸다.

[현대역]

(원 태조의) 서행162)이 이미 오래되시어 각단163)이 말하거늘, 술사(의
청)를 따르시니

(이성계가) 동녕164)을 이미 빼앗으시어 구름이 비치거늘, 일관(의 점괘)
을 따르시니

---

162) 西幸: 서쪽 행차.
163) 角端: 전설상의 짐승.
164) 東寧: 동녕부. 원이 고려의 서경에 설치한 통치기관.

[주석]

① 오·라·샤: 오라-(어간, 오래다) + -시-(주체 높임의 선어말어미)
   + -아(연결어미)

② :아ᅀᆞ·샤: 앗-(어간) + -(ᄋᆞ)시-(주체 높임의 선어말어미) + -
   아(연결어미)
'ㅅ'이 모음 사이에서 유성음화 되어 'ᅀ'이 되었다.

③ 비·취여·늘: 비취-(어간) + -어늘(연결어미)
'취'의 'ㅣ' 모음으로 인해 반모음이 첨가되어 '여'가 되었다.
고영근(1987/2010:264)에 따르면 '비취-'는 자동사임에도 타동사표지
'-어늘'을 취하고 있는데 이는 주어 '구룸'이 원래 피동주이기 때문이다.

<龍歌 043>

玄武門:두도·티。혼사·래마·ᄌᆞ·니。希世之事·를。·그·려:뵈시·니이·다
졸애山:두·놀·이。혼사·래:쏘·니。□天縱之才·를。그려·ᅀᅡ:아·ᅀᆞ 뫃·까

玄武兩犯。一箭俱中。希世之事。寫以示衆
照浦二麞。一箭俱徹。□天縱之才。豈待畫識

[어절 분석]

玄武門#:두#①도·티# 혼 #사·래#마·ᄌᆞ·니#希世之事·를 #·그·려#②:
뵈시·니이·다
졸애山#:두#③·놀·이# 혼 #사·래#:쏘·니#天縱之才·를 #④그려·ᅀᅡ#:
아·ᅀᆞ 뫃·까

[배경 고사]

唐 玄宗이 사냥을 나갔다가 玄武門에서 두 마리의 멧돼지를 화살 한 발로 맞추었다. 이 일을 화가에게 그리게 하였다.

李成桂가 사냥을 나갔다가 照浦山에서 두 마리의 노루를 화살 한 발로 맞추었다. 이 일은 그림으로 그리지 않았으나 이성계의 활 솜씨를 모르는 사람은 없었다.

[현대역]

현무문의 두 돼지가 한 화살에 맞으니 (당 현종은) 희세지사[165]를 그려 보이십니다.
졸애산의 두 노루가 한 화살에 꿰이니, (이성계의) 천종지재[166]를 그려야 알겠습니까

[주석]

① 도·티: 돝(체언) + 이(주격조사)

② :뵈시·니이·다: [보-(어간) + -이(사동 접사)]- + -시-(주체 높임의 선어말어미) + -니이다(종결어미)

③ ·놀·이: 노루(체언) + 이(주격조사)
'노루'는 비자동적교체를 보이는데 모음으로 시작하는 조사 앞에서 '놀ㅇ'으로 교체되어 '놀이, 놀을, 놀익' 등으로 나타난다.

---

165) 希世之事: 세상에 드문 이 일.
166) 天縱之才: 하늘이 내리신 재주.

④ 그려·샤: 그리-(어간) + -어(연결어미) + 샤(보조사)

<龍歌 044>

노·ᄅ·샛바·오·리실·씨。믈우·희니·ᅌᅥ·티시·나。二軍鞠手:쫀。깃·그·니
이·다
君命·엣바·오·리어·늘。믈겨·틔엇마ᄀ·시·니。九逵都人·이。:다:놀·라ᄉ·
ᄫᅵ·니

嬉戲之毬。馬上連擊。二軍鞠手。獨自悅懌
君命之毬。馬外橫防。九逵都人。悉驚讚揚

[어절 분석]
①노·ᄅ·샛#②바·오·리실·씨#믈#우·희#니·ᅌᅥ#·티시·나#二軍#鞠
手:쫀#깃·그·니이·다
君命·엣#바·오·리어·늘#믈#겨·틔#③엇마ᄀ·시·니#九逵#都人·이#:
다#:놀·라ᄉ·ᄫᅵ·니

[배경 고사]
唐 宣宗은 공치기를 매우 잘해서, 말을 타고 공을 공중에 던져 수백 번
을 잇달아 치니 양편의 선수들이 모두 감탄하였다.

高麗에서는 端午가 되면 젊은 무관과 귀족의 자제들을 뽑아 擊毬를 배
우게 하였다. 恭愍王 때, 李成桂도 격구 경기에 참가하였는데 뛰어난 기
술로 사람들을 놀라게 하였다.

[현대역]

놀이의 방울이므로 (당 선종은) 말 위에서 (공을) 이어 치시나. 양편의 국수167)만이 기뻐합니다.

임금 명의 방울이거늘 (이성계는) 말 곁에서 엇막으시니, 구규168) 도인169)이 다 놀라니

[주석]

① 노·ᄅ·샛: 노룻(체언, 놀이) + 앳(관형격조사)

② 바·오·리실·ᄊᆡ: [방울(체언) + 이(서술격조사)]- + -시-(주체 높임의 선어말어미) + -ㄹ씨(연결어미)

③ 엇마ᄀ·시·니

㉠ [엇-(접두사) +막-(어근)]- + -(ᄋᆞ)시-(주체 높임의 선어말어미) + -니(연결어미)
㉡ 엇막-(어간) + -(ᄋᆞ)시-(주체 높임의 선어말어미) + -니(연결어미)

'엇마ᄀ시니'는 이처럼 두 가지의 분석이 가능하다. 이 시기에 '엇'이 접두사였는지에 대한 확인이 불가능하기 때문이다.

---

167) 鞠手: 공치기 선수.
168) 九逵: 큰 길거리.
169) 都人: 도읍 사람.

<龍歌 045>

:가리·라ᄒᆞ·리이시·나◦長者·ᄅᆞᆯ·브·리시·니。長者ㅣ실·ᄊᆡ◦秦民·ᄋᆞᆯ깃·기시·니
활쏘·리·하·건마·ᄅᆞᆫ◦□武德·을:아·ᄅᆞ시·니。□武德·으·로◦百姓·을救·ᄒᆞ시·니

欲往者在◦長者是使。維是長者◦悅秦民士
射侯者多◦□武德是知。維是□武德◦救我群黎

[어절 분석]

①:가리·라#②ᄒᆞ·리#③이시·나#長者·ᄅᆞᆯ#·브·리시·니#④長者ㅣ실·ᄊᆡ#秦民·ᄋᆞᆯ#⑤깃·기시·니
활#⑥쏘·리#⑦·하·건마·ᄅᆞᆫ#武德·을#⑧:아·ᄅᆞ시·니#武德·으·로#百姓·을#救·ᄒᆞ시·니

[배경 고사]

楚의 懷王이 關中[170]을 평정하는 자를 왕으로 삼겠다고 하자 項羽가 이를 희망하였다. 이에 늙은 장수들이 표독스럽고 잔인한 항우보다 너그러운 장자를 보내야 한다고 주장하였는데, 회왕이 이를 듣고 劉邦(훗날 漢 高祖)을 보내어 秦을 치게 하니, 항복하지 아니하는 이가 없었고 진의 백성들이 모두 기뻐하였다.

高麗 恭愍王이 경·대부[171]에게 활쏘기를 시키고 이를 친히 구경할 때

170) 중국 섬서성 중부의 위수 유역에 있는 평야를 일컫는다.
171) 卿 · 大夫: 고려시대 벼슬 명칭.

李成桂가 백발백중하였으니 왕이 "오늘의 활쏘기는 오직 한 사람만이 해내었다."하였다. 또한, 元의 黃裳과 이성계가 더불어 활을 쏠 때 이성계는 하나도 맞추지 못함이 없으니 공민왕이 탄복하였다.

[현대역]
"가겠다." 할 사람이 있으나 (초 회왕은) 장자172)를 부리시니, (유방은) 장자이시므로 진민173)을 기쁘게 하시니
활 쏠 사람이 많건마는 (공민왕은 이성계의) 무덕을 아시니, (이성계는) 무덕으로 백성을 구하시니

[주석]
① :가리·라: 가-(어간) + -리-(시상의 선어말어미) + -라(종결어미)

② ᄒᆞ·리: ᄒᆞ-(어간) + -ㄹ(관형사형 어미) # 이(체언, 者)

③ 이시·나: 이시-(어간) + -(으)나(연결어미)
고영근(1987/2010:132)에 따르면 '잇다'의 어간은 모음 앞에서는 '이시-'가 되고, 자음 앞에서는 '잇-'이 된다고 하였다. 마찬가지로 매개모음 'ᄋᆞ/으'를 취하는 어미 앞에서는 '이시-'로 활용한다. 여기서는 연결어미 '-나'가 매개모음을 취하는 어미이므로 '이시-'로 나타났다.

④ 長者ㅣ 실·씨: [長者(체언) + 이(서술격조사)]- + -시-(주체 높임의 선어말어미) + -ㄹ씨(연결어미)

---

172) 長者: 덕망(德望)이 있는 노성한 사람.
173) 秦民: 진나라 백성.

⑤ 깃·기시·니: [깃-(어근) + -기(사동 접사)- + -시-(주체 높임
의 선어말어미) + -니(연결어미)

⑥ 쏘·리: 쏘-(어간) + -ㄹ(관형사형 어미) # 이(체언, 者)

⑦ ·하·건마·른: 하-(어간) + -건마른(연결어미)
'-건마른'은 현대국어의 '-건마는'에 해당하는 대등적 어미로, '-건
마른 > -건마는 > -건마는'의 변천을 겪는다. 동사에 따라 '-건마른/
언마른'이 선택되었다.

⑧ :아·르시·니: 알-(어간) + -(으)시-(주체 높임의 선어말어미) +
-니(연결어미)

<龍歌 046>

賢君·을:내·요리·라ㅇ하·늘·히駙馬달·애·샤·:두孔雀·일ㅇ·그·리시·니이·다
聖武·를:뵈·요리·라ㅇ하·늘·히:님·금달·애·샤ㅇ·열銀鏡·을ㅇ노ᅙ·시·니이·다

將降賢君ㅇ天誘駙馬ㅇ維二孔雀ㅇ用以圖寫
欲彰口聖武ㅇ天誘厥辟ㅇ維十銀鏡ㅇ用爲侯的

[어절 분석]
賢君·을#①:내·요리·라#하·늘·히#駙馬#달·애·샤#:두#②孔雀·일#
③·그·리시·니이·다
聖武·를#:뵈·요리·라#하·늘·히#:님·금#④달·애·샤#·열#銀鏡·을#노
ᅙ·시·니이·다

[배경 고사]

神武肅公 竇毅가 대문에 공작 두 마리를 그려 놓고 두 대의 화살로 공작의 눈을 맞히는 자에게 딸을 주겠노라 하였다. 수십 명이 찾아왔지만 맞히는 자가 없었는데 李淵이 두 화살로 한 눈씩을 맞히고 두의의 딸과 혼인하였다. 이연은 후일 唐 高祖가 되었다.

高麗 恭愍王이 정승들에게 말하기를 "해질 무렵 내부174)에 있는 은 거울 열 개를 80보 거리에서 맞히는 자에게 은 거울을 주겠다."라고 하였는데, 李成桂가 열 발을 쏘아 모두 맞히니 공민왕이 크게 칭찬하였다. 禑王이 또한 활쏘기를 시키니 이성계의 화살이 은 과녁을 빗나간 적이 없었다. 이에 李之蘭이 "기이한 재주이니 남에게 많이 보이지 않는 것이 좋겠습니다."하였다.

[현대역]

현군175)을 내겠다(고) 하늘이 부마의 마음을 달래시어, 두 공작을 그리신 것입니다.
성무176)를 (다른 사람에게) 보이겠다(고) 하늘이 임금을 달래시어, 열 은경을 놓으신 것입니다.

[주석]

① :내·요리·라: 내−(어간) + −오−(의도법의 선어말어미) + −리−(시상의 선어말어미) + −다(종결어미)

---

174) 內府: 고려와 조선 시대에 왕실의 재정이나 물품을 맡아보던 관청.
175) 賢君: 어진 임금.
176) 聖武: 성스런 무예.

② 孔雀·일: [孔雀(어근) + -이(명사 파생 접사)]- + ㄹ(목적격조사)

허웅(1975:39)에서는 '-이'는 명사에 뜻 없이 소리를 고르기 위해 붙이는 형태인데, '-이'에 대해 두 가지 처리 방법을 생각해볼 수 있다고 하였다. 하나는 이를 후행하는 조사의 일부로 보는 것이고, 다른 하나는 앞선 체언의 일부로 보는 것이다. 첫째 방법을 취하면 '孔雀일'에서 자음 뒤에서 조사 '일'이 쓰였다고 설명해야 하는데, '일'과 '을, 올'의 관계에 대해 설명하기 어렵다는 점에서 문제가 된다. 둘째 방법을 취하면 '이'는 단순히 자음 충돌을 막고 체언의 소리를 고르기 위해 들어간 것이며, 해당 체언이 두 가지의 변이형태 '孔雀', '孔雀이'를 가진다고 설정할 수 있다. 허웅(1975:40)에서는 후자의 경우를 합리적이라 보는데, 이때의 '-이'는 어떠한 뜻을 가지고 있지 않기 때문에 접사로 분류할 수 없다고 하여 '유사접사'라 부르고 있다.

한편, 고영근(1987/2010:68)에서는 사람 이름을 평범하게 말할 때, 그 말에 받침이 있으면 접미사 '-이'를 붙이는 경우가 있다고 하였으며 접미사로 분류하고 있다.

예1) ① 安樂國이는 아비를 보라가니 <月釋 8:87b>
② 阿難이를 주어늘 <月釋 7:8a>

고영근(1987/2010:68)에서는 '-이'는 반드시 사람 이름에 결합하지는 않는다고 덧붙여 설명하고 있다. 다음은 동물 이름 뒤에 '-이'가 결합한 예이다.

예2) 두터비, ᄅ리, 부훵이, 그려기, 굼벙이, 올창이

그러나 구본관(1997:114-125)에서는 인명에 붙는 '-이'와 동물 이름

에서 나타나는 '−이'를 구별하고 있다. 인명에 붙은 '−이'는 호격조사(하, 아), 속격조사(이/의), 여격조사(이그에), 주격조사 '이' 앞에서는 쓰이지 않는다는 통사상의 제약을 받고 있으며, 허웅(1975)에서 말한 바와 같이 접사로서의 기능을 하지 않는다는 점을 지적하여 통사적인 구성 요소로 보아야 한다고 하였다. 그리고 동물 이름의 경우 '−이'가 결합하지 않은 상태에서 조사가 결합하지 않으므로 의성어, 의태어에 붙어 명사를 파생하는 파생 접사로 보아야 한다고 설명한다.

하지만 인명에 붙은 '−이'가 통사적 기능을 하는 형태소라면 왜 선행 체언의 음운론적인 조건에 따라 결합이 결정되는지에 대해서는 의문이 든다. 여기서는 편의상 고영근(1987/2010)의 견해에 따라 이를 '소리를 고르는 역할을 하는 명사 파생 접미사'로 분류하겠으나, 이에 대해서는 보다 자세한 논의가 필요할 것이다.

③ ·그·리시·니이·다: 그리−(어간) + −시−(주체 높임의 선어말어미) + −니이다(종결어미)

④ 달·애·샤: 달애−(어간) + −시−(주체 높임의 선어말어미) + −아 (연결어미)

'달애나'는 '애'에 'ㄹ'이 연철되지 않기 때문에 '*달개다'에서 왔을 가능성이 높다. 참고로 '달래다'의 방언형으로 '달개다'가 있으며, 이 방언형은 강원, 함경, 충청, 경상 일부(포항)에서 발견된다.

<龍歌 047>

大箭 훈:나·태∘突厥·이:놀·라 ᄉᆞ·밝·니。어·듸머·러 威不及 ᄒᆞ·리잇·고
片箭 훈:나·태∘島夷:놀·라 ᄉᆞ·밝·니。어·늬구·더∘兵不碎 ᄒᆞ·리잇·고

大箭一發。突厥驚慴。何地之逖。而威不及

片箭一發。島夷驚畏。何敵之堅。而兵不碎

[어절 분석]

大箭# 흔 #①:나·태#突厥·이#②:놀·라·ᄉ·ᄫ·니#③어·디#머·러#④威
不及ᄒ·리잇·고

片箭# 흔 #:나·태#島夷:#놀·라·ᄉ·ᄫ·니#⑤어·늬#구·더#兵不碎ᄒ·리
잇·고

[배경 고사]

唐 太宗이 劉黑闥과의 싸움에서 대전[177]으로 돌궐군을 쏘아 꿰뚫으니,
돌궐 사람들이 보고 놀라며 '神人'이라고 경탄하였다.

高麗 禑王 때 왜적이 곳곳에 들끓어 李成桂에게 정벌하도록 하였다. 이
성계가 智異山 밑에서 적과 마주하여 편전[178]을 쏘아 적의 장수를 넘어
뜨리니, 적이 놀라고 두려워하여 기세가 꺾이었고, 이내 그들을 크게
격파하였다.

[현대역]

(당 태종의) 대전 하나에 돌궐이 놀라니, 어디가 멀어 그 위세가 위불
급[179]하겠습니까
(이성계의) 편전 하나에 도이[180]가 놀라니, 어느 것이 굳어 (적의) 군대
가 부수어지지 않겠습니까

---

177) 大箭: 큰 화살.
178) 片箭: 짧고 작은 화살, 아기살.
179) 威不及: 위세가 미치지 못함.
180) 島夷: 섬 오랑캐.

[주석]

① :나·태: 낱(체언) + 애(원인의 부사격조사)

② :놀·라ᅀᆞ·ᄫᅡ·니: 놀라−(어간) + −ᅀᆞ−(객체 높임의 선어말어미) +
−아−(시상의 선어말어미) + −니(연결어미)
놀라게 된 이유가 '唐 太宗'과 '李成桂'의 활 실력이기 때문에 '−ᅀᆞ−'
이 사용되었다.

③ 어·듸: 미지칭의 대명사

④ 威不及ᄒᆞ·리잇·고: [威不及(어근) + −ᄒᆞ(동사 파생 접사)]− + −
리잇고(종결어미)

⑤ 어·늬: 어느(대명사)
고영근(1987/2010:80)에서는 현대국어에서는 '어느'가 관형사로만 쓰
이는데, 중세국어에서는 대명사의 기능도 있다고 하였다.

<龍歌 048>

굴·허·에ᄆᆞ·ᄅᆞᆯ:디·내·샤ᄋᆞ도ᄌᆞ·기:다도·라가·니。半:길노·픤·들ᄋᆞ녀·기:디
나·리잇·가
石壁·에ᄆᆞ·ᄅᆞᆯ올·이·샤ᄋᆞ도ᄌᆞ·글:다자ᄇᆞ·시·니。현번ᄢᅱ·운·들ᄋᆞ·ᄂᆞ·미오
ᄅᆞ·리잇·가

深巷過馬。賊皆囲去。雖半身高。誰得能度

絕壁躍馬。賊以悉獲。雖百騰奮。誰得能陟

[어절 분석]

①굴·허·에#ᄆᆞ·를#②:디:내·샤#도ᄌᆞ·기#:다#도·라가·니#半:길#③
노·핀·들#④년·기#:디나·리잇·가

石壁·에#ᄆᆞ·를#⑤올·이·샤#도ᄌᆞ·굴#:다#⑥자ᄇᆞ·시·니#·현#번#⑦
뛰·운·들#ᄂᆞ·미#오ᄅᆞ·리잇·가

[배경 고사]

金 太祖가 일찍이 군영을 나와 적을 죽이고 돌아서자 많은 적병이 이를
추격하였다. 금 태조가 막다른 골짜기에 이르러 말을 채찍질하여 언덕
을 뛰어오르니, 뒤쫓던 적이 돌아갔다.

李成桂가 왜적을 무찌를 때, 왜적이 산에 올라 낭떠러지 위에서 칼과
창을 들고 대치하고 있었는데, 관군들이 아무도 오르지 못하였다. 이성
계가 이를 듣고 검날로 말 등을 채찍질하니, 말이 한달음에 뛰어올랐
다. 곧 군사들이 뒤따르며 적을 무찔러 마침내 적을 섬멸하였다.

[현대역]

(금 태조가) 거리에 말을 지나게 하시어 도적이 다 돌아가니, (한 길이
아니라) 반 길 높이인 것을 다른 사람이 지나겠습니까
(이성계가) 돌 절벽에 말을 올리시어 도적을 다 잡으시니, 몇 번을 뛰어
오르게 한들 남이 오르겠습니까

[주석]

① 굴·허·에: 굴헝(체언) + 에(처소의 부사격조사)

'굴헝'은 '구렁'의 고형으로, '골, 구렁'으로서 '골짜기, 구덩이'라는 뜻이 거나 '골목'의 뜻이다. 여기서는 후자의 뜻으로 쓰였다.

② :디:내·샤: [디나−(어근) + −이(사동 접사)]− + −시−(주체 높임의 선어말어미) + −아(연결어미)

③ 노·핀·들: [{높−(어근) + −익(명사 파생 접사)}− + zero형 서술격조사− + −ㄴ(관형사형 어미) # 들(의존명사)

높−(어근) + −익(명사 파생 접사) = 노픽(명사 '높이')

깊−(어근) + −의(명사 파생 접사) = 기픠(명사 '깊이')

높−(어근) + −이(부사 파생 접사) = 노피(부사 '높이')

깊−(어근) + −이(부사 파생 접사) = 기피(부사 '깊이')

④ 년·기: 녀(체언) + 이(주격조사)

'녀'은 비자동적 교체를 보이는 특수체언이다. '년기'는 '녀느'의 주격형이다.

⑤ 올·이·샤: [오ᄅ−(어근) + −이(사동 접사)]− + −시−(주체 높임의 선어말어미) + −아(연결어미)

'오ᄅ−'의 활용에 대해서는 <龍歌 033> [주석] ①의 고영근(1987/2010)의 설명을 참고할 것.

⑥ 자ᄇ·시·니: 잡−(어간) + −(ᄋᆞ)시−(주체 높임의 선어말어미) + −니(연결어미)

원간 후쇄본과 제2차 중간본에서는 '자ᄫ 시니'로, 제1차 중간본인 만력본에서는 '지ᄫ 시니'로 표기되어 있어, 만력본의 표기상 오류거나 탈각인 것으로 보인다. 원형은 '자ᄫ 시니'로 보인다.

⑦ ᄢᅱ·운·들: [ᄢᅱ-(어근) + -우(사동 접사)]- + -ㄴ(관형사형 어미) # 들(의존명사)

＜龍歌 049＞

:셔ᄫᆞᆯ도ᅎ·기·드·러·。:님·그·미·나·갯·더시·니。諸將之功·애·。獨眼·이노ᄑᆞ·시·니

:님·그·미·나:가·려·ᄒᆞ·샤·。도ᅎ·기:셔ᄫᆞᆯ·드더·니。二將之功·을。ㅁ一人·이일·우시·니

冠賊入京。天子出外。諸將之功。獨眼最大

君王欲去。冠賊入京。二將之功。ㅁ一人克成

[어절 분석]

:셔ᄫᆞᆯ#도ᅎ·기#·드·러#:님·그·미#①·나·갯·더시·니#諸將之功·애#獨眼·이#노ᄑᆞ·시·니

:님·그·미#·나:가·려#·ᄒᆞ·샤#도ᅎ·기:#셔ᄫᆞᆯ#②·드더·니#二將之功·을#一人·이#③일·우시·니

[배경 고사]

唐 熙宗 때, 黃巢가 반란을 일으켜 長安을 공격하였다. 이때, 田令孜[181]

가 희종을 모시고 달아났다. 황소는 장안에 들어오자 당의 종실을 모두 죽이고 황제에 올랐는데, 이에 희종이 격서를 띄워 천하의 사람들이 서로 다투어 이에 응하였다. 이때 李克用의 나이 28세로 여러 장수 중 가장 어렸으나 황소를 격파하고 장안을 회복하니 장수들이 두려워하였다. 이극용의 한 눈이 아주 작아 사람들을 그를 '獨眼龍'이라 불렀다.

高麗 禑王 때 왜구가 개경으로 쳐들어오려 하였다. 楊伯淵과 崔瑩이 한 때 물러나니, 李成桂가 나아가 크게 무찔러 피난 가려던 우왕이 개경으로 돌아왔다.

[현대역]
(당의) 수도(장안)에 도적이 들어와 임금(당 희종)이 나가 있으시더니 제장지공182)에 독안183)이 가장 높으시니
임금(고려 우왕)이 (왜적을 피하여) 수도를 나가려 하시어, 도적이 수도에 들더니, 이장지공184)을 한 사람(이성계)이 이루시니

[주석]
① ·나·갯·더시·니: 나가−(어간) + −아(연결어미) # 잇−(어간) + −더−(시상의 선어말어미) + −시−(주체 높임의 선어말어미) + −니(연결어미)
연결어미 '−아/어'와 보조용언 '잇/겨시−'의 결합은 상태를 나타낸다.

---

181) 당나라 말기의 환관이다. 본성은 陳이고, 자는 仲則이며, 四川蜀 사람이다.
182) 諸將之功: 여러 장수의 공.
183) 獨眼: 애꾸눈. 여기서는 한 눈이 작은 이극용, 후당의 태조를 가리킴.
184) 二將之功: 두 장수의 공. 두 장수는 이성계와 최영 장군을 말함.

예) ① 須達이 病ᄒᆞ얫거늘 <釋譜 6:44b>

　　② 北녀그로 劍閣ㅅ 모ᄒᆞᆯ 버혓거늘 <初杜解 6:38a>

　　③ 곳 닐굽 줄기ᄅᆞᆯ 가져 겨샤딕 <月釋 1:9b>

‘잇다’는 ①의 ‘病ᄒᆞ얫거늘’과 같이 선행어미와 합쳐 한 음절이 되기도 하고 ②의 ‘버혓거늘’과 같이 ‘잇―’의 모음 ‘이’가 떨어지기도 한다.

② ·드더·니: 들―(어간) + ―더―(시상의 선어말어미) + ―니(연결어미) 고영근(1987/2010:127)에서는 ‘들― + ―더―’에서 어간의 기본형은 ‘들다’이지만 ‘ᄃ’ 앞에서 ‘ᄅ’이 탈락하였다고 하였다. 중세국어 시기에는 ‘ᄅ’ 받침을 가진 용언이 ‘ᄃ, ᄂ, ᄅ, ᅀ’로 시작하는 어미와 선어말어미 ‘―ᄂᆞ―’ 앞에 올 때 ‘ᄅ’가 탈락되는 경우가 많았다. 이는 현대국어 ‘ᄅ’탈락의 소급형인데, 현대국어와 다른 점은 ‘ᄃ, ᄌ’으로 시작하는 어미 앞에서도 ‘ᄅ’이 탈락되며 ‘―시―’ 앞에서는 ‘ᄅ’이 유지되는 것이다.

③ 일·우시·니: [일―(어근) + ―우(사동 접사)]― + ―시―(주체 높임의 선어말어미) + ―니(연결어미)

<龍歌 050>

내:님·금·그리·샤。後宮·에·드·르싫제。하ᄂᆞᆳ·벼·리。눈·ᄀᆞᆮ디:니이·다

내百姓·어엿비너·기·샤。長湍·올:건·너싫·제。。ᄒᆡᆫ·므지·게。。ᄒᆡ·예ᄢᅦ·니이·다

我思我君。後宮是入。維時天星。散落如雪

我愛我民。長湍是涉。維時白虹。橫貫于日

[어절 분석]

내#:님·금#·그리·샤#後宮·에#①·드·르싫#제#하·놄#·벼·리#②:눈·
곧#디:니이·다
내#百姓#·어엿비#너·기·샤#長湍·을 #:건·너싫#제#③·흰#④·므지·
게#·히·예#⑤:뻬·니이·다

[배경 고사]

唐 中宗의 妃 韋后와 安樂公主가 모의하여 중종을 독살하고 섭정하였
다. 이에 玄宗이 위후를 제거할 계획을 모의하며, 상왕을 생각하니, 하
늘의 별이 눈처럼 떨어졌다.

高麗 禑王 때 왜적이 鎭浦[185)]에 머물면서 횡포를 부리자, 조정에서 李
成桂에게 왜적을 치게 하였다. 이성계의 군사가 長端에 이르니, 흰 무
지개가 해를 꿰뚫었다. 점치는 자가 싸움에 이길 징조라 하였는데, 과
연 승리하였다.

[현대역]

(당 현종이) 내 임금(당 중종)을 그리워하시어 후궁에 드실 때, 하늘의
별이 눈같이 떨어졌습니다.
(이성계가) 내 백성을 불쌍히 여겨, 장단을 건너실 때, 흰 무지개가 해를
꿰었습니다.

[주석]

① ·드·르싫#제: 들-(어간) + -(으)시-(주체 높임의 선어말어미) +
   -ㅭ (관형사형 어미) # 제(체언)

---

185) 충청남도 서천군 남쪽에 있었던 해포로, 어느 한 특정지역을 지칭하는 지명은 아
   니었고, 임천 고다진에서 서천포에 이르는 지역을 통칭한 것이다.

고영근(1987/2010:17)에서는 관형사형 어미 '—ㄹ' 아래에 쓰인 'ㆆ'에 대해 된소리 부호의 기능을 표시했던 것으로 추정하고 있다. 한편 이와 같은 예에서 'ㆆ'가 제거되면 뒤의 초성이 'ㅉ'와 같이 각자병서로 나타나는데, 이러한 모습이 된소리 부호라는 사실을 더 강하게 뒷받침한다고 보았다. 그러나 『圓覺經諺解』 이후에는 각자병서가 폐기되면서 '—ㄹ + 제'와 같이 표기되었다.

② :눈·근#디:니이·다: 눈(체언) + 근(보조사) # 디—(어간) + —니이다(종결어미)

해당 구절은 만력본과 고판본에서는 '눈근디니이다'로 되어 있는데 반해 순치본과 건륭본에서는 '눈근더니이다'로 고쳐져 있다. 이기문(1962:16)에 따르면 이는 '근'의 부동사적 용법과 관련되어 있다고 한다. '근'의 부동사적 용법이 17세기에는 쓰이지 않게 되어 '디—(落)'를 시상의 선어말어미 '—더—'로 수정한 것이다. 종래에는 이때의 '근'에 대해 용언 어간이 부사로 사용된 예라고 설명하였는데, 이기문(1962:16)에서는 '근'이 본디 하나의 불변어이며 부사적 용법만을 가지고 있었다고 하였다. 이에 따르면 '눈근디니이다'의 예는 '근'의 기원적 용법이라 할 수 있다. 이 '근'과 'ㅎ—'의 결합으로 '근ㅎ—'라는 용언 어간이 형성되었으며 15세기동안 대부분의 경우 어간 'ㅎ—'와 동일한 활용을 했던 것으로 보인다. 다만 /ㄷ, ㄱ/으로 시작하는 어미 앞에서 'ㅎ—'가 완전히 탈락하는 형태가 나타나고, 어간 '근ㅎ—'는 그 뒤 잘못된 분석으로 인해 현대어 '같—'에 이르렀으며, '근'은 폐어화 되었다.

③ ·흰: 히—(어간) + —ㄴ(관형사형 어미)

④ ·므지·게

므지게>무지게(원순모음화)

　예) 믈>물(水), 머믈-->머물-(留), 블>불(火), 플>풀(草), 쓸>쓸(角)

⑤ :뻬·니이·다: 뻬-(어간) + -니이다(종결어미)

<龍歌 051>

軍容·이:녜·와다ᄅ·샤·:아ᇫ·고믈·러가·니。나·ᅀᅡ·오던·뎬。목:숨기·트·리잇·가

置陣·이·놈·과다ᄅ·샤·:아·ᅀᅳ보·디나·ᅀᅡ오니。믈·러·가던·뎬。목:숨ᄆᆞ·ᄎ·리잇·가

軍容異昔。識斯退歸。如其進犯。性命奚遺
置陣異他。知亦進當。如其退避。性命奚戕

[어절 분석]

軍容·이#:녜·와#①다ᄅ·샤#②:아ᇫ·고#③믈·러가·니#④나·ᅀᅡ·오던·뎬#목:숨#⑤기·트·리잇·가

置陣·이·놈·과#다ᄅ·샤#⑥:아·ᅀᅳ보·디#나·ᅀᅡ오니#믈·러·가던·뎬#목:숨#⑦ᄆᆞ·ᄎ·리잇·가

[배경 고사]

太陽罕이 元 太祖의 유능함을 시기하여 무찌르고자 하였다. 원 태조가

이를 듣고 乃戰을 쳤다. 원 태조의 군중에서 수척한 말이 내만의 진중으로 뛰어드니 태양한이 원의 군사력을 우습게 보았으나 원 태조 군사의 정돈되어 있음을 보고 군영이 다름을 알고 달아나니, 이날 원 태조가 내만과 싸워 태양한을 죽이고, 내만의 군사가 항복하였다.

高麗 禑王 때 왜적이 침입하여 노략질하므로 李成桂에게 이를 치게 하였다. 이성계가 남원에 이르니 장수들이 적이 나올 때 까지 기다리자 하였으나 이성계가 이를 만류하였다. 이튿날, 적과 수십 리의 거리밖에 안 되는 봉우리에 진을 치니, 적을 모조리 무찔렀다.

[현대역]
(원 태조의) 군용[186]이 옛날과 달라 (적이 그것을) 알고 물러가니, 나아왔더라면 목숨이 남았겠습니까
(이성계의) 진용[187]이 남과 달라 (적이 그것을) 알면서도 나아오니, 물러갔더라면 목숨을 마쳤겠습니까

[주석]
① 다ᄅᆞ·샤: 다ᄅᆞ−(어간) + −시−(주체 높임의 선어말어미) + −아(연결어미)

② :아ᄉᆞᆸ·고: 알−(어간) + −ᄉᆞᆸ−(객체 높임의 선어말어미) + −고(연결어미)
객체인 '원나라 태조의 군용'과 '이태조의 진용'을 높이기 위해 '−ᄉᆞᆸ−'이 사용되었다.

---

186) 軍容: 군사의 진용. 군사들을 벌여 두는 모양.
187) 置陣: 군대의 진을 치는 것.

③ 믈·러가·니: 믈러가-(어간) + -니(연결어미)

④ 나ᅀᅡ·오던·뎬: 나ᅀᅡ오-(어간) + -더-(회상의 선어말어미) + -ㄴ뎬(연결어미)

⑤ 기·트·리잇·가: 긷-(어간) + -(으)리잇가(의문형 종결어미)
허웅(1977:97)에서는 '긷-'은 '남다'라는 뜻의 용언으로, 현대국어의 '(폐를) 끼치다'는 '긷다'의 사동사 '기티다(남기다)'가 변한 말이라고 설명하고 있다.

⑥ :아·ᅀᆞ·ᄫᅩ·ᄃᆡ: 알-(어간) + -ᅀᆞᆸ-(객체 높임의 선어말어미) + -오ᄃᆡ(연결어미)
객체인 '원 태조의 군용'과 '이성계의 치진'을 높이기 위해 '-ᅀᆞᆸ-'이 사용되었다.

⑦ 므·츠·리잇·가: 및-(어간) + -(으)리잇가(의문형 종결어미)

<龍歌 052>

請드른다대·와:노니·샤ᅠ∘바·ᄂᆞᆯ아·니마·치시·면。어·비아·ᄃᆞ·리∘:사·ᄅᆞ시·리잇·가
請·으·로온:예·와싸·호·샤ᅠ∘투·구아·니밧·기시·면。나·랏小民·을∘사ᄅᆞ·시·리잇·가

受賂之胡∘與之遊行。若不中針∘父子其生
見請之倭∘與之戰鬪。若不脫冑∘國民焉救

[어절 분석]

請#드른#①다대·와#②:노니·샤#③바·늘#아·니#마·치시·면#④어·
비#아·ᄃ·리#⑤:사·ᄅ시·리잇·가

請·으·로#온#:예·와#⑥싸·호·샤#·투·구#아·니#밧·기시·면#나·랏#
小民·을#⑦사·ᄅ·시·리잇·가

[배경 고사]

李克用(훗날 後唐 太祖)가 어릴 때, 獻祖를 따라 韃靼[188]에 들어갔는데,
赫連鐸이 뇌물을 주어 헌조 부자를 해하려 하였다. 이극용이 이를 알고
호걸들과 노닐고 사냥할 때 바늘을 나무에 걸거나, 채찍을 백보 밖에
세워두고 쏘아 맞히니 호걸들이 탄복하여 손대지 않았다.

李成桂가 왜와 싸우는데, 한 적장이 날쌔고 용맹하니 군사들이 '阿其拔
都[189]'이라 부르며 피하였다. 李之蘭이 이성계에게 이를 죽이도록 권하
였는데, 갑옷과 투구 때문에 화살을 쏠 틈이 없었다. 이성계가 화살을
쏴 그의 투구 꼭지를 쏘아 벗기고, 이윽고 그 틈을 노려 이지란이 화살
을 쏴 죽였다.

[현대역]

(이극용이) 청을 들은 달단과 노닐어, 바늘을 아니 맞히셨으면, 아버지
와 아들이 사셨겠습니까
(이성계가) 청으로 온 왜[190]와 싸워 (그 왜놈의) 투구를 벗기지 아니하
셨으면, 소민[191]을 살리셨겠습니까

---

188) 몽고 또는 몽고족을 달리 이르는 말. 타타르족.
189) 아기바톨
190) 倭: 한국과 중국에서 일본을 가리키던 호칭.

[주석]

① 다대·와: 다대(체언) + 와(공동의 부사격조사)

② :노니·샤: 노닐−(어간) + −시−(주체 높임의 선어말어미) + −아
(연결어미)

③ 바·눌: 명사

④ 어·비#아·두·리: 어비(체언) # 아들(체언) + 이(주격조사)
아버지와 아들. 부자(父子)

⑤ :사·루·시·리잇·가: 살−(어간) + −(으)시−(주체 높임의 선어말어
미) + −리잇가(의문형 종결어미)
'사루 시리잇가'는 '살다'의 활용형으로 '사시겠습니까?'라는 의미이다.

예) ① 몃 間ㄷ지븨 사루 시리잇고 <龍歌 110>
② 이 싸해 精舍 이르슨 불 쩨도 이 개야미 이에서 사더니 <釋譜 6:37b>
③ 흔 히룰 梓州ㅣ 사로라 <重杜解 2:1a>

⑥ 싸·호·샤: 싸호−(어간) + −시−(주체 높임의 선어말어미) + −아
(연결어미)
싸호다 > 싸우다

⑦ 사·루·시·리잇·가: 사루 −(어간) + −시−(주체 높임의 선어말어미)
+ −리잇가(종결어미)

---

191) 小民: 나라의 백성. 귀족에게 예속되어 그 지배를 받을 뿐 국가의 일에는 관여하
지 않던 일반 백성을 관인에 상대하여 이르던 말.

'사·ᄅ·시·리잇·가'는 '사ᄅ다'의 활용형으로 '살리시겠습니까?'라는 의
미이다. 주석 ⑤의 ':사·ᄅ·시·리잇·가'와 형태가 같으나 성조의 차이가
있다.

예) ① 오샤ᅀᅡ 사ᄅ시릴씨 <龍歌 38>
② 값 길히 이불씨 업더디여 사ᄅ쇼셔 ᄒ니 <月印 60a>
③ 나라 사롤 일홈난 公이 잇ᄂ니 <初杜解 20:49a>

<龍歌 053>

四海·ᄅᆞᆯ平定·ᄒᆞ·샤ᅙᆞᆞ·길우·희糧食니·저·니。塞外北狄·인·ᄃᆞᆯᅙ아·니오·리
잇·가
四境·을開拓·ᄒᆞ·샤ᅙ:셤안·해도ᄌᆞᆨ니·저·니。徼外南蠻·인·ᄃᆞᆯᅙ아·니오·리
잇·가

平定四海。路不齎糧。塞外北狄。寧不來王
開拓四境。島不警賊。徼外南蠻。寧不來格

[어절 분석]
四海·ᄅᆞᆯ#平定·ᄒᆞ·샤#·길#①우·희#糧食#②니·저·니#塞外北狄·인·ᄃᆞᆯ
#아·니#오·리잇·가
四境·을#開拓·ᄒᆞ·샤#:셤#③안·해#도ᄌᆞᆨ#니·저·니#徼外南蠻·인·ᄃᆞᆯ#
아·니#오·리잇·가

[배경 고사]
魏徵이 말하기를, 백성이 오래 편안하면 교만한 마음이 생기고, 난리를

겪으면 괴로움을 아니 혼란을 평정한 후에야 교화가 가능하다 하니, 唐
太宗이 이를 수긍하여 흉년이 닥쳐도 정사에 힘쓰니 백성들이 나라를
탓하지 아니하였다. 마침내 풍년이 드니 나그네가 양식을 걱정하지 않
게 되었고 이내 突厥이 자복192)하였다.

高麗 말 남쪽에는 왜구가, 북쪽에는 女眞이 점령하였으나 太祖 李成桂
가 즉위한 후 교화가 두루 미치니 백성들이 편히 생업을 즐길 수 있었
으며 왜족이 통상을 청하였다.

[현대역]
(당 태종은) 사해193)를 평정하시어, (다니는 사람이) 길 위에서 양식을
잊으니, 새외북적194)인들 아니 오겠습니까
(태조 이성계가) 사경195)을 개척하시어, 섬 안에 (사는 사람들이) 도적
을 잊으니, 요외남만196)인들 아니 오겠습니까

[주석]
① 우·희: 우(ㅎ말음체언) + 의(처소의 부사격조사)

② 니·저·니: 닞―(어간) + ―어―(시상의 선어말어미) + ―니(연결어미)
'―어―'는 '―거―'의 이형태이다.

③ 안·해: 안(ㅎ말음체언) + 애(처소의 부사격조사)

---

192) 自服하다: 저지른 죄를 자백하고 복종하다.
193) 四海: 온 천하.
194) 塞外北狄: 변방 밖의 북쪽 오랑캐.
195) 四境: 나라의 사방. 네 방향(동서남북)의 네 국경.
196) 徼外南蠻: 변방 밖의 남쪽 오랑캐.

<龍歌 054>

禮義·를앗·기·샤·兵馬·를머·추어시·니。徼外南蠻·인·들 ·아·니오리잇·가
才勇·을앗·기·샤。金刃·을브·려시·니。塞外北狄·인·들 ·아·니오·리잇·가

惜其禮義。載弛兵威。徼外南蠻。曷不來歸
愛其才勇。載拾金刃。塞外北狄。曷不來順

[어절 분석]

禮義·를#①앗·기·샤#兵馬·를#②머·추어시·니#徼外南蠻·인·들#아·니
#오리잇·가
才勇·을#앗·기·샤#金刃·을#③브·려시·니#塞外北狄·인·들#아·니#
오·리잇·가

[배경 고사]

劉邦(훗날 漢 高祖)이 項羽를 베고 楚의 땅을 평정한 후 魯를 섬멸하고
자 하였다. 성에 이르니 노래하고 글 읽는 소리가 들리자, 유방은 초가
예의를 지키는 나라이므로 백성들이 제 임금을 위해 절개를 굽히지 않
을 것이라고 생각하고 죽은 항우의 머리를 보이니 백성들이 이내 항복
하였다.

李成桂가 元의 장수 趙武의 용맹을 아끼어 쇠 대신 나무 살촉으로 쏘아
맞히니 조무가 스스로 말에서 내려 절하고 포로가 되었다. 그 후 이성
계에게 심복한 조무는 이성계를 섬기었다.

[현대역]

(노의) 예의를 (한 고조가) 아끼시어 병마를 멈추시니, 요외남만인들 아니 오겠습니까

(조무의) 재용197)을 (이성계가) 아끼시어 금인198)을 버리시니, 새외북적인들 아니 오겠습니까

[주석]

① 앗·기·샤: 앗기-(어간) + -시-(주체 높임의 선어말어미) + -아 (연결어미)

② 머·추어시·니: 머추-(어간) + -어-(시상의 선어말어미) + -시- (주체 높임의 선어말어미) + -니(연결어미)

'머추다'는『龍飛御天歌』,『飜譯老乞大』에서만 등장하고 '멈추다'는 19세기에 등장한다. /ㄴ/ 삽입에 대한 자세한 설명은 <龍歌 027> 주석 ②번 소신애(2010)의 논의를 참조.

③ ㅂ·려시·니: ㅂ리-(어간) + -어-(시상의 선어말어미) + -시- (주체 높임의 선어말어미) + -니(연결어미)

'ㅂ리-'의 의미는 현대국어로 '버리다', '벌이다(排)', '바르다(剝)'가 있다. '버리다'와 '벌이다'에 해당하는 말은 'ㅂ·리-', '바르다'는 '·ㅂ리-'로 성조의 차이가 있다.

---

197) 才勇: 재주와 용기.
198) 金刃: 금으로 된 칼.

<龍歌 055>

逐鹿未掎·예ㅇ燕人·이向慕·ᄒᆞᆫ·바ㅇ梟騎보·내·야ㅇ戰陣·을·돕ᄉᆞᄫᆞ·니
潛龍未飛·예ㅇ北人·이服事·ᄒᆞᆫ·바ㅇ弓劍·ᄎᆞᆸ·고ㅇ左右·에좇ᄌᆞᄫᆞ·니

逐鹿未掎ㅇ燕人向慕ㅇ遠致梟騎ㅇ戰陣來助
潛龍未飛ㅇ北人服事ㅇ常佩弓劍ㅇ左右跽侍

[어절 분석]

逐鹿未掎·예#燕人·이#①向慕·ᄒᆞᆫ·바#梟騎#보·내·야#戰陣·을#②·
돕ᄉᆞᄫᆞ·니
潛龍未飛·예#北人·이#③服事·ᄒᆞᆫ·바#弓劍#④·ᄎᆞᆸ·고#左右·에#
⑤좇ᄌᆞᄫᆞ·니

[배경 고사]

劉邦(훗날 漢 高祖)이 楚와 더불어 廣武에 진을 치고 있을 때, 北貉의 燕
人들이 용맹스러운 기병을 보내어 유방을 도왔다.

동북 일대의 사람들은 모두 李成桂의 위엄을 두려워하고 덕망을 그리
워하였으니, 야인의 추장들이 복종하여 활과 칼을 차고 잠저199)를 지
키거나 좌우에서 모시며 따르지 않은 적이 없었다.

[현대역]

축록미기200)에 연인201)이 (한 고조를) 향모202)하여, 효기203)를 보내어

---

199) 潛邸: 나라를 처음으로 이룩한 임금이나 또는 종실에서 들어와 된 임금으로서 아
직 왕위에 오르기 전이나 또는 그 동안에 살던 집을 이르는 말.
200) 逐鹿未掎: 옛날 진나라가 약해지자 모든 영웅들이 왕의 자리를 뺏으려 다투었는

전진204)을 도와 드리니

잠룡미비205)에 북인206)이 복사207)하여, 궁검208)을 차고 (이성계의) 좌우를 좇으니

[주석]

① 向慕·ᄒᆞᆸ·바: [向慕(어근) + −ᄒᆞ(동사 파생 접사)]− + −ᅀᆞᆸ−(객체 높임의 선어말어미) + −아(연결어미)

여기서는 '한 고조'를 높이고 있기 때문에 '−ᅀᆞᆸ−'이 쓰였다.

② ·돕·ᄉᆞᄫᆞ·니: 돕−(어간) + −ᄉᆞᆸ−(객체 높임의 선어말어미) + −(ᄋᆞ)니(연결어미)

객체가 '한 고조의 전진'이므로 '−ᄉᆞᆸ−'이 사용되었다.

③ 服事·ᄒᆞᆸ·바: [服事(어근) + −ᄒᆞ−(동사 파생 접사)]− + −ᅀᆞᆸ−(객체 높임의 선어말어미) + −아(연결어미)

객체가 '이성계'이므로 '−ᅀᆞᆸ−'이 사용되었다.

데, 이것을 진나라가 사슴을 잃으니 모두 것을 좇아 잡으려 했다고 비유한 것. '掎'는 '한 다리를 끌어당긴다.'는 뜻이니, '未掎'는 '아직 그 사슴을 미처 잡지 못했다.'는 것이다.

201) 燕人: 연나라 사람.
202) 向慕: 자꾸 바라서 생각하거나 그리워함.
203) 梟騎: 용맹스런 기마병.
204) 戰陣: 싸움의 진용.
205) 潛龍未飛: 잠룡이 날지 아니함. 잠룡은 숨어 있어서 나타나지 않은 용. 아직 임금이 되지 않았음을 비유한 말이다.
206) 北人: 북쪽 사람들.
207) 服事: 복종하여 섬김.
208) 弓劍: 활과 칼.

④ ·츠·습·고: 츠-(어간) + -습-(객체 높임의 선어말어미) + -고
(연결어미)

'츠·습·고'의 자리가 '태조 이성계의 곁'이므로 '-습-'이 사용되었다.

⑤ 좇ᄌᆞ·ᄫᅵ·니: 좇-(어간) + -습-(객체 높임의 선어말어미) + -
(ᄋᆞ)니(연결어미)

대상이 '이성계'이므로 '-습-'이 사용되었다.

종성 'ㅊ'은『龍飛御天歌』에서만 나타난다.『龍飛御天歌』는『訓民正音』
해례의 표기 원칙인 '종성부용초성'에 따라 어형을 밝혀 적었다.『龍飛
御天歌』를 제외한 다른 문헌에서는 '좇-'의 종성이 'ㅊ'으로 나타나지
않는다.

<龍歌 056>

聲敎ㅣ너브·실·ᄊᆡ。窮髮·이編戶ㅣ러·니。革命ᄒᆞᆫ後에。厚恩·그·리ᄉᆞ·ᄫᅵ·니
威惠너브·실·ᄊᆡ。被髮·이冠帶러·니。오·ᄂᆞᆳ나·래。□至德·을:우·습ᄂᆞ·니

聲敎普及。窮髮編戶。革命之後。厚恩思憮
威惠普及。被髮冠帶。于今之日。□至德感涕

[어절 분석]
聲敎ㅣ#①너브·실·ᄊᆡ#窮髮·이#編戶ㅣ러니#革命ᄒᆞᆫ#後에#厚恩#·
그·리ᄉᆞ·ᄫᅵ·니
威惠#너브·실·ᄊᆡ#被髮·이#②冠帶러·니#③오·ᄂᆞᆳ나·래#至德·을#④:
우·습ᄂᆞ·니

[배경 고사]

唐 太宗의 성교209)가 널리 미치어서, 불모의 땅에 살고 있는 야인들도 호적에 편입할 수 있도록 하였다. 武后가 高宗이 죽은 후 唐을 周로 고쳤으니 李氏가 아닌 武氏가 나라를 통치하게 되었다. 그러나 突厥의 默啜은 '우리 돌궐이 대대로 이씨의 은혜를 받았으니 내가 군사를 데리고 가서 그들을 도와 세우리라.'라고 하였다. 묵철은 혁명을 일으킨 후에 태종의 은덕을 그리워하였다.

太祖 李成桂의 위혜210)가 널리 미치어서 북쪽의 미개한 야인들에게까지도 벼슬을 주어 관복을 입히니 모두 태조의 지덕에 감읍하였다.

[현대역]

(당 태종의) 성교가 넓으시므로 궁발211)이 편호212)되더니, 혁명한 후에 (태종의) 후은213)을 그리워하니

(태조 이성계의) 위혜가 넓으시므로 피발214)이 관대215)를 입더니, 오늘 날에 (태조의) 지덕에 우니

[주석]

① 너브·실·씨: 넙-(어간) + -(으)시-(주체 높임의 선어말어미) + -ㄹ씨(연결어미)

---

209) 聲敎: 제왕이나 성인이 덕으로 백성을 감화시키는 교육.
210) 威惠: 감히 범하기 힘든 위엄과 은혜.
211) 窮髮: 북극 지방의 초목이 없는 땅.
212) 編戶: ① 호적을 편성함. ② 호적에 편입함. 또는, 그 집.
213) 厚恩: 두터운 은혜.
214) 被髮: ① 머리를 풀어헤침. ② 친상(親喪) 때에 머리를 풂. 수시(收屍)한 뒤부터 성복(成服)하기 전까지 함.
215) 冠帶: 옛날 벼슬아치들의 공복.

② 冠帶러·니: [冠帶(체언) + zero형 서술격조사]- + -더-(회상법의
선어말어미) + -니(연결어미)

③ 오·눐나·래: [오늘(체언) + ㅅ + 날(체언)] + 애(시간의 부사격조사)

④ :우·ㅅ·ㄴ·니: 울-(어간) + -ㅅ-(객체 높임의 선어말어미) + -
ㄴ-(시상의 선어말어미) + -니(연결어미)
어간 '울'의 'ㄹ'이 'ㅅ' 앞에서 탈락하였다.

<龍歌 057>

:세·살·로·세:샐·쏘시니。府中·엣遼使ㅣ。奇才·를과ㅎ·ㅅ·ᄫ·니
흔·살·로:두:샐쏘시·니。긼:ᄀ·샛百姓·이。큰功·을일·우·ㅅ·ᄫ·니

爰發三箭。爰中三雀。府中遼使。奇才是服
洒射一矢。洒落二鴿。路傍田叟。大功斯立

[어절 분석]
:세#·살·로#·세#:샐#·쏘시니#①府中·엣#遼使ㅣ#奇才·를#②과ㅎ
·ㅅ·ᄫ·니
흔#·살·로#:두#:샐#·쏘시·니#③긼:ᄀ·샛#百姓·이#큰#功·을#④
일·우·ㅅ·ᄫ·니

[배경 고사]
完顔阿骨打(훗날 金 太祖)가 15세에 활을 잘 쏘았다. 하루는 遼의 사자

가 부중216)에 앉아 있다가, 완안아골타를 보고 새를 쏘아 보라고 하였다. 완안아골타가 세 개의 화살을 쏘아 새를 모두 맞추니, 깜짝 놀라서 말하기를, "기남자217)이로다."라고 하였다.

高麗 禑王때에 여진 사람 胡拔都가 동북면 백성을 납치해서, 이성계가 그 문제를 해결하고 돌아오는 길이었다. 安邊218)에 이르렀을 때에 비둘기 두 마리가 밭 가운데 있는 뽕나무에 앉아 있는 것을 보고, 한 화살을 쏘니 두 마리가 한꺼번에 떨어졌다. 길가에서 김을 매고 있던 韓忠·金仁贊이 그것을 보고 탄복하여 이성계를 평생 따르게 되었는데, 이 두 사람은 뒤에 조선의 개국공신이 되었다.

[현대역]
(완안아골타가) 세 화살로 세 마리의 새를 쏘시니 부중에 있는 요사219)가 기재220)를 칭찬하니
(이성계가) 한 화살로 두 마리의 새를 쏘시니 길가에 있는 백성이 큰 공을 이루게 하니

[주석]
① 府中·엣: 府中(체언) + 엣(관형격조사)

② 과ᅙᆞᆹ·ᄫᆞ·니: [과-(어근) + -ᅙ(동사 파생 접사)]- + -ᇫᆸ-(객체 높임의 선어말어미) + -(ᄋ)니(연결어미)

216) 府中: ① 높은 벼슬아치의 집안. ② 예전에, 행정 구역 단위였던 부(府)의 가운데.
217) 奇男子: 재주와 슬기가 남달리 뛰어난 남자.
218) 안변: 함경남도 안변군에 있는 면.
219) 遼使: 요나라의 사신.
220) 奇才: ① 기이한 재주. ② 또는 이를 갖춘 사람.

③ 긼:ㄱ·샛#百姓·이: [길(체언) + ㅅ + ㄱㅿ(체언)] + 앳(관형격조사) #
百姓(체언) + 이(주격조사)

④ 일·우ㅿ·ᄫ·니: [일―(어근) + ―우(사동 접사)]― + ―ㅿ―(객체 높
임의 선어말어미) + ―(ㅇ)니(연결어미)

<龍歌 058>

말·이·ㅿ거늘·가·샤ㅇ·긼:ㄱ·쇄軍馬·두시·고ㅇ:네:사ᄅᆞᆷ ᄃᆞ·리·샤ㅇ·셕슬·치
자ᄫ·시·니
·내·니거·지이·다·가·샤ㅇ山미·틔軍馬·두시·고ㅇ·온:사ᄅᆞᆷ ᄃᆞ·리·샤ㅇ기·ᄅᆞ·
말밧·기시·니

止之亦進ㅇ路畔留兵ㅇ遂率四人ㅇ按轡而行
請而自往ㅇ山下設伏ㅇ遂率百人ㅇ解鞍而息

[어절 분석]
①말·이·ㅿ거늘#·가·샤#·긼:ㄱ·쇄#軍馬#·두시·고#:네#:사ᄅᆞᆷ #②ᄃᆞ·
리·샤#③·셕슬#④·치자ᄫ·시·니
·내#⑤·니거·지이·다#·가·샤#山#미·틔#軍馬#·두시·고#·온#:사ᄅᆞᆷ #
ᄃᆞ·리·샤#⑥기·ᄅᆞ·말#밧·기시·니

[배경 고사]
王世充이 洛陽에서 황제를 자칭하고 국호를 鄭이라 하니, 唐 高祖가 李
世民(훗날 唐 太宗)을 보내어 그를 치게 하였다. 이 싸움에서 왕세충의

병력이 강하므로 여러 장수들이 말리었으나 이세민은 듣지 않고 기병 5백 명을 길가에 숨겨 놓고 자신은 겨우 4기만을 거느리고 나아갔다. 적기 5, 6천이 그를 추격하였으나 이세민은 말고삐를 당기어 천천히 가다가 뒤쫓는 자가 있으면 쏘아 죽이곤 하면서 복병이 있는 곳까지 끌고 가서 크게 무찔렀다.

高麗 禑王 때에 왜적의 배 1백 50척이 함경도 동해안 咸州·洪原·北青 등지에 침범하여 백성들을 거의 다 죽이거나 잡아 갔다. 沈德符·洪徵 등여러 장수가 나가 싸웠으나 다 패하였다. 이에 李成桂가 자청하여 나아가 군사를 산 밑에 숨겨 두고 자신은 1백여 기를 거느리고 적에게 접근하여, 말안장을 모두 벗기고 쉬게 하였다. 그리고 왜말을 아는 사람을 시켜, "우리 장수는 이성계이니 빨리 나와 항복하라." 하였으나, 감히 나오지 못하는 적들에게 꾀를 써서 복병이 있는 곳까지 끌고 와서 크게 무찔렀다 .

[현대역]
(부하들이) 말리는데 (이세민이) 가시어, 길가에 군마를 두시고, 네 사람 데리시고 고삐를 치잡으시니
(이성계가) "내가 가고 싶습니다."(하고) 가시어, 산 밑에 군마를 두시고, 백 사람을 데리시고 안장을 벗기시니

[주석]
① 말·이·ᅀᆞᆸ·거늘: 말이-(어간) + -ᅀᆞᆸ-(객체 높임의 선어말어미) + -거늘(연결어미)
'말이다'는 '말기다>말이다(>말리다)'에서 온 것으로 보인다.

② 두·리·샤: 두리-(어간) + -시-(주체 높임의 선어말어미) + -아
(연결어미)

③ 셕슬: 셗(고삐, 체언) + 을(목적격조사)

④ ·치자ᄫᆞ·시·니: [치-(접두사) + 잡-(어근)]- + -(ᄋᆞ)시-(주체
높임의 선어말어미) + -니(연결어미)
허웅(1975)에서는 '치-'를 '힘줌을 나타내는 접두사'라고 설명하고, 조
규태(2007/2010:147)에서도 '·치자ᄫᆞ·시·니'를 '힘주어 잡으시니'라고
해석하며 접두사 '치-'가 '힘주어 무엇인가를 하다.'라는 강세의 의미
를 더해준다고 설명하였다.

⑤ ·니거·지이·다: 니-(어간)+ -거지이다(종결어미)
허웅(1975/1995:430)에서는 '니-'는 '가다'의 의미를 가진 기본형 '녀
-'의 이형태이며 선어말어미 '-거-'의 앞에서만 보인다고 하였고
'지이다'는 바람을 나타내는 보조용언 '지라'의 상대 높임 형태라고 설
명하였다. 조규태(2007/2010:147)에서는 이 구문을 '니거지- + -이
다'로 분석하였으나 선어말어미가 접미사처럼 동사 어간을 형성했다고
보기는 어렵다. 그리고 '두외야지이다, 이루어지이다'에서 '지이다'를
하나의 종결어미로 분석한다면 '어'의 분석이 용이하지 않다. 『표준국
어대사전』에서는 '-거지이다, -어지이다'를 하나의 형태로 보고 있
기에 여기에서도 '-거지이다'를 하나의 형태로 보고 '니- + -거지
이다'로 분석하고자 한다.

⑥ 기ᄅᆞ·말: 기ᄅᆞ마(체언) + ㄹ(목적격조사)
'기ᄅᆞ마'는 소나 말 따위의 등에 얹는 안장을 뜻하는 '길마'의 옛말이다.

<龍歌 059>

東都·앳도ᄌ·기◦威武·를니·기:아ᅀ·바◦二隊玄甲·을◦보습·고저ᄒ·니
東海·옛도ᄌ·기◦□智勇·을니·기:아ᅀ·바◦一聲白螺·를◦듣:줍·고:놀라·니

東都之賊◦熟知威武◦二隊玄甲◦見而警悷
東海之賊◦熟知□智勇◦一聲白螺◦聽而驚悚

[어절 분석]

東都·앳#도ᄌ·기#威武·를#①니·기#②:아ᅀ·바#二隊玄甲·을#보습·
고#저ᄒ·니

③東海·옛#도ᄌ·기#智勇·을#니·기#:아ᅀ·바#一聲白螺·를#듣:줍·
고#:놀라·니

[배경 고사]

李世民(훗날 唐 太宗)이 洛陽의 王世充을 치러갈 때에 정예 군사 1천여
명을 뽑아서 모두 검은 갑옷과 검은 투구를 씌워 좌우 둘로 나누었고,
이세민 자신도 같은 차림으로 선봉에 서서 진격하니 이세민의 위력과
무용을 잘 알고 있는 적이 두려워 항복하였다.

李成桂가 함경도 동해에 침입한 왜적을 칠 때, 왜적이 이성계의 지략과
용맹을 잘 알고 있기 때문에 이성계의 군사가 부는 소라 나팔 소리에
기겁을 하여 달아났다.

[현대역]

동도221)에 있는 도적이 (이세민의) 위무222)를 익히 알아 이대현갑223)

을 보고 두려워하니

동해에 있는 도적이 (이성계의) 지용224)을 익히 알아 일성백라225)를 듣고 놀라니

[주석]

① 니·기: 닉－(어근) ＋ －이(부사 파생 접사)

② :아ᅀ·바: 알－(어간) ＋ －ᅀᆞᆸ－(객체 높임의 선어말어미) ＋ －아(연결어미)

여기서의 위무는 '이세민의 위무'이므로 '－ᅀᆞᆸ－'이 쓰였다.

'알－'의 어간말음 'ㄹ'은 'ㅿ' 앞에서 탈락하였기 때문에 '아ᅀ·바'와 같은 형태를 갖추게 되었다.

③ 東海·옛: 東海(체언) ＋ 옛(관형격조사)

〈龍歌 060〉

出奇無端·ᄒᆞ실·씨。도ᄌᆞ·기알·ᄑᆞᆯ:다·나·샤。도ᄌᆞ·기。ᄠᆞᆮ:몰·라:몯나·니

變化ㅣ無窮ᄒᆞ실·씨。도ᄌᆞ·기ᄉᆞ·실:다·나·샤。도ᄌᆞ·기。ᄠᆞᆮ:몰·라모·ᄃᆞ·니

221) 東都: 중국의 옛 왕조 동주의 수도. 지금의 뤄양에 해당한다.

222) 威武: ① 위세와 무력. ② 위엄이 있고 씩씩함. ③ 세력이 강함.

223) 二隊玄甲: 두 대의 검은 갑옷.
이세민의 정예 천여 기를 모두 조의와 현갑으로 무장하여 좌우 두 대로 나누었는데, 이를 말함.

224) 智勇: 슬기와 용기

225) 一聲白螺: 한번 울리는 흰 나각 소리.
고려 말 이성계는 흰 나각을 불어 군대를 지휘하였는데, 왜적은 이 나각 소리를 들으면 놀랐다 함.

出奇無端。賊前是歷。彼寇賊兮 莫測不出

變化無窮。賊間是度。彼寇賊兮 莫測相聚

[어절 분석]

出奇無端·ᄒᆞ실·씨#도ᄌᆞ·기#알·ᄑᆞᆯ#①:디·나·샤#도ᄌᆞ·기#ᄠᅳᆮ#:몰·라
#:몯#나·니

變化ㅣ#無窮ᄒᆞ실·씨#도ᄌᆞ·기#ᄉᆞ·싀#:디·나·샤#도ᄌᆞ·기#ᄠᅳᆮ#:몰·
라#②모·ᄃᆞ·니

[배경 고사]

李世民(훗날 唐 太宗)이 王世充을 칠 때에, 기묘한 계략을 써서 대낮에
적진 앞을 유유히 지나갔으나, 왕세충이 성 위에서 바라보고도 무슨 계
략인지 몰라서 싸우지를 못하였다.

李成桂가 왜적을 칠 때, 기병 1백대 기를 이끌고 적들의 사이로 천천히
지나갔으나, 적이 감히 나오지 못하고 동산에 있던 적과 서산에 있던
적이 한 곳에 모이었다.

[현대역]

(이세민이) 출기무단226) 하시므로 도적의 앞을 지나셔도 (왕세충이 이
세민의) 뜻을 몰라 못 나오니
(이성계의 전략이) 변화가 무궁하시므로 도적의 사이를 지나셔도 도적
이 (이성계의) 뜻(전략)을 몰라 모이니

---

226) 出奇無端: 기묘한 계략을 내는 것이 끝이 없음.

[주석]

① :디·나·샤: 디나-(어간) + -시-(주체 높임의 선어말어미) + -아
(연결어미)

② 모·드·니: 몯-(어간) + -(ᄋ)니(연결어미)

<龍歌 061>

일·후·믈:놀·라ᅀᆞ·봐·늘。ᄒᆞᄫᆞ·샤:뒤·헤·셔·샤。手射數人·ᄒᆞ·샤。五千賊
이·기시·니
일·후·믈저쓰·봐·늘。ᄒᆞᄫᆞ·샤:뒤·헤·나·샤。ロ手獒無筭·ᄒᆞ·샤。百艘賊자
ᄫᆞ·시·니

既驚名號。于後獨立。手射數人。克五千敵
既畏名號。于後獨出。ロ手獒無算。擒百艘敵

[어절 분석]

일·후·믈#①:놀·라ᅀᆞ·봐·늘#ᄒᆞᄫᆞ·샤#:뒤·헤#·셔·샤#手射數人·ᄒᆞ·샤
#五千賊#이·기시·니
일·후·믈#②저쓰·봐·늘#ᄒᆞᄫᆞ·샤#:뒤·헤#③·나·샤#手獒無筭·ᄒᆞ·샤
#百艘賊#자ᄫᆞ·시·니

[배경 고사]

王世充의 군사는 李世民의 이름만 듣고서도 놀랐다. 이세민 혼자서 적
의 척후병 수 명을 활로 쏘아 쓰러뜨렸더니, 힘들이지 않고 5천 명의 적

군을 이길 수가 있었다.

왜적이 李成桂의 이름만 들어도 무서워하여, 이성계가 손수 무수한 적을 쳐서 죽이고 왜선 1백 50척을 나포했다.

[현대역]
(이세민의) 이름에 놀라거늘 (이세민이) 혼자 뒤에 서시어 수사수인[227)하시어 오천 적을 이기시니
왜적이 (이성계의) 이름을 두려워하거늘 (이성계가) 혼자 뒤에 나타나시어 수폐무산[228)하시어 (왜선) 백 척을 잡으시니

[주석]
① :놀·라ᅀᆞ·바·늘: 놀라-(어간) + -ᅀᆞ-(주체 높임의 선어말어미) +
   -아늘(연결어미)
도적이 이세민의 이름 때문에 놀랐으므로 '-ᅀᆞ-'이 쓰였다.
'놀라다'는 자동사이므로 앞에 목적어가 올 수 없다. 또한 능격동사로 볼 이유도 없다. 다만『龍飛御天歌』는 한문이 먼저 쓰이고 이를 언해한 것이기 때문에 '일·후·믈:놀·라ᅀᆞ·바·늘'은 일종의 번역투에 의한 표현이라고 볼 수 있을 것이다.

② 저쏘·바·늘: 젛-(어간) + -ᅀᆞ-(객체 높임의 선어말어미) + -
   (ᄋᆞ)늘(연결어미)
허웅(1977)에서는 '저쏘·ᄫᅵ·니'와 같은 표기가 발음을 소리 나는 대로 적은 것이라고 설명하였다. 즉 마찰음 'ㅎ, ㅅ' 다음의 'ㅅ'은 'ㅆ'으로 변

---

227) 手射數人: 손수 수명을 활로 쏨.
228) 手斃無筭: 손수 죽임이 수 없음.

한다는 것이다. 한편 이진호(2003:176－177)에서는 15세기의 용언 어
간말음 'ㅎ'은 'ㅅ'의 앞에서 'ㅅ'으로 교체되었으며, 표기상 '젓습－'과
'저쏩－'의 공존에 대해서는 '저쏩－'의 'ㅆ'이 합용병서이며 그 음가를
[ss]라고 해석해야 한다고 하였다. 만약 'ㅆ'이 각자병서를 반영한 것이
라면 '젓습－'과 같이 'ㅆ'을 나누어 인접한 음절의 종성과 초성에 각각
표기하는 것을 설명할 수 없기 때문이다.

③ ·나·샤: 나－(現, 어간) ＋ －시－(주체 높임의 선어말어미) ＋ －아
   (연결어미)

＜龍歌 062＞

도ᄌᆞ·ᄀᆞᆯ나·ᅀᅡ·가·보·샤◦일·후·ᄆᆞᆯ알·외시·니◦聖武ㅣ·어시·니◦·나·아오·리
잇·가
도ᄌᆞ·기ㅁ:겨신·딜무러◦일·후·ᄆᆞᆯ저쏜·ᄫᆞ니◦　天威·어시·니◦·드러오·리
잇·가

馳詣虜陣◦名號自設◦維其聖武◦彼何敢出
賊問 □ 牙帳◦ □ 名聲是慴◦維其 □ 天威◦彼何敢立

[어절 분석]
도ᄌᆞ·ᄀᆞᆯ#나·ᅀᅡ·가#·보·샤#일·후·ᄆᆞᆯ#①알·외시·니#②聖武ㅣ·어시·니
#③·나·아오·리잇·가
도ᄌᆞ·기#:겨신#·딜#④무러#일·후·ᄆᆞᆯ#⑤저쏜·ᄫᆞ니#⑥天威·어시·
니#·드러오·리잇·가

[배경 고사]

突厥族의 頡利·突利 두 가한229)이 쳐들어오니, 唐 太宗이 군사를 이끌고 이를 막아 싸울 때의 일이다. 당 태종이 자기 이름을 당당히 알리고 혼자 대담하게 나아가 꾸짖으니, 힐리는 당 태종이 혹시 돌리와 무슨 밀약이라도 있지 않은가 의심하고 감히 나와 싸우지 못하고 화친을 청하였다.

왜적이 고려 사람을 사로잡으면 어김없이 李成桂가 어느 곳에 있는가를 물어보고, 이성계의 군대가 있는 곳에는 감히 가까이하지 못하였다.

[현대역]

(당 태종이) 도적에게 나아가 보시어 이름을 알리시니. (태종은) 성무230)이시니 (도적이 어찌) 나오겠습니까

도적이 (이성계가) 계신 데를 물어 (이성계의) 명성을 두려워하니. (이성계는) 천위231)이시니 (도적이 어찌) 들어오겠습니까

[주석]

① 알·외시·니: 알외-(어간) + -시-(주체 높임의 선어말어미) + -니(연결어미)

② 聖武ㅣ·어시·니: [聖武(체언) + ㅣ(서술격조사)]- + -거-(시상의 선어말어미) + -시-(주체 높임의 선어말어미) + -니(연결어미) 시상의 선어말어미 '-거-'의 'ㄱ'이 'ㅣ' 모음 뒤에서 약화되었다.

---

229) 可汗: 돌궐족의 군주에 대한 칭호.
230) 聖武: 성스런 무덕. 신무.
231) 天威: 제왕의 위엄.

③ ·나·아·오·리잇·가: 나아오−(어간) + −리잇가(의문형 종결어미)

④ 무러: 묻−(어간) + −어(연결어미)

'ㄷ' 불규칙 활용에 의하여 '묻'의 'ㄷ'이 'ㄹ'로 바뀐 다음 연철표기 되었
다.

⑤ 저쓰·ᄫ·니: 젛−(어간) + −ᅀᆞᆸ−(객체 높임의 선어말어미) + −
(ᄋᆞ)니(연결어미)

이성계의 이름 때문에 놀랐으므로 그 이름을 높이기 위해 '−ᅀᆞᆸ−'이
쓰였다.

⑥ 天威·어시·니: [天威(체언) + zero형 서술격조사)]− + −거−(시상의
선어말어미) + −시−(주체 높임의 선어말어미) + −니(연결어미)

시상의 선어말어미 '−거−'의 'ㄱ'이 '威'의 'ㅣ' 모음 뒤에서 약화되었다.

<龍歌 063>

百步·앳 믈 ·채·쏘·샤。群豪·를 :뵈·여시·늘。陰謀·를。니·ᄌᆞ·니이·다
百步·앳 여·름 ·쏘·샤。衆賓·을 :뵈·여시·늘。慶爵·올·받ᄌᆞᄫ·니이·다

射鞭百步。示彼豪帥。維彼豪帥。宣忘陰計
射果百步。示我諸客。維此諸客。共獻慶爵

[어절 분석]

百步·앳# 믈·채#·쏘·샤#群豪·를#①:뵈·여시·늘#陰謀·를#니·ᄌᆞ·니이·다

百步·앳#여·름#·쏘·샤#衆賓·을#:뵈·여시·늘#慶爵· 을 #②·받ᄌᆞ·ᄫᆞ·니
이·다

[배경 고사]
李虎(훗날 唐 太祖)는 종종 호걸들과 활쏘기와 사냥을 하였다. 바늘을
나무에 걸어놓거나 말채찍을 1백 보 밖에 세워놓고 이것을 쏘아 번번
이 맞추니 여러 호걸들이 탄복하며 귀신이라고 여겼다.

李成桂가 잠저232)에 있을 때 지인들을 불러서 활쏘기를 하였다. 100여
보 밖의 배나무 가지에 수십 개의 배가 주렁주렁 달려 있었다. 여러 사람
들이 이성계에게 (화살 쏘아) 맞히기를 청하자 한 화살에 그것을 모두 맞
춰 떨어뜨려 손님에게 대접하였더니 탄복하며 술잔을 들어 축하하였다.

[현대역]
(이호가) 백보에 있는 말채를 쏘시어 군호233)들에게 보이시거늘 음모
를 잊었습니다.
(이성계가) 백보에 있는 열매를 쏘시어 중빈234)들에게 보이시거늘 (손
님들이) 경작235)을 바치셨습니다.

[주석]
① :뵈·여시·늘: [보-(어근) + -이(사동 접사)]- + -시-(주체 높임
  의 선어말어미) + -어늘(연결어미)

---

232) 潛邸: 왕세자와 같이 정상법통이 아닌 다른 방법이나 사정으로 임금으로 추대된
   사람이 왕위에 오르기 전에 살던 집, 또는 그 살던 기간.
233) 群豪: 많은 호걸들.
234) 衆賓: 많은 빈객.
235) 慶爵: '경사 경'자와 '술잔 작'자로, 경사스러운 술잔, 축하하는 술잔 등을 말한다.

②·받ᄌᆞᆸ·니이·다: 받-(어간) + -ᅀᆞᆸ-(객체 높임의 선어말어미) +
　　-(ᄋᆞ)니이다(종결어미)

<龍歌 064>

天下英雄·이ᄋ度量·애:다·드ᅀᆞ·ᆯ씨ᄋ叛·ᄒᆞ는·노·ᄆᆞᆯ부·러노ᄒᆞ·시·니

世上豪傑·이ᄋㅁ範圍·예ᄋ몯·나ᅀᆞ·ᆯ씨ᄋ이·기·슳算·ᄋᆞᆯ짐·즛:업게·ᄒᆞ시·니

天下英雄ᄋ盡入度量ᄋ謀亂之徒ᄋ酒故放之

世上豪傑ᄋ不出ㅁ範圍ᄋ勝耦之籌ᄋ酒故齊之

[어절 분석]

天下英雄·이#度量·애#:다#①·드ᅀᆞ·ᆯ씨#叛·ᄒᆞ는#·노·ᄆᆞᆯ#②부·러
#노ᄒᆞ·시·니

世上豪傑·이#範圍·예#:몯#·나ᅀᆞ·ᆯ씨#③이·기·슳#算·ᄋᆞᆯ#짐·즛#:
업게#·ᄒᆞ시·니

[배경 고사]

金 太祖가 도량이 넓고 매사에 자신이 만만하여 부하들이 반역을 꾀
하려 한다는 말을 듣고는 조용히 이르기를 "내가 천하를 얻은 것은 임
금과 신하들이 마음과 덕을 같이 하여 큰 공을 이룬 것이요, 너희들의
힘이 아니다. 너희들이 반역을 꾀한다 하니, 참으로 그렇다면 말과 갑
옷, 투구 등을 너희들에게 주겠다. 만일 너희들이 다시 나에게 잡히면
그때는 죽음을 면치 못할 것이다. 그러나 너희들이 이대로 나를 섬겨
딴 뜻을 품지 않는다면 나는 너희들을 의심하지 않을 것이다."하니,

모두들 몸을 떨면서 대답을 못하였다. 이에 금 태조는 그들을 모두 놓아 주었다.

李成桂는 항상 겸손하여 남의 위에 서고자 하지 않았다. 활쏘기를 할 때에도 상대방의 능력에 따라 비슷하게 할 뿐이지 승부를 하려고 하지 않았다. 이성계의 활쏘기를 보기 위하여 활쏘기를 권하는 사람이 있더라도 한 화살쯤을 더 쏠 뿐이었다.

[현대역]
천하영웅이 (금 태조의) 도량236)에 다 드므로. (금 태조가) 배반하는 놈을 일부러 놓으시니
세상호걸이 (이성계의) 범위237)(의 밖)에 못 벗어나므로, (이성계는) 이기실 계산을 짐짓 없게 하시니

[주석]
① ·드ᅀᆞ·ᄫᆞᆯ씨: 들―(어간) + ―ᅀᆞᆸ―(객체 높임의 선어말어미) + ―(ᄋᆞ)ㄹ씨(연결어미)

② 부·러: 일부러

③ 이·기·싫: 이기―(어간) + ―시―(주체 높임의 선어말어미) + ―ᄚ(관형사형 어미)

---

236) 度量: 너그러운 마음과 깊은 생각.
237) 範圍: ① 테두리가 정해진 구역. ② 무엇이 미치는 한계. ③ 제한된 둘레의 언저리. 여기에서는 태조의 생각 혹은 마음을 은유적으로 표현하여 넓은 생각, 넓은 마음을 표현한 듯하다.

<龍歌 065>

苑囿·엣도·틀·티·샤。長史들즈·볼·마·리。挺世氣象·이。:엇더·ᄒ시·니

峻阪·앳놀·올·쏘·샤。麾下들즈·볼:마·리。盖世ㅁ氣象·이。:엇더·ᄒ시·니

斬豕苑囿。長史所聞。挺世氣象。固如何云

殪麞峻阪。麾下所聞。盖世ㅁ氣象。固如何云

[어절 분석]

苑囿·엣#①도·틀#·티·샤#長史#②들즈·볼#·마·리#挺世氣象·이#:③

엇더·ᄒ시·니

峻阪·앳#④놀·올#·쏘·샤#麾下#들즈·볼#:마·리#盖世氣象·이#:엇

더·ᄒ시·니

[배경 고사]

唐 太宗이 洛陽의 동산에서 사냥을 할 때 멧돼지 떼가 숲속에서 뛰어나

왔다. 당 태종이 활을 당겨 네 발로 네 마리를 쓰러뜨렸다. 또 한 마리가

앞으로 달려 나와 말의 등자에 이르렀다. 民部尙書 唐儉이 말을 버리고

돼지를 쳤다. 당 태종이 칼을 뽑아 돼지를 베고 웃으며 말하기를, "천책

장사는 상장이 적을 치는 모습을 보지 못하였느냐, 어찌 그렇게 두려워

하느냐."라고 하였다.

李成桂는 어느 날 휘하 군사를 거느리고 사냥을 하였는데 노루 한 마리

가 높은 산마루에서 달려 내려 왔다. 산세가 워낙 가파르기 때문에 군

사들은 내려가지를 못하였으나, 이성계가 고개 위에서 곧바로 달려 내

려오는데 번개 같았다. 노루가 상당히 멀리 떨어져 있었는데 활을 쏘아

서 정통으로 맞혀 죽였다. 군사 중에 崔瑩 장군의 휘하 玄貴命이 있었는데, 이 상황을 최영 장군에게 말하였더니, 최영은 오랫동안 감탄하였다. 이성계는 또 일찍이 和寧238)에서 사냥을 하였는데, 가파른 언덕을 달리며 큰 곰 네 마리를 한 화살에 죽였다. 장수 處明이 "공의 재주야말로 천하에 으뜸이요."라고 감탄하였다.

[현대역]
(당 태종이) 원유239)에 있는 돼지를 치시어 장사240)(당검)가 들은 말이 (당 태종의) "정세기상241)이 어떠하시니"
(이성계가) 준판242)에 있는 노루를 쏘시어 (최영 장군의) 휘하243)가 들은 말이 (이성계의) "개세기상244)이 어떠하시니"

[주석]
① 도·톨: 돝(체언) + 을(목적격조사)
조항범(2002:44-45)에서는 고대국어 이래 '돼지'를 지시한 단어로는 '돝, 도다지, 도야지, 되아지, 되야지, 돼지' 등이 있었는데 15세기에는 '돝'이 일반적으로 쓰인다고 하였다. 그리고 '돝'과 함께 '도다지, 도야지, 되아지' 등과 같은 '-아지' 계열 단어들도 쓰였을 것이며 '돝' 또는 ' * 돌'이 '일반 돼지'나 '다 큰 돼지'를 지시한다면, '도다지'나 ' * 도아지'는 '작은 돼지'를 의미한다고 하였다.

---

238) 지금의 함경남도 영변 지역을 가리킨다.
239) 苑囿: 궁궐 안에 있는 동산.
240) 長史: 중국 관직명 중의 하나이다.
241) 挺世氣象: 세상에 빼어난 기상.
242) 峻阪: 몹시 가파른 언덕.
243) 麾下: ① 주장의 지휘 아래. ② 그 아래 딸린 사졸.
244) 盖世氣象: 세상을 덮을만한 기상.

② 듣주·본: 듣-(어간) + -줍-(객체 높임의 선어말어미) + -(으)
ㄴ(관형사형 어미)

③ 엇더·ᄒ시·니: [엇더-(어근) + -ᄒ(형용사 파생 접사)]- + -시
-(주체 높임의 선어말어미) + -니(연결어미)

④ 놀·ᄋᆞᆯ: 노ᄅ(체언) + ᄋᆞᆯ(목적격조사)
체언 'ᄀᆞᄅ(粉)'의 뒤에 모음 조사가 결합하였을 경우 '굴이(*ᄀᆞ리), 굴
이라, 굴은, 굴을, 굴ᄋᆞ로, 굴이, ᄀᆞᄅ와, ᄀᆞᄅ도……' 등의 형태로 나
타난다. 체언 '노ᄅ(獐), ᄂᆞᄅ(津), 쟈ᄅ(袋), ᄌᆞᄅ(柄), 시르(甑)' 또한 뒤
에 모음 조사가 결합하였을 경우 체언 'ᄀᆞᄅ(粉)'와 같은 형태를 보인
다. 이런 이유로 '노ᄅ'의 뒤에 목적격조사 'ᄋᆞᆯ'이 결합하면 '놀ᄋᆞᆯ'의 형
태가 된다.

<龍歌 066>

大義·ᄅᆞᆯ·볼·기실·ᄊᆡ。侯國[245]·이·오·습더·니。輕士善罵·ᄒ·샤。侯國·이背
叛ᄒ·니
大勳·이:이ᄅᆞ시·릴·ᄊᆡ。人心·이몯:즙더·니。禮士溫言·ᄒ·샤。人心·이굳
ᄌᆞ·ᄫᆞ·니

大義克明。侯國斯來。勁士善罵。侯國斯離
大勳將成。人心斯聚。禮士溫言。人心斯固

---

245) 侯國: 제후의 나라.

[어절 분석]

大義·를#①·볼·기실·씨#侯國·이#·오·숩더·니#輕士善罵·ᄒ·샤#侯國·이#背叛ᄒ·니

大勳·이#②:이ᄅ시·릴·씨#人心·이#③:몬:즙더·니#禮士溫言·ᄒ·샤#人心·이#④군ᄌ·ᄫ·니

[배경 고사]

項羽가 義帝를 죽이니 劉邦(훗날 漢 高祖)이 의제를 위하여 슬퍼하고 항우를 죽이려고 하자 천하의 제후가 유방에게로 모여 왔다. 그러나 유방이 선비를 무시하고 잘 꾸짖어서 많은 제후가 배신하였다.

高麗 말에는 여러 대장 崔瑩·邊安烈·池龍壽·禹仁烈 등의 위세가 대단하였다. 그들은 부하들을 여지없이 꾸짖고 함부로 매질을 하여 죽는 자도 있어서 부하들의 원망을 샀다. 그러나 李成桂는 부하들에게 예의와 부드러운 말로 대하였으므로 여러 장수들의 부하가 이성계의 휘하에 들기를 원했다.

[현대역]

(유방이) 대의를 밝히시므로 후국이 오더니 (유방이) 경사선매[246] 하시어 후국이 배반하니

대훈[247]이 이루어지실 것이므로 인심이 모이더니 (이성계가) 예사온언[248] 하시어 그 인심이 굳으니

---

246) 輕士善罵: 선비를 경멸하고 꾸짖기를 잘함.
247) 大勳: 큰 공로.
248) 禮士溫言: 선비를 예의로 대접하고 말을 부드럽게 함.

[주석]

① 블·기실·씨: [붉 −(어근) + −이(사동 접사)]− + −시−(주체 높임
의 선어말어미) + −ㄹ씨(연결어미)

② :이르시·릴·씨: 일−(어간) + −(으)시−(주체 높임의 선어말어미)
+ −리−(추측의 선어말어미) + −ㄹ씨(연결어미)

'이르−'와 '일−'은 모두 '이루다'라는 의미로 쓰였다. '이르시릴씨' 분
석에 대해서 허웅(1977)에서는 '일− + −(으)시− + −리− + −ㄹ
씨'로 분석하고 조규태(2007/2010:157)에서는 '이르− + −시− + −
리− + −ㄹ씨'로 분석하였다. 그러나 성조 변화에서 '일−'의 성조는
'상성(R)'으로 실현되고 '이르−'의 성조는 '평성(L)'으로 실현되므로 성
조의 변화로 볼 때 기본형을 '일−'로 분석한 허웅(1977)의 분석이 더
타당한 것으로 보인다. 여기에서는 허웅(1977)의 분석을 따른다.

③ 몯:줍더·니: 몯−(어간, 會) + −습−(객체 높임의 선어말어미) +
−더−(시상의 선어말어미) + −니(연결어미)

인심이 이성계에게 모인 것이므로 '−습−'이 쓰였다.

④ 굳즈·ᄫ·니: 굳−(어간) + −습−(객체 높임의 선어말어미) + −
(으)니(연결어미)

이성계에 대한 선비들의 인심(지지)이 굳건해진 것이므로 '−습−'이
쓰였다.

<龍歌 067>

ᄀᆞ롮:ᄀᆞ쇠·자거·늘ᴼ:밀ᄆᆞ리사 ᅌᆞ·리로·ᄃᆡᴼ·나거·ᅀᅡᴼ·ᄌᆞᄆ·니이·다
:셤안·해·자싫·제ᴼ·한·비사 ᅌᆞ·리로·ᄃᆡᴼ:ᄢᅱ어·ᅀᅡᴼ·ᄌᆞᄆ·니이·다

宿于江沙ᴼ不潮三日ᴼ迨其出矣ᴼ江沙廼沒
宿于島嶼ᴼ大雨三日ᴼ迨其空矣ᴼ島嶼廼沒

[어절 분석]

①ᄀᆞ롮#:②ᄀᆞ쇠#②·자거·늘#③:밀ᄆᆞ리#④사 ᅌᆞ·리로·ᄃᆡ#⑤·나거·ᅀᅡ#⑥·ᄌᆞᄆ·니이·다
⑦:셤#·안·해#⑧·자싫#·제#⑨·한·비#사 ᅌᆞ·리로·ᄃᆡ#⑩:ᄢᅱ어·ᅀᅡ#·ᄌᆞ ᄆ·니이·다

[배경 고사]

伯顔[249]이 宋을 치려고 군사를 錢塘江 모래사장에 주둔시켰다. 杭州 사람들은 곧 밀물이 들어 군사가 다 물에 잠길 것으로 생각하여 다행으로 여겼으나 사흘 동안이나 밀물이 들지 않다가 백안의 군사가 뜬 뒤에야 밀물이 들어 모래사장이 다 잠겼다.

李成桂가 威化島에 주둔할 때 장맛비가 수일간 내렸으나 물이 불지 않다가 회군하여 군사가 뜨자 물이 불어 온 섬이 잠겼다.

[현대역]

강가에 자거늘 밀물이 사흘이로되 (물이 들지 않더니 백안의 군사가)

---

249) 元 世祖 때의 중서우승상을 지낸 사람.

나가고 난 뒤에야 잠긴 것입니다.

섬 안에 자실 제 큰비가 사흘이로되 (섬에 물이 들지 않더니 이성계의 군사가) 비고 난 뒤에야 잠긴 것입니다.

[주석]

① ᄀᆞ·룺#:ᄀᆞ·새: ᄀᆞ룸(체언) + ㅅ(관형격조사) # ᄀᆞᆺ(체언) + 애(처소의 부사격조사)

사이시옷과 관형격조사 'ㅅ'을 구별하는 논의에 관해서는 안병희(1968)에서 시작되었다고 볼 수 있다. 안병희(1968)에서는 '나랏말ᄊᆞᆷ, 부텻말ᄊᆞᆷ, 鴨江앳將軍氣' 등을 포함하여 'ㅅ'이 나타난 대부분 단어의 연결은 합성어가 아니라 '체언 + 굴절접사 + 체언'의 단어구라고 주장하고, 이때의 굴절접사 'ㅅ'을 속격어미로 처리했다.[250]

사이시옷에 선행하는 성분은 '명사 + 격표지' 또는 문장으로서 단순한 체언과는 성격이 다르다. '前生앳, 忉利天으롯, 부텨와 즁괏, 몯일우옰 갓 疑心이 없으시나' 등은 '익/의'가 실현되는 예가 전혀 없다는 면에서 'ㅅ'을 관형격조사로 볼 수 없게 하는 증거가 될 수도 있을 것이다. 실제로 '와/과'를 제외하면, '애/에, 익/의', '익로/으로'에 후행할 수 있는 것은 'ㅅ'뿐이다.

사이시옷이 관형격조사 '익/의'와 다르다는 증거 중 하나로 사이시옷이 통합되는 단어들이 부사(=부사어)라는 점을 들 수 있다. 이광호(1993:335)에서는 사이시옷을 중세 국어의 수식어 표지의 후치사일 가능성을 제시한다. 중세국어에서 사이시옷이 실현되지 않는 현상은 N1이 후행 N2를 수식하는 경우라도, 선행 체언의 음운 조건에 따라 사이시옷이 개재되지 않을 수도 있다. 이 경우에도 'ㅅ'이 실현되면, 그것은

---

250) '사이시옷'을 중세국어의 관형격조사의 하나로 해석한다 하더라도 또 다른 관형격조사 '익/의'와 'ㅅ'의 관계가 분명하게 구분되지 않는 문제가 있다.

잉여적이다. 또, 선행체언이 분명히 후행체언을 수식하는 성분일 때, 선행체언과 후행체언 사이에는 'ㅅ'이 개재되지 않는데, 이 현상은 의미적인 것이다.

임홍빈(1981)에서는 사이시옷을 뒤에 가지고 나타나는 명사를 'ㅅ−후치 명사'로 부르고 있는데, 이들 명사는 장소성이나 시간성을 특징적으로 가지는 명사들이다. 중세국어에서 현대국어에 이르는 동안 사이시옷이 '시간'이나 '공간' 등과 관련되는 체언에 나타나는 것이 변하지 않았으며 이것이 사이시옷의 문법적 기능을 밝히는 데에 있어 중요한 요인으로 작용할 수 있다고 하였다. 임홍빈(1981)에서는 '가[邊]'를 'ㅅ−후치 명사'로 분류하고 있는데 'ᄀᆞᆺ'이 'ㅅ'을 선행하지 않는 예가 있어 주의를 요한다.

예) ① 麴糵을 給足히 ᄒᆞ야 ᄀᆞᄂᆞ리 브어 먹고 <u>ᄀᆞ롨 ᄀᆞᅀᅢ셔</u> 늘그려뇨 <初杜解 3:31a>

② 麴糵을 給足히 ᄒᆞ야 ᄀᆞᄂᆞ리 브어 먹고 <u>ᄀᆞ롬 ᄀᆞᅀᅢ셔</u> 늘그려료 <重杜解 3:31a>

위 예는 『杜詩諺解』 초간본과 중간본의 동일한 부분을 제시한 것이다. 초간본에는 'ᄀᆞ롨 ᄀᆞᅀᅢ셔', 중간본에는 'ᄀᆞ롬 ᄀᆞᅀᅢ셔'로 나타나고 있다. 'ᄀᆞ롨 ᄀᆞᅀᅢ'의 가장 큰 문제는 'NP1 + ㅅ + NP2'의 구성을 구인지 합성어인지 판단할 근거가 명확하지 않다는 데에 있다. 『龍飛御天歌』 67장에서 보이는 'ᄀᆞ롨 ᄀᆞᅀᅢ'에 나타나는 'ㅅ'을 사이시옷으로 처리하여 합성어로 볼 수 있는가 하는 점을 성조의 측면에서 접근하여 판단 근거가 있는지를 논의할 수도 있다. 김성규(1994:37)에서 제시하는 합성어 형성 규칙을 참고하면 어두의 거성(또는 상성)이 평성(또는 상성) 앞에서 평성으로 변하는 현상을 확인할 수 있다. 그러나 이 경우 제시한 예들은 1음절 거성인 경우여서 'ㄱ 룸'의 거성은 2음절 성조이므로 판단을 보류할 수밖에 없다.

② ·자거·늘: 자−(어간, 寢) + −거늘(연결어미)

③ :밀·ㅁ·리: 밀ㅁㄹ(체언) + 이(주격조사)

④ 사 ᄋ·리로·ᄃᆡ: [사ᄋᆯ(체언) + 이(서술격조사)]− + −오ᄃᆡ(연결어미)
허웅(1955/1984:247)에서는 '−로ᄃᆡ'는 지정사에 연결되는 어미라고 하였다. 용언 활용에 있어서는, 어간과 어미와의 사이에 '−오/우−'를 개입할 경우에 지정사 밑에는 '로'를 개입하는 일이 있다고 설명하고 있다. 고영근(1987/2010:134)에서 '−오/우−'로 시작하는 어미나 선어말어미 '−오/우−'가 서술격조사 뒤에서 '로'로 교체되는 예를 들고, '−오/우−'와 '로'는 형태론적으로 조건되는 이형태라고 하였다. 이 시기의 '−ᄃᆡ'는 '−오/우−'를 항상 선접하므로 여기에서는 고영근(1987/2010)의 논의에 따라 '[사ᄋᆯ + 이]− + −오ᄃᆡ'로 분석하고자 한다.

⑤ ·나거·사: 나−(어간, 出) + −거−(시상의 선어말어미) + −어(연결어미) + 사(보조사)
이 형태는 다음과 같이 여러 가지로 형태 분석을 제시할 수 있다.

　㉠ 나−(어간, 出) + −거−(시상의 선어말어미) + −어(연결어미) + 사(보조사)
　㉡ 나−(어간, 出) + −거−(시상의 선어말어미) + −사(연결어미)
　㉢ 나−(어간, 出) + −거사(연결어미)

위 형태의 분석상의 문제점은 '－거사'의 분석을 어떻게 해야하는가와 연결된다. '－거사'의 분석은 언뜻 선어말어미 '－거－'와 보조사 '사'가 통합한 것으로 보이나 여기에는 몇 가지 문제점이 있다.

㉠의 분석은 '사'를 보조사로 판단하는 경우이다. 이럴 경우, 보조사 '사'가 선어말어미 '－거－'에 직접 연결된다는 문제점을 가지고 있다. 따라서 선어말어미와 보조사를 연결해줄 수 있는 연결어미 '－어'의 존재가 필요하다.

허웅(1955/1984:248)에서는 '－거사'를 부사형 연결어미 '－아/어－ ＋ －사'와 비슷한 뜻을 가진 것으로, 특정한 음 밑에서는 ㄱ이 탈락된 형태로 보았다. 여타 중세국어 문헌 역주서에서 'X거사'형은 대체로 '－어야, －게 되어야' 정도로 해석하고 있으며 그 형태 분석은 '－거－ ＋ 사(보조사)' 정도로 간단하게 처리하였을 뿐이다.

㉡의 분석은 ㉠과는 달리 '사'를 연결어미로 판단하는 경우이다. 이럴 경우 선행하는 선어말어미와의 연결 문제를 해결할 수 있다는 장점이 있지만, 공시적으로 보조사로 존재하는 '사'와의 차이점을 어떻게 설명할 수 있는가가 문제점이 된다.

박용찬(2008:87)에서는 '－어사'는 기본적으로 [조건]·[한정]의 의미를 나타내는데, '～해야만' 정도로 해석되지만 '－어사'의 용례 가운데 상당수는 [조건]·[한정], [계기]·[한정] 가운데 어느 의미로 해석해야 할지 결정하기가 쉽지 않다고 했다. '…－어사 {ㅎ－, 올ㅎ－, 맛당ㅎ －, 둏－}'의 형식으로 쓰이는 '－어사'는 [조건]·[한정]의 의미가 두드러진다. 특히 '－거사'는 선어말어미 '－거－'에 연결어미 '－사'가 통합한 것으로서 '－어사'와는 다른 부류에 속한다면서 [계기] 또는 [계기]·[한정]의 의미를 나타내는 것으로 보았다.

㉢의 분석은 『표준국어대사전』에서의 분석 처리 방법이다. 장점을 논

외로 하더라도 동시기에 존재하는 선어말어미 '-거-'와의 차이점을 설명하기가 어렵다는 문제점이 있다.

한편, 이현희(1995)에서는 '사'를 두 부류로 구분하는 방안을 제시한다. 용언 어간과 선어말어미에 통합하는 '사'는 어말어미로 처리하고 부사나 격조사, 어말어미 뒤에 통합하는 '사'는 보조사로 처리한다는 것이다. '사'를 보조사와 어말어미라는 두 부류로 보게 되면 'ㅎ거사, ㅎ야사'의 분석이 한결 용이해진다. 기존에는 '사'를 보조사로 처리함에 따라 '-ㅎ거사'의 '-거-'가 어말어미라는 것을 밝혀야 했다. 그러나 'ㅎ거사'에서의 '-거-'는 선어말어미로 보아야 한다. '-ㅎ거사'에 존경의 선어말어미 '-시-'가 통합될 경우 '-ㅎ거시사'로 나타나는데 선어말어미 앞에 통합된 '-거-'가 어말어미일 수는 없기 때문이다. 따라서 'ㅎ거사'는 선어말어미 '-거-'와 어말어미 '-사'의 통합으로 분석할 수 있다. 그리고 'ㅎ야사'는 어말어미 '-어'와 보조사 '사'가 통합한 것으로 분석된다.

김소희(1996:24-25)에서는 'ㅎ거사, ㅎ야사'의 형태 분석과 관련하여 'ㅎ거사'에 통합된 '-사'가 보조사인지 어말어미인지의 문제, 또 하나는 '-거-'와 '-어'가 선어말어미인지 어말어미인지 두 가지 문제를 안고 있다고 지적하였다.

한편 박진호(2015:422)의 설명을 보면, 중세국어의 '-(이)사'는 현대어의 '-(이)야', '-(이)라야', '-(이)야말로' 등에 대응하는 다양한 의미를 나타내는 것으로서 초점, 강조 등의 의미 기능이 있다고 있다. '-(이)사'는 명사구에, 그리고 '-어'에 '-사'가 붙은 '-어사'는 동사구/절에 붙어 [필요조건]을 나타낸다. 또한 '-사'의 분포 및 문법적 지위에 대해서는 체언이나 용언 활용형 '-어', '-고' 뒤에 붙는 것을 보면 '사'의 범주는 기본적으로 조사라고 할 수 있으나 용언 어간이나 선어말어미 뒤에 오는 '−ᅀᅡ'의 범주를 어미로 보아야 하는 경우가 있다고 하였다. 다음의 예)①은 '−ᅀᅡ'의 변이형 '−사'가 용언어간 뒤에 붙은 예이고, ②의 '업거시ᅀᅡ'와 ③의 '멀어시ᅀᅡ'는 '−ᅀᅡ'가 선어말어미 '−거−' 뒤에 붙은 예이다.

예) ① 츨히 說法 마오 涅槃애 어서 드사 ᄒ리로다 <釋譜 13:58a>
　　② 父母 겨싏 젯 일후믄 羅ㅏ이라니 父母 업거시ᅀᅡ 부텻긔 가ᅀᆞ바 出家
　　　 ᄒ니 <月釋 23:85b>
　　③ 아기 멀어시ᅀᅡ 길흘 여ᅀᅳ 븟니 <月釋 20:51a>

박진호(2015)에서는 이러한 예는 이른 시기의 한국어에서 조사와 어미 사이에 넘나듦이 있었음을 시사하며, 조사는 명사/체언 뒤에 붙고, 어미는 동사/용언 뒤에 붙는 요소임을 생각하면 이른 시기의 한국어에서는 명사/체언과 동사/용언의 구별이 상대적으로 느슨하여 이 두 범주 사이의 넘나듦이 꽤 있었을 가능성을 시사한다고 하였다.
여기서는 중세국어시기에 시상의 선어말어미 '−거−'와 보조사 'ᅀᅡ'가 활발히 사용되었다는 점에서 '나−(어간, 出) + −거−(시상의 선어말어미) + −어(연결어미) + ᅀᅡ(보조사)'로 분석하고자 한다.

⑥ ·ᄌᆞ·니이·다: 좀−(어간, 沈) + −(ᄋᆞ)니이다(종결어미)

⑦ :셤#안·해: 셤(체언) # 안(ㅎ말음체언) + 애(처소의 부사격조사)

⑧ ·자싫#·제: 자−(어간, 寢) + −시−(주체 높임의 선어말어미) + −
　　ᇙ(관형사형 어미) # 제
현대국어에서는 높임의 표현으로는 '주무시다'로 쓰지만 15세기 국어

에서는 주체 높임의 선어말어미 '-시-'를 활용한, '자- + -시-'의
형태가 사용되었고, 주로 '주무시다'의 의미를 나타내었다.

⑨ ·한·비: 하-(어간, 大) + -ㄴ(관형사형 어미) # 비(체언) / 한비(체언)
의미적으로는 '큰 비'와 '장마'로, 모두 해석할 수 있다. 위화도 회군의
계절을 고려했을 때에는 단순하게 큰 비라기보다는 장마라고 해석하
는 것이 더 자연스럽게 보인다. 다만 '한비'는 '한 비'가 화석화되어 형
성된 것으로 보아야 한다.

⑩ :뷔어·사: 뷔-(어간, 空) + -거-(시상의 선어말어미) + -어(연결
　　어미) + 사(보조사)
뷔어사는 '뷔거사'로도 해석될 수도 있고 '뷔어사'로 해석될 수 있다.
김소희(1996:126)에서 '-어사'는 '-거사', '-고사'와 같이 계기적 의
미를 나타내기도 하지만 '-하여야'의 의미도 나타낸다. 이현희
(1995:554-556)에서는 '-어사'가 한정, 계기, 결과의 의미를 나타낸
다고 하였다.

<龍歌 068>

ᄀᆞ·ᄅᆞᆷ:ᄀᆞᆯ아니말·이·샤:밀·므·를마ᄀᆞ·시·니。하·ᄂᆞᆯ·히°부·러·ᄂᆞ·몰:뵈시·니
·한·비·ᄅᆞᆯ아·니그·치·샤날·므·를외·오시·니。하·ᄂᆞᆯ·히°부·러·우·릴:뵈시·니

不禁江沙。洒防潮濤。彼蒼者天。示人孔昭
不止霖雨。洒回潢洋。彼蒼者天。示我孔彰

[어절 분석]
ᄀᆞ·롮#①:ᄀᆞᆳ#②아·니#말·이·샤#③:밀·므·를#④마ᄀᆞ·시·니#하·ᄂᆞᆯ·
히#부·러#⑤·ᄂᆞ·ᄆᆞᆯ#⑥:뵈시·니
·한·비·를#아·니#⑦그·치·샤#⑧날·므·를#⑨외·오시·니#하·ᄂᆞᆯ·히#부·
러#⑤·우·릴#:뵈시·니

[배경 고사]
元 世祖의 中書右丞相 伯顏이 宋을 치려고 군사를 錢塘江 모래사장에
주둔시켰는데 사흘 동안이나 밀물이 들지 않았다.

李成桂가 威化島에 주둔할 때 장맛비가 수일간 내렸으나 물이 불지 않
다가 회군하여 군사가 강둑에 이르자 물이 불어 온 섬이 잠겼다.

[현대역]
(하늘이) 강가에 (백안의 군사가 자는 것을) 아니 말리시어 밀물을 막으
시니 하늘이 부러 남에게 보이시니
큰비를 아니 그치시어 (이성계의 군사가) 물이 불어나는 것을 피하게
하시니 하늘이 부러 우리에게 보이시니

[주석]
①:ᄀᆞᆳ: ᄀᆞᆳ(체언)
중세국어 체언 중 'ㅿ'을 종성으로 가진 단독형들이 있다. 8종성법에 의
하면 'ᆺ'으로 나타나야 할 형태들이다. 'ᄀᆞᆳ[邊]'이 단독형으로 나타나는
경우는 『龍飛御天歌』 68장에 나오는 예가 거의 유일하다. 'ᆺ'의 활용
형을 살펴보면 'ᄀᆞᅀᅢ', 'ᄀᆞᅀᅢ서', 'ᄀᆞᅀᅢᆫ', 'ᄀᆞᅀᅢᆺ', 'ᄀᆞᅀᅦ', 'ᄀᆞᅀᅴ', 'ᄀᆞᅀᅵ',
'ᄀᆞᅀᆞ로', 'ᄀᆞᆺ', 'ᄀᆞᆺ과' 등을 살펴볼 수 있다. 'ᆺ'이 모음어미와 결합할

때 모음과 모음 사이에서 유성음 'ㅿ'으로 나타난다고 설명할 수 있다. 그러나 모든 유성음 환경 사이의 'ㅅ'이 'ㅿ'으로 유성음화 하는 것은 아니므로 이러한 교체는 수의적인 것으로 볼 수 있다.

② 아니#말·이·샤: 아니 # 말이−(어간) + −시−(주체 높임의 선어말어미) + −아(연결어미)

안병희 · 이광호(1990:313−314)에서는 '−아/어'에 의한 접속을 종속접속과 보조적 접속으로 나누었다. 안병희 · 이광호(1990)에 의하면 선행한 동작의 양태를 나타내는 종속적 연결어미로 '−아/어', '−악/억', '−암/엄'이 있는데 이들은 앞 문장의 내용에 의해 후행 문장의 내용이 일어남을 나타내면서 두 문장을 연결한다. 보조적 연결어미는 엄격하게 말하면 동사구를 구성하는 것으로 볼 수 있다. 대등적 연결어미의 구실을 하는 '−고', 그리고 종속적 연결어미의 구실을 하는 '−아/어'와 보조적 연결어미인 '−고'와 '−아/어'의 차이를 보면 쉽게 알 수 있다. '부텨 나아 ᄃᆞ니시며, 피무든 홀ᄀᆞᆯ 파'의 '나아', '파'의 '−아'는 '홀ᄀᆞᆯ 파 가져 精舍애 도라와'의 '가져, 일하샤'의 '−아'와 기능이 다르다. 전자는 비슷한 성격의 동사구를 이루는데 반하여, 후자의 '−아/어'는 분명히 두 문장을 접속시키는 기능을 가진다. 따라서 '−아/어'는 동일한 형태소가 종속적 연결어미와 보조적 연결어미의 두 기능을 갖는 것으로 파악할 수 있다. 한편 『龍飛御天歌』와 『月印千江之曲』은 시가라는 장르적 특성상 짧은 부정문이 나타난다.

③ :밀·므·를: 밀믈(체언) + 을(목적격조사)

일반적으로 『龍飛御天歌』의 원문 출처로 쓰이는 제1차 중간본과 원간본의 판본을 비교하였을 때 '밀므를'의 성조는 원간본의 [RHH]로 보아

야 한다. 거성이 연속해서 세 번 올 수 없다는 '거성불연삼'의 원칙이 적
용된다면 [RHH]의 구성은 이상해 보이나 『龍飛御天歌』는 훈민정음 창
제 초기의 문헌으로 중세국어의 일반적인 성조 규칙에 딱 들어맞지 않
는 부분이 많다. 한편 여기서의 의미는 바다에서의 밀물의 현상이 아니
라 물이 불어나는 것을 의미한다.

④ 마ᄀᆞ·시·니: 막-(어간) + -(ᄋᆞ)시-(주체 높임의 선어말어미) +
 -니(연결어미)

황선엽(1995)에서는 중세국어의 연결어미 '-니'는 독립된 개별 사건
을 연결하는 것으로 현대국어의 종결어미에 가까운 기능을 가졌다는
점을 지적하고 있다. 하지만 이 시기 문헌들이 큰 서사를 짧게 축약하
여 이야기를 전달하므로 연결어미 '-니'의 출현이 많고 의미상 종결어
미의 기능을 하나 이는 연결어미로 처리하는 것이 옳다.

⑤ ·ᄂᆞ·ᄆᆞᆯ: ᄂᆞᆷ(체언) + ᄋᆞᆯ(목적격조사)
 ·우·릴: 우리(체언) + ㄹ(목적격조사)

두 형태 모두 목적격조사를 취하고 있으나 의미상 '남에게', '우리에게'
로 해석된다. 사동사 '보이다'는 하늘이 일부러 앞 구절과 같은 기이한
현상을 보게 하는 것이므로 'ᄂᆞᆷ'과 '우리'는 피사동주가 되는 것이다.

⑥ :뵈시·니: [보-(어간, 示) + -이(사동 접사)]ᄀ + -시-(주체 높임
 의 선어말어미) + -니(연결어미)

⑦ 그·치·샤: 그치-(어간) + -시-(주체 높임의 선어말어미) + -아
 (연결어미)

⑧ 날·므·를: 날믈(체언) + 을(목적격조사)

'날믈'은 『龍飛御天歌』에만 나오는 형태이며 '나가는 물, 나는 물'로 해석할 수 있다. 현대어로는 '썰물' 정도가 여기에 해당한다. 그러나 여기에서 '날믈'은 '썰물'의 의미가 아니라 '出水' 즉 홍수의 뜻이다. 이성계의 군사가 회군할 때 장마가 계속되었다는 점으로 미루어 보면 여기에서의 '날믈'은 썰물이 아닌 홍수로 봄이 옳을 것이다. 의미상으로 '날믈'은 '밀믈'과 대구를 이루는데, 일반적인 의미의 썰물은 아니고 강의 유수가 갑작스럽게 빠져나가는 것을 표현한 것이다.

⑨ 외·오시·니: 외오-(어간) + -시-(주체 높임의 선어말어미) + -니(연결어미)

'외오다'의 의미는 '벗어나게 하다, 피하게 하다' 정도로 파악할 수 있다.

<龍歌069>

드·르·혜龍·이싸·호·아。四七將·이일·우려·니。오·라호·ㄴ·들。·오시·리잇·가
城밧·긔·브·리비·취·여·ㅁ十八子ㅣ救·ㅎ시·려·니。가·라호·ㄴ·들。·가시·리잇·가

龍鬪野中。四七將濟。縱曰來思。噬肯來詣
火照城外。ㅁ十八子救。縱命往近。噬肯往就

[어절 분석]
①드·르·혜#龍·이#②싸·호·아#③四七將·이#④일·우려·니#⑤오·라#호·ㄴ#·들#⑥·오시·리잇·가

⑦城#밧·긔#·브·리#⑧비·취·여#ㅁ十八子ㅣ#救·ᄒᆞ시·려·니#가·라#
혼#·들#·가시·리잇·가

[배경 고사]
劉秀(훗날 後漢 光武帝)가 更始帝251)의 휘하로 있을 때, 邯鄲252)을 함락
시키고 王郎253)의 목을 베었다. 이에 경시제가 명을 내려 공로 있는 장
수들을 행재소로 불렀다. 이때 유수가 邯鄲宮 溫明殿에 누워 있었다. 副
將 耿弇이 유수에게 군사를 늘릴 것을 말하였다. 경시제는 왕랑을 무찔
렀으나 銅馬·赤眉의 賊 수십만이 창궐하면 경시제가 막지 못한다는 것
이다. 유수는 경감 등 여러 장수가 그를 황제로 받들었으나 굳이 사양
하였다. 이때 유생 彊華가 赤伏符254)를 가지고 오니 그 符讖을 보고 여
러 신하가 다시 주청하자, 유수가 마침내 제위에 올랐다.

高麗 禑王 때 이성계가 위화도에서 회군할 즈음에 '이원수가 성 밖을 오
가시어 우리 백성을 구한다.'는 내용의 동요가 퍼졌고 '十八子正三韓'이
라는 讖書가 있었다.

[현대역]
들에서 용이 싸워 28명의 장수가 이루게 하리니, 오라 한들 오시겠습
니까
성 밖에 불이 비치어, 십팔자(十八子)255)가 구하시려니, 가라 한들 가시
겠습니까

251) 현한의 1대 황제이며 후한 광무제의 족형이다.
252) 중국 하북성의 도시이다.
253) 하북성의 한단을 근거지로 삼아 반란을 일으켰던 현한 시대의 인물이다.
254) 후한 광무제가 제위에 오를 때에 하늘로부터 받았다는 적색의 부절이다.
255) 이성계의 성 '李'의 파자.

[주석]

① 드·르·헤: 드르(ㅎ말음체언) + 에(처소의 부사격조사)

② 싸·호·아: 싸호-(어간) + -아(연결어미)

③ 四七將·이: 四七將 + 이(주격조사)

④ 일·우려·니: [일-(어간, 成) + -우(사동 접사)]- + -리-(추측의
　　선어말어미) + -어-(시상의 선어말어미) + -니(연결어미)

'이루다'의 의미의 '일다'에 사동 접사 '-우'가 결합한 형태이다. 여기
에서 특이한 것은 '일우-'로 분철된 형태를 보인다는 것인데 이는 기
원적으로 '*-구'형의 접사가 결합한 것으로 보인다. 'ㄹ' 뒤에서 'ㄱ'이
약화되어 나타나는 것이다.

'-려니'의 경우 '-리어니' 형과 축약형 '-려니' 형이 15세기에 공존하
고 있다. 허웅(1975:915)에서는 '-(으)리-'와 '-(으)니-' 사이에 강세
와 느낌을 나타내는 안맺음씨끝 '-아/어-', '-로소'가 들어갈 수 있다
고 설명하며 '-리- + -어-'는 '-려-'로 축약됨을 보이고 있다. 허
웅(1975)에서는 선어말어미 '-리-'에 강세를 나타내는 선어말어미
'-아/어-'가 통합한다고 보는 것인데 이때의 '-아/어-'는 '-거/어
-'의 '-어-'이며 '-리어니', '-려니'와 같은 연결어미에서는 강조·
강세를 나타낸다고 보고 있다.

⑤ 오·라#혼#·들: 오-(어간) + -라(종결어미) # ㅎ-(어간) + -ㄴ
　　(관형사형 어미) # 들(의존명사)

⑥ ·오시·리잇·가: 오-(어간) + -시-(주체 높임의 선어말어미) + -
리잇가(종결어미)

보통 '-리' 형태로 끝나는 경우가 많은데 여기에서는 '-잇가'의 종결
어미 형태를 확인할 수 있다.

중세국어 상대 높임법과 종결어미/종결형(장윤희 2002:49 재인용)

문장종결법	하위종결법	ᄒᆞ라체	이른바 반말	ᄒᆞ야쎠체	ᄒᆞ쇼셔체
설명법	평서법	-다	-이	-ᅌᅵ다	-이다
	약속법	-마			
	소망법	-아지라			-아지이다
	경계법	-ㄹ셰라			
감탄법		-ㄴ뎌, -ㄹ쎠, -애라/에라/게 라, (-고나)			
명령법	허락법	-렴/려므나			
	단순 명령법	-라	-고라, -고려	-어쎠	-쇼셔
의문법	직접의문법	-녀/뇨, -려/료, -ㄴ다	-이	-(니)ㅅ가/ (니)ㅅ고	-(니)잇가/- (니)잇고
	간접의문법	-ㄴ가/-ㄴ고, -ㄹ가/-ㄹ고			
청유법		-져, -져라	-새		-사이다

허웅(1975:512)에서는 청자 높임의 선어말어미 '-이-', '-잇가'의
'-가'가 '-까'로 변동한다고 하였다. 높임의 등분이 약간 낮아지는 경
우에는 '-잇가'의 '-이'가 줄어들어 '-니잇가- > -*닝까- > -
닛가'로 되는 일이 있다. 허웅(1975)에서는 비인칭의 의문법은 '-니
-', '-리-'를 포함하여 시제를 나타내는 것이 원칙인데, 때로는 그 뒤
의 어미가 줄어들어 '-니, -리'가 종결어미처럼 쓰이는 일이 있다고
한다. 이 경우에는 '-잇가, -잇고'가 생략된 것으로 이해된다.

⑦ 城#밧·긔: 城 # 밧(체언) + 의(관형격조사)

대체로 '밧'은 관형격조사의 수식을 받는 구조로는 이루어져 있지 않
다. 다만 아래의 예들은 참고할 만하다. 15세기 문헌에서 밧이 'N + ㅅ
+ 밧'의 구성을 이루는 몇 예이다.

예) ① 거우루 밧근 곧 正智ㅅ 밧긔 方便을 셰여 邪와 正괘 서르 자ᄫᅵ며 <楞
解 7:15a>
② 當體를 여희디 아니ᄒᆞ야셔 色心ㅅ 밧긔 즘ᄌᆞ미 得ᄒᆞ리니 <法華 1:148b>
③ ᄒᆞ마 城郭ㅅ 밧긔 나 드트렛 이리 져고몰 아노니 <初杜解 7:2a>
④ 여러 하ᄂᆞᆯ히 藤蘿ㅅ 밧긔 모댓ᄂᆞ니 나조히 어듭거ᅀᅡ <初杜解 9:38b>
⑤ 오ᄂᆞᆳ 밤 南極ㅅ 밧긔 와 老人星 ᄃᆞ외야슈믈 들히 너기노라 <初杜解
14:38b>
⑥ 玄圃ㅅ 밧긔 ᄀᆞᄉᆞᆯ히 이렛고 <初杜解 16:43a>
⑦ 江湖ㅅ 밧긔 와 疎拙흔 모믈 養ᄒᆞ노니 <初杜解 22:15b>
⑧ 劍閣ㅅ 밧긔 붑 하ᄂᆞᆯ히 멀오 <初杜解 23:57a>
⑨ 沙漠ㅅ 밧긔 빗기 ᄃᆞ니더니 <初杜解 24:63a>

⑧ 비·취·여: 비취-(어간) + -어(연결어미)

<龍歌070>

天挺英奇·ᄒᆞ·샤·安民·을 爲·ᄒᆞ실·씨。六駿·이·應期·ᄒᆞ야·나·니
天錫□勇智·ᄒᆞ·샤。靖國·을 爲·ᄒᆞ실·씨。八駿·이·應時·ᄒᆞ·야·나·니

天挺英奇。爲安民斯。駪駪六駿。生應期兮
天錫□勇智。爲靖國猗。蹻蹻八駿。生應時兮

[어절 분석]

天挺英奇·ᄒ·샤#安民·을#爲·ᄒ실·씨#六駿·이#①應期256)·ᄒ야#②
나·니

天錫勇智·ᄒ·샤#靖國·을#爲·ᄒ실·씨#八駿·이#①應時257)·ᄒ·야#나·니

[배경 고사]

唐 太宗에게 駿馬 여섯 필이 있었는데 이름은 특륵표, 삽로자, 청추, 권
모과, 십벌적, 백제오이다. 태종이 文德皇后를 昭陵에 장사 지내며 스스
로 글을 짓고 六馬象贊을 돌에 새겨 능 뒤에 세우니, 후인이 이를 베껴
지금까지 전하였다.

李成桂에게 준마 여덟 필이 있었으니, 이름이 횡운골, 유린청, 추풍오,
발전자, 용동자, 응상백, 사자황, 현표였다. 이 말들은 오랫동안 전쟁에
용맹스럽게 참여하였는데 말에 대한 공로를 잊지 않고 전하고자 말의
모습을 그려 창업과 후세에 전하는 일의 어려움을 잊지 않고자 함이다.

[현대역]

천정영기258)하시어 내시어 안민을 위하시므로 육준이 기에 응하여 나니
천석용지259)하시어 주시어 정국을 위하시므로 팔준이 때에 응하여 나니

[주석]

① 應期·ᄒ야

　 應時·ᄒ·야

---

256) 應期: 시기를 맞추다.
257) 應時: 때를 맞추다.
258) 天挺英奇: 하늘이 영기한 재주를 가진 이를 내다.
259) 天錫勇智: 하늘이 용기와 지혜 가진 이를 내리다.

'X ᄒᆞ야'의 성조가 일치하지 않는다. 이 경우 성조 규칙상 HH의 성조로 짐작되며,『龍飛御天歌』내 다른 장의 성조를 보면 'X ᄒᆞ야'는 성조가 대체로 HH이다. 원간후쇄본과 제1차 중간본에서는 모두 '應期·ᄒ야'로 되어 있으나 제2차 중간본부터는 이 부분의 성조가 '應期·ᄒ·야'로 수정되어 있다.

② 나·니: 나―(어간, 生) + ―니(연결어미)

<龍歌071>

元良·을 무·우리·라。垂象·ᄋᆞ로:하ᅀᆞᄫᆞ·니。庸君·이신·ᄃᆞᆯ。天性·은 블 ᄀᆞ·시·니

僞姓·을 구·튜리·라。親朝·를 請·ᄒ ᅀᆞᄫᆞ·니。ㅁ 聖主ㅣ 실·ᄊᆡ。帝命·을:아·ᄅᆞ시·니

欲搖元良。讚用妖星。雖是庸君。天性則明
謀固僞姓。請朝 ㅁ 京師。自是 ㅁ 聖主。帝命已知

[어절 분석]

元良260)·을 #①무·우리·라 # 垂象261)·ᄋᆞ로 #②:하ᅀᆞᄫᆞ·니 #③庸君262)·이신·ᄃᆞᆯ # 天性·은 #④블 ᄀᆞ·시·니

僞姓263)·을 #⑤구·튜리·라 # 親朝·를 #⑥請·ᄒ ᅀᆞᄫᆞ·니 # 聖主ㅣ 실·ᄊᆡ # 帝命·을 #⑦:아·ᄅᆞ시·니

---

260) 元良: 세자. 태자.
261) 垂象: 천문에 나타난 기상.
262) 庸君: 평범한 임금.
263) 僞姓: 거짓 성(姓).

唐 玄宗이 태자로 있을 때, 太平公主가 태자의 英武함을 두려워하여 나약한 자를 세우고 자기 권력을 굳건히 하기 위해 태자에 대한 유언비어를 퍼뜨렸다. 그러나 睿宗은 태평공주의 참소를 물리치고 태자에게 제위를 전하여 현종이 즉위하였다.

恭愍王 사후 昌王이 즉위하고 李穡은 창왕의 왕권을 공고히 하기 위해 明에 親朝하게 하였다. 이후 李成桂가 새 왕조를 열고 명에 사신을 보내어 건국의 事由을 이야기하니 明 太祖는 사신에게 자신이 나라를 얻은 내력을 이야기 하고, 이어 이성계가 나라를 얻음도 이와 같을 것이라고 하며 "하늘이 준 것이 아니면 어찌 사람의 힘으로 얻을 수 있을 것인가?"라고 하였다.

[현대역]

원량(태자)을 흔들려고 수상으로 참소하니 (태자는) 唐君이시지마는, 천성은 밝으시니

위성을 굳히려고 친조를 청하니 (명 태조는) 성주이시므로 제명(천명)을 아시니

[주석]

① 무·우리·라: [무–(어간, 搖) + –우(사동 접사)]– + –리–(추측의 선어말어미) + –다(종결어미)

참고할 형태로 '무으다'가 있다.

② :하·ᅀᆞᇦ·니: 할–(어간, 讒) + –ᅀᆞᇦ–(객체 높임의 선어말어미) + –(ᄋᆞ)니(연결어미)

③ 庸君·이신·들: [庸君(체언) + 이(서술격조사)]- + -시-(주체 높임
   의 선어말어미) + -ㄴ(관형사형 어미) # 둘(의존명사)

④ 볼ㄱ·시·니: 붉-(어간, 明) + -(ㅇ)시-(주체 높임의 선어말어미) +
   -니(연결어미)

⑤ 구·튜리·라: [굳-(어간) + -히(사동 접사)]- + -우-(의도법의
   선어말어미) + -리-(추측의 선어말어미) + -다(종결어미)
'-오/우- + -리-'를 포함한 활용형들은 단순히 화자 자신이 주체
로 등장하였을 때 응하는 활용형이 아니라 화자의 의도를 아울러 나타
내고 있음이 특색이다.

⑥ 請·ᄒᆞᇫᄫᆞ·니: [請(어근) + -ᄒᆞ(동사 파생 접사)]- + -ᅀᆞᆸ-(객체
   높임의 선어말어미) + -(ㅇ)니(연결어미)

⑦ :아ᄅᆞ시·니: 알-(어간, 知) + -(ㅇ)시-(주체 높임의 선어말어미) +
   -니(연결어미)

   <龍歌072>

獨夫·를하·ᄂᆞᆯ·히니ᄌᆞ·샤。功德·을國人·도·솝거·니。漢人ᄆᆞᇫ·미ᄋ·엇더
ᄒᆞ·리잇·고
하·ᄂᆞᆯ·히獨夫·를ᄇᆞ·리·샤。功德·을漢人·도:솝거·니。國人ᄆᆞᇫ·미ᄋ·엇더
ᄒᆞ·리잇·고

天絶獨夫。維彼功勳。東人稱美。矧伊漢民
天棄獨夫。維我功德。漢人嘆服。矧伊東國

[어절 분석]
獨夫·를#하·늘·히#①니즈·샤#功德·을#國人·도#②슯거·니#③漢人
#모ᄉᆞ·미#④:엇더ᄒᆞ·리잇·고
하·늘·히#獨夫·를#⑤ᄇᆞ·리·샤#功德·을#漢人·도#⑥슯거·니#國人#
모ᄉᆞ·미#:엇더ᄒᆞ·리잇·고

[배경 고사]
隋 煬帝가 高句麗를 여러 번 침략했으나 乙支文德에게 크게 패하였다.
회군한 뒤 사치하고 荒淫을 일삼는 등 정사에 힘쓰지 않아 唐 高祖에게
멸망당하였다.

高麗 말에 昌王이 즉위하였으나 王씨가 아니라 하여 즉위년에 폐위되
었다. 창왕을 李成桂가 폐위하니 漢人까지 그 공덕을 기린다고 한다.

[현대역]
독부(수 양제)를 하늘이 잊으시어 (을지문덕의) 공덕을 국인도 말하거
니와 한인의 마음이야 어떠하겠습니까
하늘이 독부(창왕)를 버리시어 (이성계의) 공덕을 한인도 말하거니와
국인의 마음이야 어떠하겠습니까

[주석]
① 니즈·샤: 닞−(어간, 忘) + −(ᄋᆞ)시−(주체 높임의 선어말어미) +
−아(연결어미)

② ·숨거·니: 숨-(어간) + -거-(시상의 선어말어미) + -니(연결어미)
'숨거니'의 1음절 성조가 거성으로 실현 된 것은 오각이나 탈각으로 보인다. 동일 장의 후구 '숨거니'는 성조가 [RLH]로 실현되어 있음이 이를 뒷받침해준다. 15세기 문헌에서 '숨-'은 주로 [R]이나 [L]로 성조가 실현되었다는 점을 참고해 보아도 '숨-[H]'는 방점의 오류라고 할 수 있다. 원간 후쇄본을 참고하여도 성조는 [R]이 확실하다. 이는 제1차 중간본의 방점 오류이다.

③ 漢人#무슥·미: 漢人(체언) # 무슴(체언) + 이(주격조사)
의미상 관형격조사 ㅅ이 보일 법한데『龍飛御天歌』의 해당 부분에서는 확인되지 않는다. 다른 15세기 문헌들을 참고해보면 '한자어 + ㅅ + 무슴'의 구성은 아주 일반적이다.

④ :엇더ᄒ·리잇·고: [엇더-(어근) + ᄒ-(형용사 파생 접사)]- + -리잇고(종결어미)

⑤ ᄇ·리·샤: ᄇ리-(어간) + -시-(주체 높임의 선어말어미) + -아(연결어미)

⑥ :숨거·니: 숨-(어간) + -거-(시상의 선어말어미) + -니(연결어미)
주석 ②에서 언급한 바와 같이 '숨거니'의 성조는 [RLH]로 나타남이 옳다. '-거니'의 성조는 [LH]인 것으로 보인다.『初杜解諺解』의 용례 두어 개를 제외하면 예외 없이 [LH]로 나타난다.

<龍歌073>

生靈·이凋喪홀·씨·◦田租·롤고·티시·니·◦七姓亂後·에◦致治·롤爲·ᄒ시·니
寇攘·이毒痛ㅣ어·늘◦田制·를고·티시·니·◦僞氏黜後·에◦中興·을爲·ᄒ
시·니

生靈凋喪◦均定田租◦七姓亂後◦致治是圖
寇攘毒痛◦大正田制◦僞氏黜後◦中興斯爲

[어절 분석]

生靈·이#凋喪홀·씨#田租·롤#①고·티시·니#七姓亂後·에#◦致治·롤#
爲·ᄒ시·니
寇攘·이#毒痛ㅣ어·늘#田制·를#고·티시·니#僞氏黜後·에#中興·을#
爲·ᄒ시·니

[배경 고사]

後周 世宗이 농사에 마음을 두어 농부와 잠부의 모습을 나무에 조각하
여 궁전 뜰에 세웠다. 좋은 정치의 근본을 농사에서 찾아 도법을 반포
하고 관리로 하여 이를 익혀 1년 안에 천하의 밭을 모두 이 법에 맞춰
시행토록 하였다. 이로써 五代264) 이래 7姓의 亂265)으로 어지럽던 정치
가 바로 잡혔다.

李成桂가 위화도 회군 뒤 다시 高麗 왕조의 중흥을 꾀하였다. 이때 田制

---

264) 당 멸망 후, 화북 중심지대를 지배한 정통왕조의 계열로 후량, 후당, 후진, 후한,
후주의 5왕조를 일컫는다.
265) 후량태조(주씨), 후당장종(주사씨), 후당명종(이씨), 후당명종의 양자 노왕(왕씨),
후진고조(석씨), 후한고조(유씨), 후주태조(곽씨)의 난립을 말한다.

가 무너져 권력을 가지고 있는 자들이 토지를 겸병266)하여 민생이 혼
란하였다. 이성계가 私田을 파하고 均田을 회복코자 하였으나 昌王 때
는 이루지 못하였고 恭讓王에 이르러 전제를 바로잡았다.

[현대역]
생령이 궁핍하므로 (후주 세종이) 전조를 고치시니 칠성난후267)에 정
치를 위하시니
강탈함이 독통이거늘 (이성계가) 전제를 고치시니 위씨출후268)에 중흥
을 위하시니

[주석]
① 고·티시·니: 고티—(어간) + —시—(주체 높임의 선어말어미) + —
    니(연결어미)

<龍歌074>

天倫·을奸臣·이:하ᅀᆞ·바ᄋ中土心得·다혼·들ᄋ賢弟·를ᄋ:매니즌·시·리
天意·를小人·이거·스러ᄋ親王兵·을請ᄒᆞᆫ·들ᄋ忠臣·을ᄋ:매모·ᄅ시·리

---

266) 兼倂: 둘 이상의 것을 하나로 합치어 가짐.
267) 七姓亂後: '칠성난'은 후량태조부터 후주태조까지의 7명의 서로 다른 왕들이 난립
    하던 시기로, 천하가 어지럽고 백성의 생활이 극도로 곤궁하였다. '칠성난후'란
    이 어지러운 시기의 뒤를 말하는 것으로 후주 세종 때는 일컫는다고 할 수 있다.
268) 僞氏黜後: '거짓 성(姓)을 내친 뒤'라는 의미로, 이성계가 위화도 회군 뒤 우왕(禑
    王)과 창왕(昌王)은 신돈(辛旽)의 아들과 손자라 하여 이들을 폐위한 것을 가리킨
    다. 이후 20대 임금이었던 신종(神宗)의 둘째 양양공(襄陽公) 서(恕)의 육대손 정
    창부원군(定昌府院君) 요(瑤)를 왕으로 즉위하게 하였는데 이가 곧 공양왕(恭讓
    王)이다.

姦臣間親°曰得民望°維此賢弟°寧或有忘
小人逆天°請動口王師°維此口忠臣°寧或口不知

[어절 분석]
天倫·을#姦臣·이#:하ㅅ·바#①中土心得·다#ᄒᆞᆫ#·ᄃᆞᆯ#賢弟·를#②:매
#③니ᄌᆞ·시·리
天意·를#小人·이#④거·스·러#親王兵269)·을#⑤請ᄒᆞᆫ#·ᄃᆞᆯ#忠臣·을#:
매#⑥모·ᄅᆞ시·리

[배경 고사]
元 憲宗 때 혹자가 그의 아우(쿠빌라이, 훗날 世祖)가 중토270)를 얻어
왕위를 엿본다고 참소하였는데 헌종은 이를 믿지 않고 아우를 믿었다.
이에 아우가 입조하여 눈물을 지으니 형제의 의가 화목하게 되었다.

고려 恭讓王 때 坡平君 尹彝와 中郎將 李初가 明에 가서 李成桂가 王瑤
(공양왕)를 세워 明을 치려 한다고 하고 친왕내정271)을 간청하였으나
明 太祖는 이를 믿지 않았다.

[현대역]
천륜을 간신이 참소하여 중토심득272)한다 한들 (원 헌종이) 현제(쿠빌
라이)를 어찌 잊으시리
천의를 소인이 거슬러 (명의) 친왕병을 청한들 (명 태조가) 충신(이성
계)을 어찌 모르시리

---

269) 親王兵: 임금이 거느리는 군사. 왕사(王師).
270) 中土: 황하의 남북을 중토(中土), 중원(中原), 중하(中夏), 중화(中華)라고도 부른다.
271) 親王來征: 왕이 친히 정벌을 하러 옴.
272) 中原의 민망(民望)을 얻음. 또는 중국의 인심을 얻음.

[주석]

① 中土心得·다#ᄒᆞᆫ#들: 中土心得다 # ᄒᆞ–(어간) + –ㄴ(관형사형
어미) # 들(의존명사)

'中土心得하다'가 적절한 표현으로 보인다. '中土心得다'는 한문 '中土心
得'을 구결체로 해석한 것으로 보인다. '中土心得다'는 일반적인 표현
방식은 아니다.

② :매
의미는 '왜. 어찌' 정도로 해석할 수 있다.

③ 니즈·시·리: 닞–(어간) + –(ᄋᆞ)시–(주체 높임의 선어말어미) +
–리(연결어미)

④ 거·스·러: 거슬–(어간) + –어(연결어미)

⑤ 請ᄒᆞᆫ·들: [請(어근) + –ᄒᆞ(동사 파생 접사)]– + –ㄴ(관형사형 어
미) # 들(의존명사)

⑦ 모·ᄅᆞ시·리: 모ᄅᆞ–(어간)+ –(ᄋᆞ)시–(주체 높임의 선어말어미) +
–리(연결어미)

<龍歌〇ㄱ5>

突厥·이入寇ᄒᆞ·나◦威名·을저ᄊᆞ·ᄫᅡ◦戰鬪之計·를◦아·니드르·니

威靈·이:머·르실·ᄊᆡ◦女直·이來庭·ᄒᆞ·야◦爭長之言·을◦아·니거·스·니

突厥入寇。威名畏服。戰鬪之計。不敢聽諾
威靈遠振。女直來庭。爭長之言。不自抗衡

[어절 분석]
突厥·이#入寇273)ᄒᆞ·나#威名·을#저쓴·바#戰鬪之計·를#아·니#드
르·니
威靈·이#①:머·르실·씨#②女直·이#來庭·ᄒᆞ·야#爭長之言·을#아·니#
거·스·니

[배경 고사]
唐 秦王(이세민, 훗날 唐 太宗)이 高祖의 명을 받아 突厥의 頡利可汗과
突利可汗을 幽州에서 맞아 싸울 때 돌궐이 진왕의 威名을 듣고 화친을
청하였다.

高麗 恭讓王 때 여진족의 한 부족인 兀良哈과 斡朶里가 서로 벼슬이 높
다고 다투었다. 그러다가 그 중 한 사람이 자신들의 지위를 다투러 온
것이 아니라 諸軍事 李成桂의 信威를 사모하여 온 것이라 하며 서로 다
투지 않았다.

[현대역]
돌궐이 입구하나 (당 진왕의) 위명을 두려워하여 전투지계274)를 아니
들으니
(이성계의) 엄령275)이 머시므로(먼 곳에까지 영향을 끼치니) 여직(여
진)이 내조하여 쟁장지언276)을 거스르지 아니하니

---

273) 入寇: 외국의 군대나 도둑 떼가 쳐들어옴.
274) 戰鬪之計: 온갖 병기를 써서 적군과 싸우자는 계책.
275) 威靈: 위엄이 있는 신령.

[주석]

① :머·르실·씨: 멀-(어간) + -(으)시-(주체 높임의 선어말어미) +
   -ㄹ씨(연결어미)

『우리말 큰사전』에는 '멀-'의 성조가 [R, L, H]인 것으로 나타나 있지
만 실제 문헌상으로는 [R, L]만 확인 가능하다.

② 女直·이
'이'의 성조는 거성이 옳다.

<龍歌076>

宗室·에鴻恩·이시·며·:모딘相·을니ᅐ·실·씨。千載아·래。盛德·을슬·ᄫ·니
兄弟·예至情·이시·며·:모딘·쇠·를니ᅐ·실·씨。오·ᄂᆞᆳ나·래。仁俗·을일·우
시·니

宗室鴻恩。且忘反相。故維千載。盛德稱仰
兄弟至情。不念舊惡。故維今日。仁厚成俗

[어절 분석]

宗室·에#鴻恩·이시·며#①:모딘#相·을#니ᅐ·실·씨#千載#아·래#盛
德·을#슬·ᄫ·니
兄弟·예#至情·이시·며#:모딘#·쇠·를#니ᅐ·실·씨#②오·ᄂᆞᆳ나·래#仁
俗·을#일·우시·니

---

276) 爭長之言: 서로 존장 됨을 다투는 말.

漢 高祖는 秦이 고립되어 망함을 보고 同姓을 각지에 봉하여 천하를 다스리고자 하였다. 종형 賈를 莉王으로 삼고 아우 交를 楚王, 형 喜를 代王, 아들 肥를 齊王으로 삼았다. 형왕이 아들이 없으므로 형왕을 吳王이라 하고 고조의 형의 아들을 오왕으로 삼았다. 대왕 희의 아들 변에게 반역의 조짐이 보이나 천하가 한 집안이니 한 고조의 뜻을 거스르지 말라 일렀다.

李成桂의 9족이 돈독하였는데 桓祖가 세상을 떠나자 元桂가 적사277)라 하여 이성계를 꺼려 康祐의 처와 변고를 꾸미기도 하였으나 이성계는 이를 개의치 않았다. 원계가 죽은 후 그의 아이들을 잘 양육했으며 개국 후에는 높은 벼슬을 주었다.

[현대역]

(한 고조가) 종실에 홍은이시며 모진 상을 잊으시므로 천년 후에 성덕을 일컬으니

(이성계가) 형제에게 지정이시며 모진 꾀를 잊으시므로 오늘날에 인속을 이루시니

[주석]

① :모딘: 모딜-(어간) + -ㄴ(관형사형 어미)

제1차 중간본의 방점이 [HL]인데 원간본의 방점은 [RL]이다. 제1차 중간본의 모딘[HL]의 [H] 방점 위치가 후구의 모딘[RL]과 비교할 때 상성의 아랫부분 방점 위치와 동일하여 상성이었던 것이 탈각되어 거성처럼 보이는 것이다. 따라서 모딘의 성조는 [RL]이 옳다.

---

277) 嫡嗣: 적출(嫡出)의 사자(嗣子)

② 오·눐나·래: 오눐날(체언) + 애(시간의 부사격조사)

'오눐날'은 합성어로 본다. '눐'의 사이시옷이 'ㅿ'으로 표기된 것이 특수
하다. '오눐날'의 경우 성조가 [LHH]이고 '오눐날'은 성조가 [LHL]인 것
은 특기할 만하다. '오눐날'은 『龍飛御天歌』에서만 확인되는 형태이다.

<龍歌077>

·느·믠仇讎ㅣ·라커·늘。日月之明·이실·씨。다·시·쓰·샤。富庶·를보시·니
·느·믠주·규·려커·늘。天地之ㅁ量·이실·씨。다·시사ᄅ·샤。爵祿·을·주
시·니

人謂讎也。日月明顯。迺復用之富庶斯見

人欲誅矣。天地ㅁ量廓。迺復生之爵祿是錫

[어절 분석]

·느·믠#①仇讎278)ㅣ·라#커·늘#日月之明·이실·씨#다·시#②·쓰·샤#
富庶279)·를#보시·니

·느·믠#③주·규·려#커·늘#天地之ㅁ量·이실·씨#다·시#④사ᄅ·샤#
爵祿280)·을#주시·니

[배경 고사]

李世民(훗날 唐 太宗)이 즉위하기 전, 魏徵이 이세민의 형 建成에게 秦
王(이세민의 즉위 전 봉호)을 죽이라 한 적이 있었는데 건성이 패사하

---

278) 仇讎: 원수. 적.
279) 富庶: 부유하고 백성이 많다
280) 爵祿: 벼슬과 녹봉

였다. 형제간을 이간질하였으나 이세민은 위징의 재주를 아껴 詹事主簿로 삼았다.

李成桂가 즉위 후 鄭道傳은 李穡, 禹玄寶 등을 죽이자고 하였으나 태조는 이색 등을 불러 대접하고 職牒을 다시 주었다.

[현대역]
남은 구수라 하거늘 (당 태종은) 일월지명281)이시므로, 다시 쓰시어 부서를 보시니
남은 죽이려 하거늘 (태조는) 천지지량282)이시므로 다시 살리시어 작록을 주시니

[주석]
① 仇讎ㅣ·라#커·늘: [仇讎(체언) + ㅣ(서술격조사)]— + —다(종결어미) # ᄒ—(어간) + —거늘(연결어미)
종결어미 '—다'는 서술격조사 'ㅣ' 뒤에서 '—라' 형으로 교체된다. 'ᄒ거늘'이 축약되어 '커늘'로 나타난다.

② ·쓰·샤: 쓰—(어간, 用) + —시—(주체 높임의 선어말어미) + —아 (연결어미)

③ 주·규·려#커·늘: [죽—(어근) + —이(사동 접사)]— + —우—(의도법의 선어말어미) + —리—(추측의 선어말어미) + —어(연결어미) # ᄒ—(어간) + —거늘(연결어미)

---

281) 日月之明: 해와 달과 같이 밝은 총명.
282) 天地之量: 천지와 같이 넓은 도량.

④ 사른·샤: 사른 −(어간) + −(ᄋ)시−(주체 높임의 선어말어미) + −
아(연결어미)

<龍歌 078>

嚴威·로·처섬·보·샤◦遒終·애殊恩·이시·니◦뉘아·니◦좃:줍·고·져ᄒᆞ·리
赤心·ᄋ·로·처섬·보·샤◦遒終:내ロ赤心·이시·니◦뉘아·니◦ᄉᆞ랑·ᄒᆞ·ᅀᆞ
ᇦ·리

維是嚴威◦始相見之◦終以殊恩◦孰不願隨
維是ロ赤心◦始相見斯◦終亦ロ赤心◦孰不思懷

[어절 분석]
嚴威·로#·처섬#①·보·샤#遒終·애#殊恩·이시·니#②·뉘#아·니#③좃:
줍·고·져#ᄒᆞ·리
赤心·ᄋ·로#·처섬#·보·샤#④遒終:내ロ赤心·이시·니#·뉘#아·니#⑤
·ᄉᆞ랑·ᄒᆞ·ᅀᆞᇦ·리

[배경 고사]
黥布가 劉邦(훗날 漢 高祖)을 도와 천하를 평정하고 漢에 이르렀는데
그때 유방은 발을 씻으며 경포를 대하였다. 이에 경포는 크게 노하여
유방을 찾아간 것을 후회하였다. 경포가 숙사에 이르렀는데 음식과 시
중드는 일들이 유방의 거처와 같았기에 경표는 매우 기뻐했다.

李成桂는 항상 정성을 다하고 진실한 태도로 사람을 대하였다. 이성계

가 왕위에 오른 후에는 功臣都監을 설치하여 개국공신들을 우대하였
고, 왕위에 오르기 전에는 옛 친구들을 각별히 대했다. 태조의 옛날과
다를 바 없는 태도에 백성들이 감탄하고 그를 진심으로 따랐다.

[현대역]
엄위283)로 처음 서로 보시고 이에 수은284)이시니 (유방을) 누가 아니
쫓고자 하리
적심285)으로 처음 서로 보시고 이내 적심이시니 (이성계를) 누가 아니
사랑하리

[주석]
① ·보·샤: 보-(어간, 看) + -시-(주체 높임의 선어말어미) + -아
(연결어미)

② ·뉘: 누(체언) + ㅣ(주격조사)

③ 좇:줍·고·져#ㅎ·리: 좇-(어간, 從) + -숩-(객체 높임의 선어말어
미) + -고져(연결어미) # ㅎ-(어간) + -리(연결어미)
장윤희(1997)에서는 위의 'ㅎ리'를 'ㅎ- + -(ㅇ)리 + -(으)이'로 분
석하였다. 자세한 내용은 <상세 문법 설명> 내용 참조.

④ 酒終:내
<상세 문법 설명> 내용 참조.

---

283) 嚴威: 엄하고 위풍이 있음. 또는 그 위풍.
284) 殊恩: 특별한 은혜
285) 赤心: 거짓 없는 참된 마음.

⑤ ᄉᆞ랑·ᄒᆞᅀᆞᆸ·리: [ᄉᆞ랑(어근, 思) + -ᄒᆞ(동사 파생 접사)]- + -
ᅀᆞᆸ-(객체 높임의 선어말어미) + -(ᄋᆞ)리(연결어미)

〈龍歌 079〉

始終·이다ᄅᆞ·실·ᄊᆡ·功臣·이疑心ᄒᆞ·니·定鼎無幾·예·功·이그·츠·니이·다
始終·이·ᄀᆞᄐᆞ실·ᄊᆡ·功臣·이忠心·이·니·傳祚萬世·예·功·이그·츠·리잇·가

始終有異·功臣疑惑·定鼎無幾·遂絶其績
始終如一·功臣忠勳·傳祚萬世·豈絶其勳

[어절 분석]
始終·이#①다ᄅᆞ·실·ᄊᆡ#功臣·이#疑心ᄒᆞ·니#定鼎無幾·예#功·이#②
그·츠·니이·다
始終·이#③·ᄀᆞᄐᆞ실·ᄊᆡ#功臣·이#忠心·이·니#傳祚萬世·예#功·이#④
그·츠·리잇·가

[배경 고사]
劉邦(훗날 漢 高祖)이 項羽와 천하를 다툴 때에는 韓信, 彭越, 黥布 등을
중용하였다. 그런데 유방이 천하를 통일한 후에는 한신, 팽월, 경포를
차례대로 죽였다.

李成桂는 처음부터 끝까지 자신을 도운 신하들을 사랑하고 정성으로
대했다. 이에 공신들이 충성을 다해 이성계를 섬겼다.

[현대역]

(유방이) 시종이 다르시므로 공신이 의심하니 정정무기286)에 공이 끊어진 것입니다.

(이성계는) 시종이 같으시므로 공신이 충이니 전조만세287)에 공이 끊어지겠습니까

[주석]

① 다ᄅ·실·씨: 다ᄅ−(어간, 異) + −시−(주체 높임의 선어말어미) + −ㄹ씨(연결어미)

② 그·츠·니이·다: 그츠−(어간, 絶) + −니이다(종결어미)

③ ·ᄀᆞ·ᄐ실·씨: 긑−(어간) + −(ᄋᆞ)시−(주체 높임의 선어말어미) + −ㄹ씨(연결어미)

④ 그·츠·리잇·가: 그츠−(어간, 絶) + −리잇가(종결어미)

＜龍歌 080＞

武功:샨아·니爲·ᄒᆞ·샤ㅇ션·빅·를:아ᄅ실·씨。鼎峙之業·을ㅇ:셰시·니이·다
討賊·이겨·를·업·스샤·디ㅇ션·빅·를:ᄃᆞ·ᄉ실·씨。太平之業·이ㅇ·빛·나시·니이·다

────────────────────

匪直爲武。且識儒生。鼎峙之業。肆克樹成
不遑討賊。且愛儒士。太平之業。肆其光煒

[어절 분석]

武功:쌘#아·니#爲·ᄒᆞ·샤#션·비·를#:아·ᄅ실·씨#鼎峙之業·을#①:셰
시·니이·다

討賊288)·이#겨·를#②:업·스샤·딕#션·비·를#③:ᄃᆞ·ᅀᆞ실·씨#太平之
業·이#·빛·나시·니이·다

[배경 고사]

蜀漢의 劉備가 "나는 陳元方과 鄭康成과 함께 지내면서 그들에게서 가
르침을 받고 治亂의 도리를 알 수 있었다."라고 했다. 진원방과 정강성
은 漢의 유학자이다. 나라를 세울 때에는 武功만으로는 되지 않고 정치
에도 밝아야 한다.

李成桂는 본시 유학을 중시하여 군의 일을 보는 중에도 틈틈이 명망 있
는 학자를 불러 학문을 강론하고 밤이 늦도록 책을 볼 때가 많았다. 이
성계가 兀刺를 정벌했을 때 元의 壯元 拜住를 만나게 되었다. 이성계는
배주가 장원이라는 것을 알게 되자 그를 대접하여 도성으로 돌아왔다.
恭愍王은 배주를 判司農寺事에 임명하였다.

[현대역]

(유비가) 무공 뿐만을 위하시지 않고 선비를 아시므로 정치지업289)을
세우신 것입니다.

---

288) 討賊: 도둑을 치는 것.
289) 鼎峙之業: 세 나라가 마주 서는 일.

(이성계가) 토벌할 겨를이 없으시되 선비를 사랑하시므로 태평지업[290]
이 빛나신 것입니다.

[주석]

① :셰시·니이·다: [셔-(어간) + -이(사동 접사)]- + -시-(주체 높
임의 선어말어미) + -니이다(종결어미)

② :업·스샤·딕: 없-(어간) + -(으)시-(주체 높임의 선어말어미) +
-오딕(연결어미)

③ :듯·ᄉ실·ᄊᆡ: 듯-(어간, 愛) + -(ᄋᆞ)시-(주체 높임의 선어말어미)
+ -ㄹᄊᆡ(연결어미)

<龍歌 081>

千金·을아·니앗·기·샤ᄋᆞ·글册·을 求·ᄒᆞ시·니ᄋᆞ經世度量·이ᄋᆞ·크시·니이·다
聖性·을 아·니미드·샤ᄋᆞ學問·이기프·시·니ᄋᆞ創業規模ㅣᄋᆞ:머·르시·니이·다

不吝千金ᄋᆞ典籍是索ᄋᆞ經世度量ᄋᆞ是用恢廓
不矜口聖性ᄋᆞ學問是邃ᄋᆞ創業規模ᄋᆞ是用遠大

[어절 분석]

千金·을#아·니#①앗·기·샤#·글#册·을#求·ᄒᆞ시·니#經世度量·이#②·
크시·니이·다

聖性·을#아·니#③미드·샤#學問·이#④기프·시·니#創業規模ㅣ#⑤:
머·르시·니이·다

[배경 고사]
趙匡胤(훗날 宋 太祖)은 성품이 장중하고 말수가 적으며 책 보기를 좋
아했다. 그는 군의 일을 볼 때에도 책을 손에서 놓지 않았다. 어느 곳에
좋은 책이 있다는 이야기를 들으면 천금을 아끼지 않고 구입하였다.

李成桂는 어지러운 상황을 이겨낼 수 있는 능력이 있고 仁厚한 덕이 있
는 사람이었다. 그는 언제나 유학자들과 함께 지내며 經史를 강론하였
다. 이성계는 집안에 유학자가 없음을 부끄럽게 생각하고 李芳遠(훗날
朝鮮 太宗)에게 일찍이 유학에 힘쓰게 하였다.

[현대역]
(조강윤이) 천금을 아끼지 않으시어 글 책을 구하시니 경세도량291)이
크신 것입니다.
(이성계가 본인의) 성성을 믿지 않으시어 학문이 깊으시니 창업규
모292)가 머신 것입니다.

[주석]
① 앗·기·샤: 앗기-(어간) + -시-(주체 높임의 선어말어미) + -아
   (연결어미)

② ·크시·니이·다: 크-(어간) + -시-(주체 높임의 선어말어미) + -
   니이다(종결어미)

---

291) 經世度量: 세상을 다스리는 도량.
292) 創業規模: 나라를 세운 규모.

③ 미드·샤: 믿-(어간, 信) + -(으)시-(주체 높임의 선어말어미) +
  -아(연결어미)

④ 기프·시·니: 깊-(어간, 深) + -(으)시-(주체 높임의 선어말어미)
  + -니(연결어미)

⑤ :머·르시·니이·다: 멀-(어간, 遠) + -(으)시-(주체 높임의 선어말
  어미) + -니이다(종결어미)

<龍歌 082>

혀·근션·빅·룰·보시·고。御座·애:니·르시·니。敬儒之心·이。:엇더·ᄒ시·니
늘·근션·빅·룰·보시·고。禮貌·로·꾸·르시·니。右文之德·이。:엇더·ᄒ시·니

引見小儒。御座遽起。敬儒之心。云如何己
接見老儒。禮貌以跪。右文之德。云如何己

[어절 분석]
①혀·근#션·빅·룰#·보시·고#御座·애#②:니·르시·니#敬儒之心·이#:
엇더·ᄒ시·니
늘·근#션·빅·룰#·보시·고#禮貌·로#·꾸·르시·니#右文之德·이#:엇더·
ᄒ시·니

[배경 고사]
高麗 忠烈王이 세자를 元에 보냈는데, 政堂文學 鄭可臣과 禮賓尹 閔漬
가 元에 따라갔다. 하루는 元 世祖가 便殿에서 고려 세자를 불러들여 무

슨 책을 읽고 있는지를 물었다. 고려 세자가 정가신과 민지와 함께『孝經』,『論語』,『孟子』등 經書를 강론하고 있다고 대답하였다. 元 세조가 기뻐하여 정가신과 민지를 불러와 함께 이야기를 나누었다. 두 사람의 지식에 감탄한 세조는 정가신에게 翰林學士 嘉義大夫를, 민지에게는 直學士 朝列大夫의 직위를 주었다.

高麗 恭讓王 때에 韓山君 李穡이 귀양살이에서 풀려나 서울에 돌아와 李成桂를 만났다. 이성계가 그를 기쁘게 맞이하여 이색을 상좌에 앉혔다. 이성계가 무릎을 꿇어 이색에게 술을 권하고 이색은 술을 서서 마셨다.

[현대역]
(원 세조가) 작은 선비를 보시고 어좌293)에서 일어나시니 경유지심294)이 어떠하시니
(이성계가) 늙은 선비를 보시고 예모295)로 꿇으시니 우문지덕296)이 어떠하시니

[주석]
① 혀·근: 혁−(어간, 小) + −(으)ㄴ(관형사형 어미)

② :니·르시·니: 닐−(어간, 起) + −(으)시−(주체 높임의 선어말어미) + −니(연결어미)

---

293) 御座: 임금의 자리.
294) 敬儒之心: 선비를 공경하는 마음.
295) 禮貌: 예절에 맞는 몸가짐.
296) 右文之德: 학문을 높이는 덕.

<龍歌 083>

君位·를·보·비·라 홀·씨··큰 命·을 알·외·요리·라。바·룷·우·희·金塔·이소·
스·니

·자ᄒᆞ·로 制度ㅣ 날·씨。仁政·을 맛·됴리·라。하·늘·우·힛。金尺·이ᄂᆞ·리
시·니

位曰大寶。大命將告。肆維海上。迺湧金塔

尺生制度。仁政將託。肆維天上。迺降金尺

[어절 분석]

君位²⁹⁷⁾·를#①:보·비·라#홀·씨#·큰#命·을#②알·외·요리·라#③바·
룷#우·희#金塔·이#④소·스·니

⑤·자ᄒᆞ·로#制度ㅣ#⑥날·씨#仁政·을#⑦맛·됴리·라#하·늘#우·힛#
金尺·이#⑧ᄂᆞ·리시·니

[배경 고사]

王建(훗날 高麗의 太祖)이 임금이 되기 전에 아홉 층의 금탑이 바다 가
운데에 솟아 있고, 자기가 그 위에 올라가 있는 꿈을 꾸었다.

李成桂가 임금이 되기 전에 神人이 하늘에서 내려와 금척을 주면서 이
것으로 나라를 바로잡으라는 꿈을 꾸었다.

[현대역]

군위를 보배라 하므로 (왕건에게) 큰 명을 알리려고 바다 위에 금탑이
솟으니

---

297) 君位: 임금의 지위.

자로 제도를 만들기 때문에 (이성계에게) 인정[298]을 맡기려고 하늘에서 금척[299]을 내리시니

[주석]
① :보·빅·라#훌·씨: [보빅(체언) + zero형 서술격조사]- + -다(종결어미) # ᄒ-(어간) + -ㄹ씨(연결어미)

② 알·외·요리·라: 알외-(어간) + -오-(의도법의 선어말어미) + -리라(종결어미)
'알외-'의 'ㅣ'의 영향으로 후행하는 '-오-'에 반모음이 삽입되어 '요'로 표기되었다.

③ 바·롮#우·희: 바롤(체언, 海) + ㅅ(관형격조사) # 우(ㅎ말음체언) + 의(처소의 부사격조사)

④ 소·ᄉ·니: 솟-(어간) + -(ᄋ)니(연결어미)

⑤ ·자ᄒ·로: 자(ㅎ말음체언) + (ᄋ)로(도구의 부사격조사)

⑥ 날·씨: 나-(어간, 出) + -ㄹ씨(연결어미)

⑦ 맛·됴리·라: [맞-(어근) + -이(사동 접사)]- + -오-(의도법의 선어말어미) + -리라(종결어미)

---

298) 仁政: 어진 정치.
299) 金尺: 금으로 만든 자.

⑧ ᄂᆞ·리시·니: ᄂᆞ리-(어간) + -시-(주체 높임의 선어말어미) + -
니(연결어미)

<龍歌 084>

:님·그·미賢·커·신마·ᄅᆞᆫ。太子·를:몯。어·드실·ᄊᆡ。누본남·기。니·러셔·니
이·다
나·라·히오·라·건마·ᄅᆞᆫ。天命·이다·아갈·ᄊᆡ。이·본남·기。·새·닢나·니이·다

維帝雖賢。靡有太子。時維僵柳。忽焉自起
維邦雖舊。將失天命。時維枯樹。茷焉復盛

[어절 분석]

:님·그·미#①賢·커·신마·ᄅᆞᆫ#太子·를#:몯#:어·드실·ᄊᆡ#②누본#남·
기#③니·러셔·니이·다
나·라·히#오·라·건마·ᄅᆞᆫ#天命·이#④다·아#⑤갈·ᄊᆡ#⑤이·본#남·기#
·새#·닢#⑥나·니이·다

[배경 고사]

漢 昭帝 때에 泰山에서 큰 돌이 일어섰는데, 높이가 1장 5척이고 굵기
가 48아름이었다. 동산에서는 말라 죽었던 버드나무가 다시 살아났다.
符節令 畦弘이 "돌과 버드나무는 백성의 상징인데 큰 돌이 스스로 일어
서고 죽었던 버드나무가 다시 살아나는 것은 백성 가운데에서 임금이
난다는 것입니다."라고 말했다. 5년 뒤에 소제가 죽고 소제의 아들이
없으므로 민간에서 임금을 맞아들였다. 그가 武帝의 증손 宣帝이다.

咸鏡道 德源에 큰 나무가 한 그루 있었다. 나무가 말라 죽은 지 여러 해가 되었는데 李成桂가 開國을 하기 1년 전에 나무가 다시 살아났다. 이때 사람들이 이것을 보고 새 나라가 생길 징조라 하였다.

[현대역]
임금(한 소제)이 현망하시지만 태자를 얻지 못하시므로 누운 나무가 일어선 것입니다.
나라(고려)가 오래되었건만 천명이 다해 가므로 시든 나무에 새 잎이 난 것입니다.

[주석]
① 賢·커·신마·른: [賢(어근) + －ᄒ(형용사 파생 접사)]－ + －시－(주체 높임의 선어말어미) + －건마른(연결어미)

② 누븐: 눕－(어간) + －(으)ㄴ(관형사형 어미)

③ 니·러셔·니이·다: 니러셔－(어간) + －니이다(종결어미)

④ 다·아#갈·씨: 다ᄋ－(어간) + －아(연결어미) # 가－(어간) + －ㄹ씨(연결어미)

⑤ 이·븐: 입－(어간, 衰) + －(으)ㄴ(관형사형 어미)

⑥ 나·니이·다: 나－(어간, 出) + －니이다(종결어미)

<龍歌 085>

方面·을:몰·라·보시·고∘벼·스·를도·도시·니。하·ᄂᆞᇙᄆᆞᅀᆞ·ᄆᆞᆯ∘·뉘고·티ᅀᆞ·ᄫᆞ·리
識文·을:몰·라·보거·늘∘ㅁ나·라ᇫ일·홈ᄀᆞᄅᆞ·시·니。ㅁ天子ᅀᄆᆞᅀᆞ·ᄆᆞᆯ∘·뉘달·애ᅀᆞ·ᄫᆞ·리

不覺方面∘聿陞官爵。維天之心∘誰改誰易
未曉識文∘聿改國號。維ㅁ帝之衷∘誰誘誰導

[어절 분석]

方面·을#:몰·라·보시·고#벼·스·를#①<u>도·도시·니</u>#②하·ᄂᆞᇙ#ᄆᆞᅀᆞ·ᄆᆞᆯ#·뉘#③<u>고·티ᅀᆞ·ᄫᆞ·리</u>
識文·을#:몰·라·보거·늘#나·라ᇫ#일·홈#④<u>ᄀᆞᄅᆞ·시·니</u>#天子ᅀ#ᄆᆞᅀᆞ·ᄆᆞᆯ#·뉘#⑤<u>달·애ᅀᆞ·ᄫᆞ·리</u>

[배경 고사]

後周 世宗은 신하 가운데에 얼굴이 모나고 귀가 큰 사람이 앞으로 임금이 될 우려가 있다고 생각하고 그러한 사람을 죽였다. 그런데 趙匡胤(훗날 宋 太祖)은 얼굴이 모나고 귀가 컸지만 세종은 이를 깨닫지 못하고 그에게 벼슬을 주었다. 이것은 천명이 조광윤에게 내려졌기 때문이다.

圖讖에 '早明'이라는 말이 있었는데 아무도 그 뜻을 알지 못했다. 明 太祖가 우리나라 이름을 '朝鮮'으로 고칠 것을 명했는데, 이는 아침 해가 선명하다는 뜻이다. '조선'의 뜻은 '早明'과도 뜻이 통한다.

[현대역]

방면(조광윤)300)을 몰라보시고 벼슬을 돋우시니 (조광윤이 송을 건국
한다는) 하늘의 마음을 누가 고치리
식문을 몰라보거늘 (명 태조가) 나라의 이름을 바꾸시니 천자의 마음을
누가 달래리

[주석]

① 도·도시·니: [돋-(어간, 陞) + -오(사동 접사)]- + -시-(주체 높
임의 선어말어미) + -니(연결어미)

② 하·ᄂᆞᆳ#ᄆ ᅀᆞᆷ·ᄆᆯ: 하늘(체언) + ㅅ(관형격조사) # ᄆ ᅀᆞᆷ(체언, 心) +
ᄋᆞᆯ(목적격조사)

③ 고·티ᅀᆞᆸ·ᄫ·리: 고티-(어간) + -ᅀᆞᆸ-(객체 높임의 선어말어미) +
-(ᄋᆞ)리(연결어미)

④ ᄀ ᄅᆞ·시·니: 골-(어간, 換) + -(ᄋᆞ)시-(주체 높임의 선어말어미)
+ -니(연결어미)

⑤ 달·애ᅀᆞᆸ·ᄫ·리: 달애-(어간, 說) + -ᅀᆞᆸ-(객체 높임의 선어말어미)
+ -(ᄋᆞ)리(연결어미)

---

300) 方面: 네모반듯한 얼굴.

<龍歌 086>

여·슷놀·이디·며·다·숫가마·괴디·고。빗·근남·굴·이·느·라나·마시·니
石壁·에·수·멧·던·:네:넛·글아·니라·도。하·놇·뜨·들·이·뉘모·른·숫·봉·리

六麕斃兮。五鴉落兮。于彼橫木。又飛越兮
岩石所匿。古書縱微。維天之意。執不之知

[어절 분석]
여·슷#놀·이#①디·며#다·숫#가마·괴#디·고#②빗·근#남·굴#느·라
#③나·마#시·니
石壁·에#④·수·멧·던#:네#:넛#·글#아·니라·도#⑤하·놇#·뜨·들#·뉘
#⑥모·른·숫·봉·리

[배경 고사]
李成桂가 여섯 살 때에 노루 여섯 마리를 활로 쏘아 잡고 까마귀 다섯
마리를 화살 하나로 떨어뜨렸다. 하루는 이성계가 李之蘭과 함께 사슴
을 쫓았는데 그때 사슴이 나무 밑으로 달아났다. 이성계는 나무를 넘어
가서 그 밑으로 빠져 나왔다. 이성계는 나무쪽으로 달려 나오는 말을
다시 타고 그 사슴을 쫓았고 활을 쏘아 잡았다.

高麗 恭讓王 때에 이성계가 臨江縣 華藏山에서 사슴을 쫓아 절벽에 이
르렀다. 사슴이 절벽을 미끄러져 내려가니 이성계가 쫓아가 사슴을 활
로 쏘았다. 이성계가 潛邸에 있을 때에 중이 찾아와서 智異山 바위 사이
에서 얻었다는 글을 바쳤다. 그 글에는 "木子가 돼지를 타고 내려와 三
韓의 땅을 바로 잡는다."라는 말이 있었는데, 이성계가 중을 맞이하려
했으니 이미 중은 떠난 후였다.

[현대역]

(이성계가 활을 쏘아) 여섯 노루가 떨어지며 다섯 까마귀가 떨어지고
(사슴을 쫓던 이성계가) 비스듬한 나무를 날아 넘어 있으니
석벽에 숨겨져 있던 옛글이 아니라도 (이성계가 왕이 된다는) 하늘의
뜻을 누가 모르리

[주석]

① 디·며: 디−(어간, 落) + −며(연결어미)

② 빗·근: 빗−(어간, 遹) + −(으)ㄴ(관형사형 어미)

③ 나·마#시·니: 남−(어간, 越) + −아(연결어미) # 시−(어간, 有) +
−니(연결어미)

④ ·수몟·던: 숨−(어간) + −어(연결어미) # 잇−(어간) + −더−(시
상의 선어말어미) + −ㄴ(관형사형 어미)

⑤ 하·놇: 하늘(체언) + ㆆ(사잇소리)
여기에서는 '하늘'과 결합한 'ㆆ'을 사잇소리로 본다.

⑥ 모·ᄅᆞᆞ·ᄫᆞ·리: 모ᄅᆞ−(어간) + −ᅀᆞᆸ−(객체 높임의 선어말어미) +
−(ᄋᆞ)리(연결어미)

<龍歌 087>

몰우·횟대:버·믈·흔·소ㄴ·로·티시·며。싸·호·ᄂᆞᆫ·한쇼ᄅᆞᆯ°:두소ㆍ내자ᄇᆞ·시·며
ᄃ리·예·ᄠ러딜ᄆᆞ·ᄅᆞᆯ°넌즈시·치·혀시·니。□聖人神力·을°어·ᄂᆞ:다슬·ᄫᅳ·리

馬上大虎° 一手格之° 方鬪巨牛° 兩手執之
橋外隕馬° 薄言挈之° □聖人神力° 奚罄說之

[어절 분석]

몰#우·횟#①대:버·믈#흔#·소ㄴ·로#②·티시·며#싸·호·ᄂᆞᆫ#·한#③·
쇼·ᄅᆞᆯ#:두#소·내#자ᄇᆞ·시·며

ᄃ리·예#④·ᄠ러딜#ᄆᆞ·ᄅᆞᆯ#넌즈시#⑤·치·혀시·니#□聖人神力·을#어·
ᄂᆞ#:다#⑥슬·ᄫᅳ·리

[배경 고사]

李成桂가 東北面에 있을 때에 범을 잡았다. 그때 범이 너무 가까이 있어
피하려 하자 범은 말 위로 뛰어올랐다. 이성계가 급하게 오른손으로 범
을 치니 범은 다시 일어나지 못하였다. 이성계는 말머리를 돌려 활을
쏘아 대범을 죽였다.

高麗 恭讓王 때에 이성계가 咸州에 있었는데, 큰 소 두 마리가 싸운 일
이 있었다. 이성계가 두 손으로 소를 한 마리씩 잡으니 소가 마침내 싸
우지 못했다. 또한 이성계가 通川 叢石亭에 가는 중에 安邊 鶴浦橋에 이
르러 잠이 들었다. 이때 말이 다리를 지나다가 실족하여 다리 밑으로
떨어졌다. 그때 이성계가 두 손으로 말의 귀와 갈기를 잡으니 말이 공
중에 매달려 떨어지지 않았다. 이성계가 사람을 시켜 칼로 말의 안장을
베어 버리고 말을 놓자 말은 물에서 헤엄쳐 나왔다.

[현대역]

(이성계가) 말 위의 대범을 한 손으로 치시며 싸우는 큰 소를 두 손에 잡으시며

(이성계가) 다리에 떨어질 말을 넌지시 잡아당기시니 성인신력을 어찌다 말씀드리리

[주석]

① 대:버·믈: 대범(체언) + 을(목적격조사)

② ·티시·며: 티-(어간, 打) + -시-(주체 높임의 선어말어미) + -며(연결어미)

③ ·쇼·롤: 쇼(체언) + 롤(목적격조사)

④ ·뻐딜: 뻐디-(어간) + -(으)ㄹ(관형사형 어미)

⑤ ·치·혀시·니: [치-(접사) + 혀(어근, 挽)]- + -시-(주체 높임의 선어말어미) + -니(연결어미)

⑥ 솔·ᄫ·리: 솗-(어간) + -(ᄋ)리(연결어미)

<龍歌 088>

마·순사·ᄉ·미등·과ᄒ도ᄌ·기·입·과·눈·과。遮陽ㄱ·세·쥐。:네·도잇·더신·가
굿·븐쉬·을。:모·디늘·이시·니。ㅁ聖人神武ㅣ。:엇더·ᄒ시·니

麋背四十。與賊口目。遮陽三鼠。其在于昔

維伏之雉。必令驚飛。▯ 聖人神武。固如何其

[어절 분석]

마·슨#사·ㅅ·미#등·과#도ᄌ·기#·입·과#·눈·과#遮陽ㄱ#:세#·쥐#:
네·도#①잇·더신·가

②구ᇰ·븐#쒹·을#:모·디#③ᄂᆞᆯ·이시·니# ▯ 聖人神武ㅣ#④:엇더·ᄒ시·니

[배경 고사]

李成桂가 辛禑를 따라 海州에서 사냥을 하면서 사슴 40마리의 등을 화살로 쏘아 맞혔다. 사람들이 이성계의 神技에 감탄했다. 이성계가 元 丞相 納哈出과 싸울 때에 적의 입을 쏘고 倭寇와 싸울 때에는 적의 눈을 쏘았다. 또 이성계가 潛邸에 있을 때에 禹仁烈과 함께 대청 위에 앉아 있었는데 쥐 세 마리가 차양 가장자리를 지나는 것을 보고 화살로 쏘아 맞혔는데 죽이지 않고 다 떨어뜨렸다.

이성계는 엎드려 있는 꿩을 보면 반드시 날게 한 후 꿩이 하늘로 날아오르면 화살로 쏘아 맞혔다.

[현대역]

(이성계가 쏘아 맞췄던) 마흔 (마리의) 사슴의 등과 도적의 입과 눈과 차양301)의 세 (마리의) 쥐가 옛날에도 있으시던가

(이성계가) 구부린 꿩을 반드시 날게 하시니 성인신무302)가 어떠하시니

---

301) 遮陽: 햇볕을 가리거나 비가 들이치는 것을 막기 위하여 처마 끝에 덧붙이는 좁은 지붕.
302) 聖人神武: 성인의 신기한 힘.

[주석]

① 잇·더신·가: 잇-(어간) + -더-(시상의 선어말어미) + -시-(주
　체 높임의 선어말어미) + -ㄴ가(의문형 종결어미)

배석범(1996)은 의문형어미 '-ㄴ가'의 형태가 『龍飛御天歌』의 체계에
서 벗어났다고 보았다. 배석범(1996)은 『龍飛御天歌』에서 모든 형태가
'ㅎ쇼셔'체로 끝나는데 '-ㄴ가'가 나타나 불균형을 이룬다고 판단하였
고 '-ㄴ가'의 쓰임에 대하여 김정아(1985)의 견해를 제시하였다. 김정
아(1985)에서는 '-ㄴ가'가 15세기에 독립적으로 쓰였더라도 실제 대
화적 의문문이라고 확신하기는 힘들다고 지적한 바가 있다. 배석범
(1996:86)은 김정아(1985)의 내용을 수용하여 '-ㄴ가'가 상위절에 내
포되어 쓰이는 간접 의문의 형태라고 보았다.

② 굿·븐: 굿블-(어간, 個) + -(으)ㄴ(관형사형 어미)
'ㄴ' 앞에서 '굿블-'의 'ㄹ'이 탈락하였다.

③ 놀·이시·니: [놀-(어간) + -기(사동 접사)]- + -시-(주체 높임
　의 선어말어미) + -니(연결어미)
'놀기-'의 'ㄱ'이 'ㄹ' 뒤에서 약화되었다.

고영근(1987/2010:184)에 따르면 어간이 'ㄹ, ㅅ'으로 끝나는 동사가 사
동 접사 '-이-'와 결합하면 분철되면서 후두음이 얹힌다고 보았다.
'드리다, 버므리다'와 같은 대부분의 용언들은 연철표기를 하지만 '놀
이다'를 비롯한 '굿블이다, 놀이다, 말이다, 셜이다, 울이다' 등은 분철
표기를 보인다. 다만, '놀이다'는 '놀기다'에서 왔을 가능성이 높다. '날
리다'의 함경도 방언형으로 '날기다'가 존재한다. 따라서 여기에서는
'놀이다'의 사동 접사를 '-기-'로 보고 '놀이다'의 어형이 '놀기다>
놀이다>날리다'와 같이 변한 것으로 보고자 한다.

④ :엇더·ᄒ·시·니: [엇더-(어근) + -ᄒ(형용사 파생 접사)]- + -시
-(주체 높임의 선어말어미) + -니(연결어미)

<龍歌 089>[303)]

·솘바·올닐·굽·과。이·본나모·와。·투·구:세·사·리。:네·도·쏘잇·더신·가
東門밧·긔·독·소·리것·그·니。□ 聖人神功·이。·쏘:엇더·ᄒ시·니

松子維七。與彼枯木。兜牟三箭。又在于昔
東門之外。矮松立折。□ 聖人神功。其又何若

[어절 분석]

①·솘바·올#닐·굽·과#②:이·본#나모·와#·투·구#:세#·사·리#③:네·

303) 해당 본문의 형태와 방점은 서울대학교 규장각 한국학연구원에 소장된 1612년
(광해군4)에 간행된 만력본을 저본으로 하였다.

	수록장	원간초쇄본 (가람본)	원간후쇄본 (고판본)	제1차 중간본 (만력본)	제2차 중간본 (순치본)	제3차 중간본 (건륭본)	실록본
표기 어형 및 방점 차이	권9 88		늘·이시·니	늘·이시니			
	권9 88		:엇더·ᄒ시·니	엇더·ᄒ시·니			
	권9 90		:엇더·ᄒ시·니	:엇더·ᄒ시·니			
	권9 91		아·바:님	아·바·님			
	권9 92		大孝	大孝ㅣ	→	→	
	권9 92		오·슬	·오·슬			
	권9 95		잇·더·니	엇더·니	잇더·니	→	
	권9 95		마쯔·비·예	마쯔비·예			
	권9 95		:놀라·니	·놀라·니			
	권9 95		:좃·ᄉᄫ·니	·좃·ᄉᄫ·니			
	권10 98		正統·애	正統애			
	권10 98		듣ᄌ·바	듣ᄌ바			
	권10 98		·뷘 길·헤	·뷘 길헤			
	권10 99		:니신·돌	:내신·돌	→	→	→

<u>도#·쏘#잇·더신·가</u>
東門#④밧·긔#⑤독·소·리#⑥것·그·니#聖人神功·이#·쏘#:엇더·ᄒ
시·니

[배경 고사]
高麗 禑王 때, 李成桂가 왜적을 맞아 몸소 싸울 것을 자청하였다. 咸州
에서 군영 안에 있는 소나무 한 그루를 칠십 보 밖에서 쏘았는데, 일곱
개의 화살로 일곱 개의 솔방울을 모두 맞추었다. 그리고 100여 보 앞에
비스듬히 서 있는 마른 나무를 연이어 세 발을 쏘아 세 번 다 맞추니 적
이 서로 마주보며 탄복하였다. 또 왜적과 싸우러 나가기에 앞서 백 수
십 보 밖에 투구를 두고 이를 쏘아서 승부를 점치고자 하였는데, 세 발
을 쏘아 세 번 다 맞추고 말하기를, "오늘의 일을 알 만하다." 하고 나아
가 싸웠다.

이성계가 威化島에서 회군하여 도성문 밖에 이르렀을 때 백여 보 거리
에 키 작은 소나무 한 그루가 서 있었는데, 이성계는 승리의 징조를 보
여 주어 군사들의 마음을 하나로 묶고자 하여 활을 쏘아 한 발에 맞혀
가지를 부러뜨렸다. 이에 이성계는 "또 쏘아서 무엇하겠는가." 하였다.

[현대역]
솔방울 일곱과 시든 나무와 투구를 맞힌 세 개의 화살304)이 옛날에도
또 있으시던가
동문 밖의 보득솔(다복솔)이 꺾어지니, 성인신공이 또한 어떠하시니

---

304) 여기서 화살은 이성계의 재주를 가리킴.

[주석]

① ·솘바·올: 솔(체언) + ㅅ + 바올(체언)
여기서 'ㅅ'은 사이시옷으로 볼 수도 있고, 관형격조사로 볼 수도 있다.

② :이·븐: 입 —(어간) + —(으)ㄴ(관형사형 어미)

③ 녜·도: 녜(체언, 昔) + 도(보조사)
16세기에 들어서 '녜'는 두음법칙의 적용으로 'ㄴ'이 탈락한다.

④ 밧·긔: 밧(ㄱ 말음체언, 外) + 의(처소의 부사격조사)
현대국어 '밖(外, 表)'의 15세기 형태는 '밤'이었다. '밧'에 모음이 연결
되면 'ㄱ'이 나타나고, 자음이 연결되면 'ㄱ'이 나타나지 않는다. 정윤자
(2007:81 — 83)에 따르면, 15세기에는 '밧기, 밧'이 나타났고, 16세기에
는 '밧기, 받기, 받끠/밧'이 나타난다. 17세기에 이르면 '밧, 받, 받기, 받
끠, 밧끠, 박, 박끠, 밖' 등이 나타나는데, 이것은 '밤'에 조사가 붙을 때,
'밧기'에서 1음절 말음 'ㅅ'의 미파화로 후행자음 '기'가 된소리로 발음
되어 '밧끠'로 되고, 제2음절 초성 'ㄱ'에 역행동화를 경험하여 'ㅅ'이
'ㄱ'으로 되었다고 한다.

⑤ 독·소·리: 독솔(체언, 矮松) + 이(주격조사)
독솔은 키가 작고 가지가 많은 어린 소나무를 뜻한다.

⑥ 겻·그·니: 겪 —(어간) + —(으)니(연결어미)
여기서 '겪다'는 자동사로 쓰였다. 이처럼 뚜렷한 형태의 변화 없이 자
동사와 타동사로 두루 쓰이는 동사를 능격동사(중립동사)라고 한다. 다

음 예를 보면, 동일한 동사 '걷다'가 예) ①에서는 타동사로 쓰이고, ②에서는 자동사로 쓰였음을 알 수 있다.

예) ① 고블 곳 <u>것고</u> <釋譜 11:41b>
　　② 두 갈히 <u>것그니</u> <龍歌 36>

<龍歌 090>

:두兄第·쇠·하·건마·론。藥·이하·늘계·우·니。아·바:님지ᄒ·신。일·홈:엇더·ᄒ시·니

:두:버·디·빅배·얀마·론。ᄇ르·미하·늘계·우·니。ㅁ·어마:님드르·신。:말:엇더·ᄒ시·니

兄第謀多。藥不勝天。厥考所名。果如何焉
兩朋舟覆。風靡勝天。維 ㅁ 母所聞。果如何焉

[어절 분석]

:두#兄第#·쇠#①·하·건마·론#藥·이#하·늘#②계·우·니#아·바:님#③지ᄒ·신#일·홈#:엇더ᄒ·시·니

:두#·버·디#·빅#④:배·얀마·론#ᄇ르·미#하·늘#계·우·니#·어마:님#드르·신#:말#:엇더·ᄒ시·니

[배경 고사]

李世民(훗날 唐 太宗)의 형과 아우가 이세민을 죽이려고 독약을 먹였으나 이세민은 죽지 않았는데 하늘에서 정해 놓은 사람은 독약도 해치지 못하기 때문이다. 당 태종의 이름은 世民인데, 그 뜻은 '세상을 구제하

고 백성을 편안하게 한다(濟世安民).'라는 뜻이다.

李芳遠(훗날 太宗)이 南京에 갔다가 돌아올 때, 발해에 이르러 회오리 바람을 만났는데 다른 두 배는 침몰하였으나 이방원의 배는 무사하였다. 이방원이 아직 어렸을 때, 術士 文成允이 은밀하게 이방원의 어머니인 神懿王后에게 "이 아이는 天命이 있을 것이니 다른 사람에게는 말하지 말라."고 했다.

[현대역]
(당 태종의) 두 형제가 꾀가 많건마는 약이 하늘(의 뜻)을 못 이기니, 아버님(당 고조)이 지으신 이름이 어떠하시니
(이방원의) 두 벗이 (탄) 배가 엎어지건마는 바람이 하늘(의 뜻)을 이기지 못하니, 어머님이 들으신 말이 어떠하시니

[주석]
① ·하·건마·ᄅᆞᆫ: 하－(어간, 多) ＋ －건마ᄅᆞᆫ(연결어미)

② 계·우·니: 계우－(어간, 不勝) ＋ －(으)니(연결어미)

③ 지ᄒᆞ·신: 짛－(어간) ＋ －(ᄋᆞ)시－(주체 높임의 선어말어미) ＋ －ㄴ
(관형사형 어미)

④ :배·야마·ᄅᆞᆫ: 배－(어간, 覆) ＋ －야마ᄅᆞᆫ(연결어미)
'覆'은 '전복되다'는 뜻이다.
'－야마ᄅᆞᆫ'의 '－야'는 '－아/어－'의 'ㅣ' 밑에 일어나는 변이형태로서

'-어-'와 같은 기능을 한다. 모음조화에 따라 '-안'의 형태가 되고, '배-'의 반모음 'ㅣ' 때문에 '-얀'의 형태를 가진 것으로 보인다.

<龍歌 091>

아·바:님이받ᄌᆞ·ᄫᆞᇙ·제◦·어마:님·그리·신·눈ᇈ·므·를。左右ㅣ:하ᅀᆞ·ᄫᅡ◦아·바:님怒·ᄒᆞ시·니
아·바:님:뵈ᅀᆞ·ᄫᆞᇙ·제◦□·어마:님여·희·신·눈ᇈ·므·를。左右ㅣ슬ᄊᆞ·ᄫᅡ◦□아·바:님일ᄏᆞᄅᆞ·시·니

侍宴父皇◦憶母悲涕。左右訴止◦父皇則懠
來見□父王◦戀□母悲淚。左右傷止◦□父王稱謂

[어절 분석]

아·바:님#①이받ᄌᆞ·ᄫᆞᇙ#·제#·어마:님#·그리·신#·눈ᇈ·므·를#左右ㅣ#②:하ᅀᆞ·ᄫᅡ#아·바:님#怒·ᄒᆞ시·니
아·바:님#:뵈ᅀᆞ·ᄫᆞᇙ#·제#·어마:님#여·희·신#·눈ᇈ·므·를#左右ㅣ#③슬ᄊᆞ·ᄫᅡ#아·바:님#일ᄏᆞᄅᆞ·시·니

[배경 고사]

李世民(훗날 唐 太宗)이 궁중 잔치에서 죽은 어머님을 생각하며 눈물을 흘렸는데, 아버지 高祖가 돌아보고 좋아하지 않았다. 고조의 여러 비빈들이 "이는 저희들을 미워하여 우는 것"이라고 태종을 모함하니, 고조가 태종에게 매우 노하여 멀리하였다.

李芳遠이 어머니 神懿王后가 별세하자 시묘를 하면서 李成桂를 만나 통곡하니, 곁의 사람들이 모두 슬퍼하였다. 이후 이성계는 항상 아들 이방원의 효성을 칭찬하였다.

[현대역]
(이세민이) (아버님을 위하여) 잔치를 할 때, 어머님이 그리워 우시는 눈물을 좌우 사람들이 참소하여 아버님이 노하시니
(이방원이) 아버지 이성계를 뵈올 때, 어머님을 여의고 우시는 눈물을 좌우 사람들이 슬퍼하여, 아버님이 (이방원의 효성을) 칭찬하시니

[주석]
① 이받ㅈ·봃: 이받-(어간, 侍宴) + -ㅅ-(객체 높임의 선어말어미) + -(으)ㅭ(관형사형 어미)
김태곤(2008:415-417)에 의하면 '이받다'의 명사형인 '이바디'는 중세 국어에서 '宴會'의 뜻으로 쓰이면서 연회 음식을 나타내기도 했다.

　　예1) 이바딜 머구리라 새옴 ᄆᆞᅀᆞᆷᄋᆞᆯ 낸대 닐웨롤 숨엣더시니 <月印 39b>

17세기에는 어형이 구개음화되어 '이바지'로 표기된 것도 있지만, 의미 는 중세국어시기와 마찬가지였다. 18세기에는 어형이 '이바지'로만 표 기되었는데, '연회'의 뜻으로는 '이바지'란 말의 쓰임이 차츰 줄어들고 대신 '잔치'란 말이 많이 쓰였다.

　　예2) 우리 이 잔치예 언마 술을 먹엇ᄂᆞ니 <蒙老 7:5b>

19세기에는 '연회'의 뜻으로 '이바지'가 쓰이지 않는 대신 '잔채'란 말이

쓰였을 것으로 생각되는데, 이러한 근거는 20세기 초에 간행된 조선총독부의 『朝鮮語辭典』에 '이바지'란 명사 단어가 실려 있지 않고 대신 '잔채'란 단어만 실려 있으며, 1938년에 간행된 문세영의 『朝鮮語辭典』에는 이바지를 '잔치의 옛말' 또는 '혼례의 사투리'로 풀이하고 있기 때문이다. 조선총독부와 문세영의 『朝鮮語辭典』을 보면, 동사 '이바지하다'에 '물건을 공급하다'의 뜻이 있고, 특히 문세영의 『朝鮮語辭典』에는 '바라지하다'의 뜻이 있는 것으로 보아 당시에 '이바지'에도 같은 뜻이 있었을 것으로 추정된다. 그리고 '이바지'가 20세기 중엽부터는 추상화된 의미인 '貢獻'의 뜻으로도 쓰였다. 현재는 '공헌함, 힘들여 음식 같은 것을 보내어 주거나 또는 그 음식, 물건을 갖추어 바라지함' 등의 뜻으로 사용된다.

② :하ᅀᆞ·봐: 할-(어간, 訴) + -ᅀᆞᆸ-(객체 높임의 선어말어미) + -아(연결어미)

'-ᅀᆞᆸ-'의 'ㅅ' 앞에서 '할-'의 'ㄹ'이 탈락하였다.

③ 슬ᄊᆞ·봐: 슳-(어간, 傷) + -ᅀᆞᆸ-(객체 높임의 선어말어미) + -아(연결어미)

'슳-'의 종성 'ㅎ'이 같은 마찰음 계열의 'ㅅ'과 만날 때는 'ㅆ'으로 표기가 변한다. 즉, 마찰음 'ㅎ, ㅅ' 다음의 'ㅅ'은 'ㅆ'으로 변한다. <龍歌 061> [주석] ②를 참조.

<龍歌 092>

至孝ㅣ·더·러 ᄒᆞ실·씨。ᄂᆞ·ᆫ 즐기·ᄂᆞᆫ 나·를。아니·즐겨。聖經·을니르·시·니

大孝ㅣ·이·러 ᄒᆞ실·씨。ᄂᆞ·ᆫ 믿받·ᄂᆞᆫ·오·ᄉᆞᆯ。아니바·사 禮經·을從·ᄒᆞ시·니

至孝如彼。人樂之日。我獨不樂。聖經是說

大孝如此。人脫之衣。我獨不脫。禮經是依

[어절 분석]

至孝ㅣ#①·더·러·ᄒᆞ실·ᄊᆡ#②·ᄂᆞ·ᄆᆞᆫ#·즐기·ᄂᆞᆫ#·나·ᄅᆞᆯ#·아·니#·즐·겨
#聖經·을#니르·시·니

大孝ㅣ#·이·러·ᄒᆞ실·ᄊᆡ#·ᄂᆞ·ᄆᆞᆫ#③받ᄂᆞᆫ#·오·ᄉᆞᆯ#아·니#바·사#禮經·
을#從·ᄒᆞ시·니

[배경 고사]

唐 太宗이 생일을 맞이하여 기뻐하지 않고 "이제 천하에 군림하여 사해
의 부를 누리고 있지만 부모의 슬하에서 즐기는 기쁨은 영원히 얻을 수
없다."고 하며, 詩經에도 '슬프도다! 나의 부모님이여. 날 낳으심에 그
지없이 수고로우셨어라.'라는 시구가 있으니, 내가 어찌 즐길 수 있겠
는가 하였다.

삼국(高句麗, 百濟, 新羅) 이래로 왕이 죽으면 상주가 되는 왕은 삼년상
을 지키지 않았다. 朝鮮 太祖가 죽자 신하들이 모두 喪을 짧게 하기를
청하였으나 太宗은 듣지 않고 禮經의 규정대로 삼년복을 입었다.

[현대역]

(당 태종의) 지효305)가 저러하시므로 남들은 다 즐기는306) 날에 (당 태
종은) 아니 즐기고 성경307) 말씀을 말하시니

---

305) 至孝: 지극한 효성
306) '樂'의 음은 '洛'이다.
307) 聖經: 성인의 경전.

(태종의) 대효308)가 이러하시므로 남들은 벗는 상복을 (태종은) 아니 벗어 예경을 좇으시니

[주석]
① ·뎌·러·ᄒ실·씨: 뎌러ᄒ—(어간) + —시—(주체 높임의 선어말어미) + —ㄹ씨(연결어미)
'뎌러ᄒ다'는 이후 구개음화와 단모음화를 겪어 형태가 '뎌러ᄒ다>져러ᄒ다>저러ᄒ다'로 변했다.

② ·ᄂᆞ·ᄆᆞᆫ: ᄂᆞᆷ(체언, 人) + ᄋᆞᆫ(보조사)
조항범(2009:130)의 설명을 보면, 15세기에 '사람'을 뜻하는 단어로 'ᄂᆞᆷ'과 '놈'이 쓰였다. '놈'은 지금과 달리 '사람' 또는 '남자'에 대한 비칭이 아니라, 이들에 대한 평칭으로 쓰였고, 'ᄂᆞᆷ'은 '사람'이라는 뜻보다는 '他人'의 뜻으로 더 많이 쓰였다. 'ᄂᆞᆷ'은 지금 '남'으로 남아 있다. 그런데 남부 일부 지역에서는 '남'에 대한 방언형으로 '놈'을 쓰고 있다. 'ᄂᆞᆷ'이 '놈'과 같은 의미를 지니기도 하였고, '놈'이 '남'의 방언형으로 남아 있는 것은 '놈'이 'ᄂᆞᆷ'에 기원을 두고 있는 단어일 가능성을 높인다. 남부 방언 '놈'은 사람을 가리킬 때뿐만 아니라 사물이나 동물을 가리킬 때도 사용된다.

③ 밧ᄂᆞᆫ: 밧—(어간, 脫) + —ᄂᆞᆫ(관형사형 어미)
김태곤(2002:125)에 따르면, 15세기 초에는 '밧다'와 '벗다'가 엄격히 구분되어 사용되었다. 중세국어에서 '벗다'는 原義가 '비켜나다(避)'이지만, '벗다'와 모음상 대응되는 '밧다'는 구체적인 사물인 '옷 등을 벗

---

308) 大孝: 큰 효성.

는 것(脫衣)'을 의미하고, '벗다'는 아래의 예와 같이 추상적인 의미에
쓰였다.

예) ① 비켜나다(原義): 길 버서 쏘샤(避道而射) <龍歌 36>
   ② 벗어나다(모면하다): 罪를 버서 地獄을 골아 나니 <月印 29a>
   ③ 解脫하다: 버서남 求티 아니코(不求解脫) <法華 2:84b>

그러나 점차로 '벗다'는 '밧다'가 의미하던 것까지도 포함하였으며, '밧
다'는 소멸하여 결과적으로 '벗다'의 의미가 확대되었다.

<龍歌 093>

아·바:님梓宮·을:두ᅀᆞ·샤◦高平·에아·니·가시·면◦配天之業·이◦구드·시·
리잇·가
·어마:님山陵·을:두ᅀᆞ·샤◦栗村·애도·라·오시·면◦建國之功·을◦일·우시·
리잇·가

守考梓宮◦高平不赴◦配天之業◦其何能固
戀□妣山陵◦栗村旋行◦建國之功◦其何能成

[어절 분석]
①아·바:님#梓宮·을#②:두ᅀᆞ·샤#高平·에#아·니#·가시·면#配天之
業·이#구드·시·리잇·가
·어마:님#山陵·을#:두ᅀᆞ·샤#栗村·애#도·라·오시·면#建國之功·을#
일·우시·리잇·가

[배경 고사]

後周 世宗(柴榮)이 아버지 太祖의 재궁을 산릉에 모시고, 高平 진지로 출정하여 왕업을 굳건히 지켰다.

李芳遠이 속촌에 있는 齊陵(神懿王后의 능)에서 侍墓하고 있을 때, 아버지 李成桂가 海州에서 사냥하다가 말에서 떨어져서 개경으로 돌아온다는 소식과 또 이성계가 개경에 들어오는 날 鄭夢周가 난을 일으키려고 한다는 말을 듣고 곧 제릉을 떠나 이성계에게 그 소식을 전하였다. 이후 정몽주를 암살하고 조선 건국의 공을 세웠다.

[현대역]

(후주 세종이) 아버님의 재궁309)을 사랑하시어(잊지 못하시어) 고평 전투에 아니 가시면 배천지업310)이 굳으시겠습니까
(이방원이) 어머님의 산릉을 잊지 못하시어 (산릉이 있는) 속촌에311) 돌아오시면, 건국지공312)을 이루시겠습니까

[주석]

① 아·바:닚: 아바님(체언) + ㅅ(관형격조사)
선행체언이 존칭의 대상이므로 관형격조사 'ㅅ'이 사용되었다.

② :드ᅀᆞ·샤: 돗ᅳ(어간, 守考, 戀) + ᅳ(ᄋᆞ)시ᅳ(주체 높임의 선어말어미) + ᅳ아(연결어미)
'돗ᅳ'의 'ㅅ'이 모음 사이에서 유성음화되어 'ㅿ'으로 표기되었다.

---

309) 梓宮 : 가래나무로 만든 천자의 널로서 생전에 거처한 궁실과 같다는 뜻이다.
310) 配天之業: 하늘에 짝할 만한 왕업.
311) '栗村'은 山陵에 있는 지명이다.
312) 建國之功: 나라 세우는 공.

<龍歌 094>

·내:가·리이·다말·이·나。宗廟爲·ᄒᆞ·야·가시·니。紹興之命·을。金人·이모·
ᄅ·니

:네·가·사ᄒ·리·라·커시·늘。ㅁ社稷爲·ᄒᆞ·야·가시·니。忠國之誠·을。ㅁ天
子ㅣ:아·ᄅ시·니

人請去矣。去爲宗廟。紹興之命。金人莫料
汝必往哉。往爲ㅁ社稷。忠國之誠。ㅁ天子迺識

[어절 분석]

·내#①:가·리이·다#②말·이·나#宗廟#③爲·ᄒᆞ·야#·가시·니#紹興之
命·을#金人·이#모·ᄅ·니

:네#④·가·사#ᄒ·리·라#⑤·커시·늘#社稷#爲·ᄒᆞ·야#·가시·니#忠國
之誠·을#天子ㅣ#:아·ᄅ시·니

[배경 고사]

宋이 金에 패하면서 徽宗(北宋 제8대 왕)은 欽宗(북송의 마지막 왕)에게
선위하였다. 그때 금이 親王과 재상을 볼모로 보낼 것을 요구하므로 흠
종은 사신으로 갈 만한 사람을 찾았다. 李綱이 스스로 가기를 청하였으
나 결국 흠종의 아우인 趙構(훗날 高宗)가 의연하게 자청하여 볼모가
되어 화친을 맺게 하였다. 조구는 금의 군영에 머무르면서 활을 잘 쏘
았기 때문에 금에서는 그를 친왕으로 믿지 않고 돌려보내고 다시 肅王
樞를 볼모로 요구하였다.

朝鮮 太祖 때 여진으로 사신을 보낸 문제로 明에서 책임을 묻고 왕자를

볼모로 삼기를 원하여, 李芳遠이 나라를 위하여 볼모로 명에 갔었다.

[현대역]

(송의 이강이) "내가 (금으로) 가겠습니다." (하고) (친왕을 볼모로 보내는 것을) 말리나 (송의 조구가) 종묘를 위하여 (금으로) 가시니, (조구의) 소흥지명313)을 금인이 모르니

(태조 이성계가 이방원에게) "네가 가야 할 것"이라고 하시거늘 (이방원이) 사직을 위하여 가시니, 충국지성을 천자가 아시니

[주석]

① :가·리이·다: 가ー(어간) + ー리이다(종결어미)

② 말·이·나: 말이ー(어간) + ー나(연결어미)
<龍歌 026>의 [주석] ③ 참조.

③ 爲·ᄒᆞ·야: [爲(어근) + ー ᄒᆞ(동사 파생 접사)]ー + ー아(연결어미)

④ ·가·사: 가ー(어간) + ー아(연결어미) + 사(보조사)
이기문(1961/1998:184)에서는 '사'를 차자표기 '沙'로 소급하면서 강세의 첨사로 칭하였고, 박용찬(2008:87)에서는 연결어미 'ー어'와 보조사 '사'의 통합형인 'ー어사'의 통사·의미 구조를 살펴보면서 먼저 'ー어사'는 선행절의 주어와 관련하여 인칭에 따른 별다른 제약이 없다고 하였다. 다음 예를 보면 알 수 있다.

---

313) 紹興之命: 천자가 될 운명을 받고 있었음.

예1) ① 내 뎌 性을 아라사 근흔 體어늘 <楞解 10:22a>
　　② 믈윗 字ㅣ 모로매 어우러사 소리 이ᄂ니 <訓解 13a>

다음으로 동사, 형용사뿐만 아니라 서술격조사와도 통합하며, 15세기 후반의 문헌에서 드물긴 하지만, '－에사'로 출현하기도 한다.

예2) ① 그 나ᄆᆫ 三品ᄋᆫ 모로매 佛地라사 비르서 그츠리니 <楞解 8:63a>
　　② 貴戚과 權門괘 筆迹을 어데사 屛風障子애 비치 나ᄆᆯ 비르수 아ᄂ니
　　　라 <初杜解16:38b>

또한 '－어사'는 기본적으로 [조건] · [한정]의 의미를 나타내는데, '～해 야만' 정도로 해석된다. 하지만 '－어사'의 용례 가운데 상당수는 [조건] · [한정], [계기] · [한정] 가운데 어느 의미로 해석해야 할지 결정하기가 쉽지 않다고 했다. '…－어사 { ᄒ－, 올ᄒ－, 맛당ᄒ－, 동－}'의 형식 으로 쓰이는 '－어사'는 [조건] · [한정]의 의미가 두드러진다. 특히 '－ 거사'는 선어말어미 '－거－'에 연결어미 '－사'가 통합한 것으로서 '－ 어사'와는 다른 부류에 속한다면서 [계기] 또는 [계기] · [한정]의 의미 를 나타내는 것으로 보았다.

⑤ ·커시·늘: ᄒ－(어간) + －시－(주체 높임의 선어말어미) + －거늘
　　(연결어미)

<龍歌 095>

·처섬·와傲色잇더·니。濟世英主ㅣ실·씨。마쯔비·예ㅇ 므 ᄉ·물 놀라·니
:간고·대禮貌:업더·니。盖天口英氣실·씨。이바·디·예ㅇ 머·리·를 좃ᄉ·ᄫ·니

初附之時。尙有傲色。濟世英主。迎見驚服
所至之處。靡不蔑視。盖天口 英氣。當宴敬禮

[어절 분석]
·처엄#·와#傲色#잇더·니#濟世英主ㅣ실·씨#①마쯧비·예#②므 슥·
믈#·놀라·니
:간#③고·대#禮貌#:업더·니#盖天英氣실·씨#·이바·디·예#④머·리·
롤#⑤:좃ᄉᆞᄫᅵ·니

[배경 고사]
隨 李密이 스스로의 지략과 공명을 믿고 李淵(훗날 唐 高祖)을 대함에 있어
서 오만한 기색이 있더니, 그 아들 世民(훗날 唐 太宗)을 보고는 자기도 모
르게 깊이 감복하여 은개산314)에게 "이분이야 말로 참 영주"라 하였다.

明의 사신 牛牛란 자가 朝鮮에 오자 太祖는 여러 종친들에게 각자 잔치
를 베풀어 그를 위로하도록 하였는데, 가는 곳마다 무례한 짓을 저질렀
다. 그러나 李芳遠이 베푼 연회에서 이방원을 보고는 자기도 모르게 예
를 갖추어 머리를 조아렸다.

[현대역]
(이밀이) 처음 와서는 오만한 기색이 있더니 (이세민, 훗날 당 태종은)
제세영주315)이시므로, 맞이함에 마음을 놀래니
(명의 사신이) 간 곳에 (이르는 곳마다) 예모316) 없더니 (이방원, 훗날 조선
태종이) 개천영기317)이시므로, (명의 사신이) 연회에서 머리를 조아리니

314) 殷開山: 수말당초 시기의 관리이자 唐의 개국공신.
315) 濟世英主: 세상을 구제할 영주.
316) 禮貌: 예절을 지키는 것.

[주석]

① 마쯔·빙·예: [{맞− + −ᅌᅡᆸ}−(어근) + −이(명사 파생 접사)] + 예
　(조건 · 환경 · 상태의 부사격조사)

'마쯔빙'는 '맞이'의 객체 높임말로『龍飛御天歌』에만 보이는 어형이
다. 이는 '듣즙다'가 '듣다'에 객체 존대 선어말어미 '−즙−'이 붙어서
하나의 단어처럼 활용되는 것에 비추어 분석해 볼 수 있겠다. 즉 '맞즙
−'의 형태가 하나의 용언처럼 화석화되면서 '맞즙−'이 하나의 어근으
로 된다. 그런 다음 언중들이 '맞즙−'을 어근으로 활발하게 인식하게
되면서 명사 파생 접사 '−이'가 붙으면 '마쯔빙'의 형태를 추출할 수
있는 것이다.

② 므슴·믈#·놀라·니: 므슴(체언) + 을(목적격조사) # 놀라−(어간)
　+ −니(연결어미)

'놀라다'는 자동사인데 목적격조사 '을'이 선행하였다. 이는『龍飛御天
歌』의 특성상 한문 원문을 언해하는 과정에서 생기는 일종의 번역투로
볼 수 있다.

③ 고·대: 곧(체언) + 애(처소의 부사격조사)

장소를 뜻하는 '곳'의 15세기 형태는 '곧'이다. 정윤자(2007:36−39)에
서는 교체형과 환경에 따라서 ㉠곧/고디 ㉡곧디, 곳디/곳이 ㉢고시/곳
시 ㉣곳지로 구분한 다음, 15세기에서 20세기 자료의 용례를 통해 재
구조화 과정을 설명하고 있다. ㉠은 어간이 '곧'이다. ㉡은 근대국어시
기에 보이는 'ㄷ'말음 어간 '곧'의 중철 표기와 분철 표기로 근대국어시
기에 어말 위치에서 'ㅅ'이 [t]로 중화되었음을 알려주는 표기이다. ㉢은
어간 '곳'의 연철과 중철 표기로 재구조화되었음을 알 수 있는 표기이

---

317) 蓋天英氣: 세상을 덮을 만한 뛰어난 기상.

고, ㉣은 어간 '곳'의 중철 표기이다. 17세기까지는 어간 '곧'에 아무런 변화가 나타나지 않다가, 18세기에 '곳지, 곳듸'와 같은 형태가 나타나는데 이것은 어간이 '곳'으로 곡용되고 있음을 말해준다. 19세기에는 여러 환경에서 ㉢의 예가 매우 활발하게 나타나고 있어서 이 시기에 '곳'으로 재구조화가 일어났음을 알 수 있다고 하였다. 20세기에는 ㉡과 ㉢의 예만 나타나는데, 특히 ㉡의 예 중, '곳이, 곳에'의 경우 이전 시기의 '곳이'와는 달리 발음되었다. 즉 어간이 '곧'이었던 17, 18세기의 '곳에'는 'ㅅ'을 종성에 표기함으로써 [곧에→고데]로 발음됨을 나타냈지만, 20세기의 '곳에'는 어간이 '곳'으로 재구조화된 상태에서 이를 분철 표기하여 [고세]로 발음되었던 것이다.

④ 머·리·를: 머리(체언) + 룰(목적격조사)
중세국어 시기에는 '머리(髮)'와 '마리(頭)'의 의미가 구분되어 쓰이기도 했다. 이 시기에는 양성모음과 음성모음의 대립으로 의미가 분화되는 단어가 많다. 다음 예는 '마리'의 다의어이다.

예)318) ① 頭部: 믈 (머리에) 이여 오나늘 마리예 븟습고 <月印 13a>
　　　　② 頭髮: 마리와 손톱과 룰 바혀 <釋譜 6:44b>
　　　　③ 글의 수를 세는 단위: 셜리 짓눈 그른 즈믄 마리(首)오 <初杜解 21:42b>

박영섭(2008:109)에 의하면 '머리'는 '髮'에 대한 대역으로 『初杜解諺解』에는 '머리, 머리털'로 『救急方諺解下』, 『胎産集要』에는 '마리, 머리털, 털'로 『訓蒙字會』, 『光州版 千字文』, 『石峯 千字文』에는 '터럭'으로, 『新增類合』에는 '머리털'로 字釋되었다.

---

318) 김태곤(2002:373)에서 인용.

⑤ :좃·ᅀᄫ·니: 좃-(어간) + -ᅀᆸ-(객체 높임의 선어말어미) + -
   (ᄋᆞ)니(연결어미)

'좃다'는 다음 예와 같이 성조에 따라 의미가 달라지는 것을 알 수 있다.

예) ① 좃·다: 쪼다, 깨다
    ② :좃·다: 조아리다

<龍歌 096>

孝道홇·ᄊ·리·그·를·:어엿·비너·겨·보·샤·漢家仁風·을。일·우시·니이·다
孝道홇아·ᄃᆞᆯ우·루·믈。슬·피너·겨드르·샤。ㅁ 聖祖仁政·을。:도·ᄫᆡ시·니
이·다

孝女之書。覽之哀矜。漢家仁風。酒克成之
孝子之哭。ㅁ 聽之傷歎。ㅁ 聖祖仁政。斯能贊之

[어절 분석]

孝道홇#·ᄊ·리#·그·를#①:어엿·비#너·겨#·보·샤#漢家仁風·을#일·
우시·니이·다
孝道홇#아·ᄃᆞᆯ#우·루·믈#슬·피#너·겨#②드르·샤#聖祖仁政·을#③:
도·ᄫᆡ시·니이·다

[배경 고사]

漢 文帝 때 淳于意가 죄를 지어 처형을 당하게 되었는데, 그의 어린 딸
이 관비가 되어서 아비의 죄에 갚겠다고 애원하는 상소를 올렸다. 문
제는 그 뜻을 가엾게 여겨 형벌을 바꾸고 죄의 경중에 따라 연한이 지

난 후에는 그 벌을 면할 수 있도록 법조문을 고치도록 하는 조서를 내렸다.

朝鮮 太祖 때 朴子安이란 사람이 왜인을 다스림에 있어서 軍機를 그르쳐 사형을 당하게 되었는데, 그의 아들 朴實이 李芳遠을 찾아가 아비의 목숨을 구해 달라고 애걸하므로 이방원이 가엾게 여겨 태조께 여쭙고 박자안을 사형장에서 구했다.

[현대역]
(한 문제는) 효도할(효성이 지극한) 딸의 글을 불쌍히 여겨 보시어, 한 가인풍319)을 이루신 것입니다.
(이방원은) 효도할(효성이 지극한) 아들의 울음을 슬피 여겨 들으시어, 성조인정320)을 도우신 것입니다.

[주석]
① :어엿·비: 어엿브-(어근) + -이(부사 파생 접사)

② 드르·샤: 듣-(어간) + -(으)시-(주체 높임의 선어말어미) + -아 (연결어미)

③ :도·ᄫᆞ시·니이·다: 돕-(어간) + -(ᄋᆞ)시-(주체 높임의 선어말어미) + -니이다(종결어미)

---

319) 漢家仁風: 한의 어진 풍속.
320) 聖祖仁政: 성스런 태조의 어진 정사.

<龍歌 097>

將軍·도·하·건마·른。豁達大略·이실·씨。狂生·이들ᄌ·봐。同里·롤브·터
오·니

宗親·도·하·건마·른。ㅁ隆準龍顔·이실·씨。書生·이보ᅀ·봐。同志·롤브·
터오·니

將°軍雖多。豁達大略。狂生亦聞。依人以謁

宗親雖多。ㅁ隆準龍顔。書生載瞻。因友以攀

[어절 분석]

將軍·도#①·하·건마·른#豁達大略·이실·씨#狂生·이#들ᄌ·봐#②同
里·롤#브·터#오·니

宗親·도#·하·건마·른#隆準龍顔·이실·씨#書生·이#·보ᅀ·봐#同志·롤
#브·터#오·니

[배경 고사]

酈食其는 陳留 高陽 사람으로 그의 재능을 알아보지 못한 사람들이 미
치광이 선생이라고 불렀다. 그는 劉邦(훗날 漢 高祖)이 도량이 넓고 큰
계략을 가지고 있다는 말을 듣고, 한마을 사람에게 부탁하여 유방을 만
났다. 그 후 광생의 지략을 알아본 유방을 도와 큰 공을 세웠다.

李成桂는 콧마루가 높고 용의 기상을 지닌 얼굴이었는데, 여러 아들 중
에 유독 李芳遠이 그의 얼굴을 닮았다. 河崙은 이방원의 장인과 친구였
는데 본디 사람의 관상을 잘 보았다. 이방원의 얼굴을 본 하륜이 이방
원을 만나기를 청하였고, 이후 하륜은 이방원을 섬겨 공신이 되었다.

[현대역]

장군도 많건마는 (유방, 훗날 한 고조는) 활달대략321)이시므로, 광
생322)이 듣고 동리323)를 인연하여 오니

종친도 많건마는 (조선 이방원은) 융준용안324)이시므로 서생이 뵙고
동지를 인연하여(동지의 소개로) 오니

[주석]

① ·하·건마·른: 하-(어간) + -건마른(연결어미)

② 同里·룰#브·터: 同里(체언) + 룰(목적격조사) # 븥-(어간) + -어
(연결어미)

여기에서는 허웅(1977)과 김성규(2007)의 견해를 수용하여 이와 같이
형태소 분석을 하였다.

박진호(2015:395)에 따르면, 중세국어에 '공간상의 출발점, from'을 의
미하는 우언적 구성으로 '-을 브터'와 '-을 조차'가 있었다. '-을 브
터'는 동사 '븥-'이 목적어를 지배하는 구성인데, 동사 '븥-'은 본래
'依(의지하다, 의거하다)'의 의미로부터 추상화, 즉 허사화 되어 '自,
from'의 의미가 되었다. 형태상으로도 대격 대신 구격을 지배하게 되어
'-로 브터'가 되고 원순모음화를 거쳐 '-로부터'가 되고, '-로'가 빠
질 수 있게 되어 조사 '-부터'가 형성되었다325).

'브터'에 대해서는 약간의 이견이 존재한다. 허웅(1977:159)에서는 '브

---

321) 豁達大略: 도량이 넓고 지략이 뛰어나다.
322) 秦의 역이기(酈食其)를 가리킴.
323) 同里: 같은 마을 사람.
324) 隆準龍顔: 콧마루가 높고 용의 얼굴이다.
325) '브터'의 문법적 특성과 의미를 차자표기와 언해문헌의 한자와 대응시켜서 살핀
서종학(1983)의 논의도 참고할 수 있다.

터'가 '븥다(>붙다)'의 어찌꼴로 '인연하다, 의뢰하다'의 뜻을 가진다고
하였고, 조규태(2007/2010:198)에서는 '롤브터(로부터)'를 '실사의 허
사화'로 보았다. 즉 현대국어 조사 '(로)부터'는 중세국어 '브터'에서 온
말로, 이 말의 어원은 '븥다(붙다 着, 依)'라는 동사인데 중세국어에도
'브터'가 동사로 쓰일 때와 문장구조는 같으나 조사처럼 쓰이는 경우가
있었다고 하였다. 따라서 '同里롤브·터'는 '마을사람을 인연으로'와 '마
을사람으로부터'의 두 가지 의미로 생각해 볼 수 있다. 여기서는 허웅
의 해석을 따랐다.

한편 김성규(2007)에서는 '브터'를 성조의 관점에서 설명하고 있다. 김
성규(2007:23－24)에 따르면 '브터, 조차'를 순수한 문법형태소로 보기
에는 문제가 있다고 하였다. 이들 조사는 15세기에 항상 [LH]로만 실현
되는데 이들 조사의 제1음절이 뒤에서 두 번째 음절에 있으므로 앞에
거성의 음절이 오면 이들 음절은 '거성불연삼'의 율동규칙에 의해 당연
히 평성으로 실현된다. 그러므로 이러한 성조 자료만 있다면 이들 조사
의 첫 음절이 율동규칙을 겪어서 평성이 되었는지 아니면 항상 평성으
로만 실현되는 것인지 알기 어렵다고 보았다. 15세기에는 '어말평성
화'[326]라고 하는 별도의 율동규칙이 있었다. 어말에서 [HH]가 [HL]로
변하는 규칙인데, '브터'와 '조차'는 15세기의 어말평성화가 적용된
[HL]형을 발견하기 어려우므로 '브터, 조차'의 제1음절이 고정적인 평
성을 가지고 있었다고 할 수 있다. 그런데 16세기에 들어서면 '져머실
제브터<飜小 9:23a>'처럼 '브터'의 제1음절이 거성으로 실현된 예가
발견된다. '브터'가 16세기에는 성조 면에서도 완전한 문법화가 이루어
진 상태임을 보여 준다.

이들 조사는 원래 '븥－, 좇－'이라는 용언에 그 기원을 두고 있고(안병

---

326) 語末平聲化: 어말에서 'HH'가 'HL'로 변하는 율동규칙.

희, 1959/1978), 15세기에 'NP브테라'의 구성이 발견되므로 기원적으로 어휘형태소가 가지고 있던 문법적 지위를 15세기까지는 아직 유지하는 것으로 보아야 한다고 하였다.

<龍歌 098>

臣下ㅣ:말아·니드·러◦正統애有心훌·씨◦山·이草木·이◦軍馬ㅣ 드·빙·니이·다
:님·금:말아·니듣ㅈ·뱌◦ 嫡子ㅅ·긔無禮훌·씨◦:셔봀·번길헤◦軍馬ㅣ:
뵈·니이·다

弗聽臣言◦有心正統◦山上草木◦化爲兵衆
弗順ㅁ君命◦無禮ㅁ嫡子◦城中街陌◦若塡騎士

[어절 분석]
①臣下ㅣ#:말#아·니#드·러#正統애#有心훌·씨#山·이#草木·이#軍馬ㅣ#②드·빙·니이·다
:님·금#:말#아·니#듣ㅈ·뱌#嫡子ㅅ·긔#無禮훌·씨#:셔봀#③·번#길헤#軍馬ㅣ#④:뵈·니이·다

[배경 고사]
前秦의 苻堅이 천자가 될 뜻을 두고 주변의 만류에도 아랑곳 않고 백만 군사를 거느려 東晉과 싸웠지만 대패하였다. 그때 부견이 동생 苻融과 함께 壽陽城에 올라 바라보니 진의 대오가 반듯하고 또 八公山 위의 초목이 모두 진의 군사로 보여 "이 또한 강적인데 어찌 약하다 하랴."라고 하며 비로소 두려워하였다.

太祖 李成桂가 芳碩을 세자로 삼을 뜻을 두자, 鄭道傳 등이 다른 모든
왕자를 없애려고 왕자들을 궁중에 불러들여 죽이려고 했는데, 비밀이
새어서 李芳遠에게 모두 죽임을 당하고 말았다. 그때 방석의 무리가 군
사를 일으키기에 앞서 성 위에 올라가 형세를 엿보니 光化門에서 南山
에 이르기까지 무장한 기마병들이 가득 찬 것처럼 보여 감히 두려워 군
사를 출동시키지 못하였다. 당시 사람들은 이를 神助라고 하였다.

[현대역]
(전진의 부견이) 신하의 말을 아니 들어, 정통(의 천자가 되는 것)에 유
심하므로, 산의 초목이 군마가 된 것입니다(군마로 보인 것입니다).
(정도전 등이) 임금(이성계)의 말을 아니 들어, 적자(이방원)께 무례하므로,
서울의 빈 길에327) 군마가328) 보인 것입니다(가득 차 있는 것 같습니다).

[주석]
① 臣下ㅣ : 신하(체언) + ㅣ(관형격조사)
후기중세국어 시기에는 대명사나 일부 명사 뒤에 관형격조사의 형태
로 'ㅣ'가 사용되었다.

　　예)① 내 몸애 欲心 업거늘 <月印 40b>
　　　　② 公州ㅣ 江南을 저ᄒᆞ샤 <龍歌 15>

② ᄃᆞ외·니이·다 : ᄃᆞ외-(化爲, 어간) + -니이다(종결어미)

③ ·뷘#길헤 : 뷔-(어간) + -ㄴ(관형사형 어미) # 길(ㅎ말음체언) +
　　에(처소의 부사격조사)

---

327) '街'는 사방으로 통하는 큰길이다. '陌'은 저잣거리이다.
328) '騎'는 거성이다.

'·뷘 길헤'는 판본에 따라 방점이 다르기 때문에 확인할 필요가 있다. 고
판본에서는 상성으로 나오고, 만력본에서는 거성으로 나타나고 있는
데 만력본에서의 거성점은 탈각일 가능성이 높다.

④ :뵈·니이·다: [보-(어근) + -이(피동 접사)- + -니이다(종결어미)

<龍歌 099>

아·ᄌ미·를저ᄒ·샤◦讓兄ㄱ·ᄠ·들:내신·ᄃᆞᆯ◦討賊之功·ᄋᆞᆯ◦:눌·미·르시·리
朝臣·을거·스르·샤◦讓兄ㄱ·ᄠᆮ일·우신·ᄃᆞᆯ◦ᄆ定ᄆ社之聖ㅅ·긔◦:뉘아·니
·오·ᅀᆞᇦ·리

載畏媚氏◦讓兄意懷◦討賊之功◦伊誰云推
載拒朝臣◦讓兄意遂◦ᄆ定ᄆ社之ᄆ聖◦孰不來至

[어절 분석]
①아·ᄌ미·를#②저ᄒ·샤#讓兄ㄱ#·ᄠ·들#③:내신#·ᄃᆞᆯ#◦討賊之功·
ᄋᆞᆯ#④:눌#⑤:미·르시·리
朝臣·을#거·스르·샤#讓兄ㄱ#·ᄠᆮ#일·우신·ᄃᆞᆯ#定社之聖ㅅ·긔#·뉘#
아·니#·오·ᅀᆞᇦ·리

[배경 고사]
李隆基(훗날 唐 玄宗)가 태자로 있을 때, 太平公主의 참소를 두려워하여 宋
王 成器에게 태자 자리를 양보하려고 했으나 睿宗이 허락하지 않았다. 예
종은 태자가 반란군을 토벌한 공을 생각하여 도리어 그에게 양위하였다.

李芳遠이 鄭道傳의 난을 평정한 후, 모든 사람들이 그를 세자로 삼을 것을 太祖에게 간청하였으나 이방원은 극구 사양하며 형을 왕위에 오르게 하니 그가 李曔(초명은 芳果, 훗날 定宗)이다. 그러나 이경에게 아들이 없었으므로 사람들은 모두 마음속으로 이방원이 세자가 될 것이라고 짐작하였다.

[현대역]

(이륭기, 훗날 당 현종이) 아주머니를329) 두려워하여 형에게330) (태자 자리를) 양보할 뜻을 내신들, 토적지공331)을 누구에게 미루시리
(이방원이) 조정 신하의 뜻을 거스르고 형(이경, 훗날 정종)에게 양보할 뜻을332) 이루신들, 정사지성333)께 누가 오지 않으리

[주석]

① 아·즈미·를: 아즈미(체언) + 를(목적격조사)
李基文(1983:3－6)의 설명에 따르면 '아자비'는 '아비(父)'와 같은 항렬의 남자에게, '아즈미'는 '어미(母)'와 같은 항렬의 여자에게 적용되었으며, 이것은 부계와 모계를 가리지 않았다고 했다. 특히 아래에서 보듯이 '아즈미'의 경우 두루 사용되었음을 확인할 수 있다.

　예) 아즈미(妗, 嫂, 孀, 姑, 姨) <訓蒙 上:16b>

그리고 두 단어의 가장 오랜 기록은 『鷄林類事』에 나오는 '了査祕'와 '了子彌'인데, 후대의 '아자비'와 '아즈미'에 각각 대응되어 15세기의 어

---

329) 세속에서는 숙모를 '孀'이라 한다. 심씨는 태평공주를 말한다.
330) 兄은 宋王을 말하고, 賊은 모든 韋氏를 말한다.
331) 討賊之功: 적을 토벌한 공.
332) 讓兄意遂는 형에게 사양하려는 마음을 가지는 것이다.
333) 定社之聖: 사직을 안정시킨 성상.

형과 일치함을 알 수 있다. 조어 면에서 '아자비'의 경우 '아비'와 관련
된 것이므로 '아비' 앞에 '앚'이 붙어서 형성된 것으로 보이는데, '아ᄌᆞ
미'의 경우에는 쉽게 풀리지 않는다고 하였다. 결국 이기문(1983)에서
는 15세기의 '아ᄌᆞ미'를 '*아미(앚- + 어미)'에서 2음절의 모음 'ㅓ'가
1음절의 모음에 영향을 받아 'ㅏ'로 변한 '*아자미'의 모음 변화형으로
설명하였다. 곧 '*앚- + 어미>*아저미>*아자미>아ᄌᆞ미'의 변천
과정을 거친 것으로 본 것이다.

② 젛·샤: 젛-(어간) + -(ᄋᆞ)시-(주체 높임의 선어말어미) + -아
  (연결어미)

③ :내신#·둘(내신들) : 내-(어간) + -시-(주체 높임의 선어말어미)
  + -ㄴ(관형사형 어미) # 둘(의존명사)

④ :눌: 누(체언) + ㄹ(목적격조사)
'눌'은 미지칭 대명사 '누'의 목적격형이다[334].
여기서 'ㄹ'은 형태상으로는 목적격조사이지만 기능상으로는 여격의
부사격조사의 기능을 수행하고 있다.

⑤ :미·르시·리: 밀-(推, 어간) + -(으)시-(주체 높임의 선어말어미)
  + -리(연결어미)

<龍歌 100>

·믈우·흿龍·이ㅇ江亭·을向·ᅙᆞ ᅀᆞ·ᄫᆞ·니。天下 l 正홀·ᄋᆞ·ᄂᆞ·지·르샷·다

334) '누'에 대한 자세한 사항은 18장 주석⑤ 참조.

집우·휫龍·이。▯ 御床·을 向·ᄒᆞᆺ·ᄫᅵ·니。寶位·ᄐᆞ·실·ᄂᆞ·지·르샷·다

水上之龍。向彼江亭。迺是天下。始定之御
殿上之龍。向我▯ 御床。迺是寶位。將登之祥

[어절 분석]
·믈#①우·휫#龍·이#江亭·을#②向·ᄒᆞᆺ·ᄫᅵ·니#天下ㅣ#正홀#③ᄂᆞ·
지·르샷·다
집#우·휫#龍·이#御床·을#②向·ᄒᆞᆺ·ᄫᅵ·니#寶位335)#④·ᄐᆞ·실#ᄂᆞ·
지·르샷·다

[배경 고사]
趙匡胤(훗날 宋 太祖)이 後周 世宗을 따라 출정하여 江亭에서 싸울 때,
용이 물속에서 조광윤을 향해 뛰어나오니, 다들 놀랍게 여기며 장차 임
금이 될 징조라 하였다.

李芳遠이 松都에 있을 때 흰 용이 침실 위에 나타났는데, 시녀가 이를 보
고 金小斤 등에게 말하니 이윽고 안개가 자욱하게 끼더니 사라져 버렸다.

[현대역]
물 위에 있는 용이 (조광윤이 있는) 강가의 정자를 향하니 천하가 정해
질 조짐이던 것이도다
길 위의 용이 (이방원의) 침상336)을 향하니 (이것은 태종이) 임금의 자
리에 오르실 조짐이던 것이도다

---

335) 寶位: 임금의 자리.
336) 御床: 임금의 평상.

[주석]

① 우·흿: 우(ㅎ말음체언) + 윗(관형격조사)

허웅(1977:162)에서는 '우ㅎ'에 위치토씨 '의'가 붙고 다시 사잇소리가 표기된 것으로 분석하고 있다. 사잇소리 'ㅅ'은 유성음 환경에서 'ㅿ'으로 나타난 것으로 보인다. 조규태(2007/2010:202)에서는 이를 '우ㅎ + 의+ㅿ'으로 분석하고 '위에의'로 해석하고 있다. 조재형(2008:207)에 따르면 '윗'은 특이처격조사 '이/의' 뒤에 관형격조사 'ㅅ'이 붙어 '엣/앳/옛'의 의미로 사용된 것이다. '엣'은 부사격조사 '에'와 관형격조사 'ㅅ'이 결합된 복합조사인데, 기능상으로는 관형격조사의 기능을 하기 때문에 여기에서는 '앳, 엣, 옛'을 관형격조사로 처리하였고, 따라서 부사격조사 '이, 의'와 관형격조사 'ㅅ'이 결합된 복합조사 '잇, 윗'도 관형격조사로 처리하고자 한다.

② 向·ㅎ·ᅀᆞ·ᄫᆡ·니: [向(어근) + -ㅎ(동사 파생 접사)]- + -ᅀᆞᆸ-(객체 높임의 선어말어미) + -(ᄋᆞ)니(연결어미)

향하는 대상이 각각 '조광윤이 있는 정자'와 '이방원의 침상'이기 때문에 '-ᅀᆞᆸ-'이 쓰였다.

③ 느·지·르샷·다: [늦(체언) + 이(서술격조사)]- + -르-(선어말어미) + -시-(주체 높임의 선어말어미) + -옷-(감동법의 선어말어미) + -다(종결어미)

'늦'은 일반적으로 '조짐, 상서(祥瑞)'의 의미로 선행 연구들에서는 해석하고 있다. '느지르샷다'와 관련된 연구에서 가장 어려운 점은 형태소 분석이다. 특히 '르'를 어떻게 볼 것인가가 선행연구들에서는 각기 다른 관점을 제시하고 있다. 왜냐하면 중세국어시기에 선어말어미처럼 보이는 '-르-'의 형태로 보이는 것은 『龍飛御天歌』에서 보이는 '느지

르샷다' 단 하나만 있기 때문이다. '느지르샷다'와 관련된 선행연구로는
前間恭作(1924), 허웅(1977), 김경진(1988), 유창돈(1963ㄱ), 이숭녕
(1961) 등을 참고할 수 있다.

④ ·트·실: 트―(어간) + ―시―(주체 높임의 선어말어미) + ―ㄹ(관형
   사형 어미)

<龍歌 101>

天下·애功·이·크샤·딕ᄋ太子ㅿ位다ᄅ·거시·늘ᄋ:새:벼·리ᄋ나·지도·ᄃ·니
宗社·애功·이·크샤·딕ᄋ世子ㅿ位:뷔·어시늘ᄋ赤祲·이ᄋ바·ᄆᆡ비·취·니

功高天下ᄋ儲位則異ᄋ煌煌太白ᄋ當晝垂示
功大ㅁ宗社ᄋ儲位則虛ᄋ明明赤祲337)ᄋ方夜炳如

[어절 분석]
天下·애#功·이#①·크샤·딕#②太子ㅿ#位#③다ᄅ·거시·늘#④:새#:
벼·리#⑤나·지#도·ᄃ·니
宗社·애#功·이#·크샤·딕#世子ㅿ位#⑥:뷔·어시늘#赤祲·이#바·ᄆᆡ#
비·취·니

[배경 고사]
唐 高祖는 李世民(훗날 唐 太宗)의 지략으로 晉陽에서 병사를 일으킨 후
이세민을 태자로 삼고자 하였다. 돌궐의 郁射設이 河南을 침범해 오자,

---

337) 붉은 햇무리.

장자인 建成과 셋째인 元吉이 세민을 모해하고자 하였는데, 이세민이 이를 알고 대책을 정하여 병을 배치하니 샛별이 낮 하늘에 떴다.

李芳遠이 鄭道傳의 난을 평정하니 사람들이 다 이방원을 세자로 삼기를 청하였는데, 이방원이 이를 사양하므로 둘째인 李芳果(훗날 定宗)를 세자로 삼았다. 정종 즉위 후 적자가 없어 사람들이 모두 이방원이 세자가 될 것이라 여기니 朴苞가 이방원을 모해하려 하였다. 이때 하늘에 붉은 햇무리가 보였다.

[현대역]
(이세민은) 천하(를 다스림)에 공이 크시되, 태자의 자리는 다르시므로, 샛별이 낮에 돋으니
(이방원은) 종묘 사직(을 지킴)에 공이 크시되, 세자 자리가 비거늘, 붉은 햇무리가 밤에 비치니

[주석]
① ·크샤·딕: 크-(어간) + -시-(주체 높임의 선어말어미) + -오딕 (연결어미)

② 太子 △ 位: 太子(체언) + △ # 位(체언)

③ 다ᄅ·거시·늘: 다ᄅ -(어간) + -시-(주체 높임의 선어말어미) + -거늘(연결어미)

④ :새#:벼·리: 새(관형사) # 별(체언) + 이(주격조사)

⑤ 나·직: 낮(체언) + 익(시간의 부사격조사)

⑥ :뷔·어시늘: 뷔-(어간) + -시-(주체 높임의 선어말어미) + -거
늘(연결어미)
'뷔-'의 'ㅣ'모음 뒤에서 '-거늘'의 'ㄱ'이 약화되었다.

<龍歌 102>

시·름ᄆᆞ숨:업·스샤ᄃᆡ◦·이지·븨:자려·ᄒᆞ시·니◦하늘·히·ᄆᆞᅀᆞᆷ·믈뮈·우시·니
모·맷 病:업·스샤ᄃᆡ◦·뎌지·븨:가·려·하시·니◦하늘·히病·을ᄂᆞ·리·오시·니

心無憂矣◦將宿是屋◦維皇上帝◦動我心由
身無恙矣◦欲往彼室◦維皇上帝◦降我□身疾

[어절 분석]

시·름#ᄆᆞ숨#①:업·스샤ᄃᆡ#·이#지·븨#:자려#·ᄒᆞ시·니#하·늘·히#
ᄆᆞᅀᆞᆷ·믈#②뮈·우시·니
③모·맷#病#:업·스샤ᄃᆡ#·뎌#지·븨#:가·려#·하시·니#하·늘·히#病·
을#④ᄂᆞ·리·오시·니

[배경 고사]

漢 高祖가 匈奴를 토벌하다 平城에서 포위되었고, 7일 만에 趙로 돌아
와 趙王 張敖를 핍박하자, 조의 재상 貫高와 趙午 등이 고조를 해하려
하였다. 고조가 조의 고을인 柏人에서 묵으려다가 지명이 좋지 않다고
생각하여 (柏人을 迫人으로 고치면 사람에게 핍박을 당한다는 뜻) 자지

않고 갔기 때문에 조왕 등의 해를 면하였다.(즉 조왕 장오 등이 고조를 해치지 못하게 하기 위하여 하늘이 고조의 마음을 움직여 백인에서 묵지 않았다는 뜻이다.)

李芳遠의 형 芳幹이 朴苞를 따라 이방원을 집으로 초대하여 해하려 하였고, 이방원이 이에 응하고자 하였으나 별안간 몸에 병이 드니, 이방원을 해하려는 계획이 실패하였다.

[현대역]
(한 고조는) 시름하는 마음이 없으시되, 이 집에 주무시려 하시니, 하늘이 (고조의) 마음을 움직이게 하시니
(이방원은) 몸에 병이 없으시되, 저 집에 가려 하시니, 하늘이 (이방원에게) 병을 내리시니

[주석]
① :업·스샤·딕: 없−(어간) + −(으)시−(주체 높임의 선어말어미) + −오딕(연결어미)

② 뮈·우시·니: [뮈−(어근) + −우(사동 접사)]− + −시−(주체 높임의 선어말어미) + −니(연결어미)

③ 모·맷: 몸(체언) + 앳(관형격조사)

④ ᄂᆞ·리·오시·니: [ᄂᆞ리−(어근) + −오(사동 접사)]− + −시−(주체 높임의 선어말어미) + −니(연결어미)

<龍歌 103>

앗·이:모딜·오·도。無相猶矣실·씨。二百年基業·을。:여·르시·니이·다
兄·이:모딜·오·도。不宿怨焉·이실·씨。千萬世厚俗 올 일·우시·니이·다

弟雖傲矣。無相猶矣。維二百年。基業啓止
兄雖悖焉。不宿怨焉。於千萬世。厚俗成旅

[어절 분석]

①앗·이#②:모딜·오·도#無相猶矣실·씨#二百年基業·을#③:여·르시·
니이·다

兄·이#:모딜·오·도#不宿怨焉·이실·씨#千萬世厚俗 올#일·우시·니이·다

[배경 고사]

遼 太祖에게 여러 명의 아우가 있었는데, 이중 剌葛은 어리석으면서도
변란을 좋아하여 다른 아우들인 迭剌, 寅底石, 安端과 모반을 꾀하였는
데, 安端의 아내 粘睦姑가 이를 태조에게 고하였다. 태조는 차마 이들을
베지 못하고 산에 올라 다시는 배신하지 않겠다는 맹세를 받았다.

李芳遠의 형 芳幹이 방원을 죽이려 하였으나 이들을 끝내 해치지 않으
니, 방간은 그 천수를 다할 수 있었다.

[현대역]

(요 태조는) 아우가 모질어도 무상유의[338]이시므로, 이백년기업[339]을
여신 것입니다.

---

338) 無相猶矣: 서로 맞서지 않음.
339) 二百年基業: 이백 년의 나라 기반.

(이방원은) 형이 모질어도 불숙원언[340]이시므로, 천만세후속[341]을 이루신 것입니다.

[주석]

① 앗·이: 아ᅀᆞ(체언) + 이(주격조사)

② :모딜·오·도: 모딜–(어간) + –고도(연결어미)
허웅(1977:165)에서는 '모딜오도'에 대하여 '모딜다'와 '–고도'의 결합으로 설명한다. '–고도'는 '–지마는'의 의미를 갖는 연결어미로 '–고'의 'ㄱ'이 '모딜–'의 'ㄹ' 밑에서 약화된 것인데, 이 현상은 15세기에는 규칙적이었다. 『古語辭典』에서는 '–고도'는 '–아도, –어도'에 해당하는 어미로 다음과 같은 예문이 나타난다.

예) ① 남기 높고도 불휘를 바히면 여름을 다 빠 먹ᄂᆞ니 <月印 36b>
　　② 사ᄅᆞ미 무레 사니고도 즁싱마도 몯 호이다 <釋譜 6:5a>
　　③ 하늘히 현마 즐겁고도 福이 다아 <月釋 1:21b>

③ :여·르시·니이·다: 열–(어간) + –(으)시–(주체 높임의 선어말어미) + –니이다(종결어미)

<龍歌 104>

建義臣·을:할어·늘◦救·호·ᄃᆡ:몯사ᄅᆞ·시·니◦모·매브·튼:일·로◦仁心:몯 일·우시·니

---

340) 不宿怨焉: 원한을 마음에 두지 않음.
341) 千萬世厚俗: 천만세의 후덕한 풍속.

開國臣·을:할어·늘。救·ᄒ·야사ᄅ·시·니。□ 社稷功·을:혜·샤。□ 聖心·을
일·우시·니

訴建義臣。救而莫活。勢關嫌疑。仁心未集
譖□ 開國臣。救而獲生。功念□ 社稷。□ 聖心是成

[어절 분석]
建義臣·을#①:할어·늘#②救·호·딕#:몯#③사ᄅ·시·니。#모·매#④
브·튼#:일·로。#仁心#:몯#일·우시·니
開國臣·을#:할어·늘。#救·ᄒ·야#사ᄅ·시·니。#社稷功·을#⑤:혜·샤。#
聖心·을#일·우시·니

[배경 고사]
劉文靜은 자신이 裵寂보다 재략이나 훈공이 나은데도 지위가 아래라고
생각하여 배적을 원망하며 저주하였는데, 유문정의 사랑을 받지 못하
는 첩이 유문정이 모반을 꾀한다고 고하였다. 이에 李世民(훗날 唐 太
宗)은 그가 모반한 것이 아니라 하였으나 배적이 唐 高祖에게, '유문정
은 재략이 뛰어나고 성질이 좋지 못하므로, 천하가 아직 정해지지 않은
이 때, 그를 살려두면 반드시 후환이 있을 것입니다.'라고 말하였고, 당
고조는 배적의 말에 따라 유문정을 죽였다.

朝鮮 定宗 때, 趙浚이 참소를 입어 하옥되었으나, 李芳遠이 공정히 신문
하여 옥사를 면할 수 있었다.

[현대역]
건의신342)을 참소하거늘 (이세민은) 그를 구하되 살리지 못하시니, (문

정의) 몸에 붙은 일로 (이세민은) 어진 마음을 못 이루시니

개국신343)을 참소하거늘 (이방원은) 구하여 살리시니, 사직공344)을 헤
아리시어 성스런 마음을 이루시니

[주석]

① :할어·늘: 할–(어간, 讒) + –거늘(연결어미)
'할다'는 '참소하다'라는 뜻.

② 救·호·듸: [救–(어근) + –ᄒ(동사 파생 접사)]– + –오듸(연결어미)

③ 사ᄅ·시·니: 사ᄅ –(어간) + –(ᄋ)시–(주체 높임의 선어말어미) +
–니(연결어미)

④ 브·튼: 븥–(어간, 着) + –(으)ㄴ(관형사형 어미)

⑤ :혜·샤: 혜–(어간, 量) + –시–(주체 높임의 선어말어미) + –오–
(의도법의 선어말어미) + –아(연결어미)

<龍歌 105>

제·님·금背叛·ᄒ·야ㅇ내·모·ᄃᆞᆯ救·ᄒᆞᅀᆞᆸ·바·늘。不賞私勞·ᄒᆞ·샤ㅇ後世ㄹㄱᆞ
ᄅᆞ·치시·니

---

342) 建義臣: 옳은 일을 건의하는 신하. 여기서는 유문정을 가리킴.
343) 開國臣: 개국 공신. 여기서는 조준을 가리킴.
344) 社稷功: 사직을 지킨 공.

제:님·금아·니니·저ㅇ내命·을거·스ᄉ·바·ᄂᆞᆯ。不忘公義·ᄒᆞ·샤ㅇ ㅁ 嗣王·을
알·외시·니

不爲其王。以救我身。不賞私勞。以敎後人
不遺其君。以拒我命。不忘公義。以詔 ㅁ 嗣王

[어절 분석]
①제#:님·금#背叛·ᄒᆞ·야ㅇ#내#·모·ᄆᆞᆯ#②救·ᄒᆞ·ᄉᆞ·바·ᄂᆞᆯ。#不賞私勞·
ᄒᆞ·샤ㅇ#③後世ㄹ#④ᄀᆞᄅᆞ·치시·니
제#:님·금#아·니#니·저ㅇ#내#命·을#⑤거·스ᄉ·바·ᄂᆞᆯ。#不忘公義·
ᄒᆞ·샤ㅇ#嗣王·을#알·외시·니

[배경 고사]
項羽의 장수 丁固가 劉邦(훗날 漢 高祖)을 공격했는데, 유방은 위급하여
정고에게 목숨을 빌었다. 후에 항우가 망하고 정고가 유방을 찾아 왔
다. 유방은 정고가 항왕의 신하로서 항왕에게 불충하였다 하여 군중 앞
에서 그를 죽였다. 그리고 말하기를 "훗날 신하들은 정고를 본받지 말
게 함이다."라고 하였다.

李芳遠이 세자가 되었을 때 吉再를 불러 벼슬을 내리려 하니, 길재는 두
임금을 섬길 수 없다 하여 사퇴하였다. 이방원은 즉위한 후에 길재의
아들을 등용하였다.

[현대역]
(정고가) 제 임금(항우)을 배반하여 내(유방, 훗날 한 고조) 몸을 구하거
늘, 불상사로345)하시어 후세를 가르치시니

(길재는) 제 임금을 잊지 않고 내(이방원) 명을 거스르거늘, 부망공의346)하시어 후세 임금에게 알리시니

[주석]
① 제: 저(체언) + ㅣ(주격조사)
재귀대명사 '저'에 대해서 김형철(1983:5-9)에서는 다음과 같이 서술하고 있다. 『釋譜詳節』에서는 '저'가 인칭대명사로 사용된 예가 많이 나타난다.

예1) ① 須達이 제 너교ᄃᆡ 바ᄆᆡ 가다가 귓것과 모딘 즁ᅌᅵᆼ이 므싀업도소니
        <釋譜 6:19b>
     ② 오늘 모댄ᄂᆞᆫ ᄒᆞᆫ 사ᄅᆞ미 邪曲ᄒᆞᆫ 道理 빈환디 오라아 제 노포라 ᄒᆞ야
        衆生ᄋᆞᆯ 프성귀만 너기ᄂᆞ니 <釋譜 6:28b>
     ③ 그럴씨 (믈읫 有情이) 제 올호라 ᄒᆞ고 ᄂᆞᄆᆞᆯ 외다 ᄒᆞ야 <釋譜 9:14a>

위의 예문에 사용된 '저'는 그것에 해당하는 원문의 한자가 모두 '自'로 나타나며 대부분 'ᄂᆞᆷ(他)'과 대조되어 사용되었다. 그리고 '저'는 문장 가운데 한번 드러난 사람을 돌이켜 가리키고 있으며, 선행사가 모두 사람이고 3인칭인 점으로 보아 현대어의 '자기'와 같이 재귀의 뜻을 지니고 사용되었다고 볼 수 있다.
또한 원문에는 인칭대명사에 대응하는 글자가 없지만 우리말로 언해하면서 문맥에 맞추어 '저'를 사용한 예도 많이 나타난다.

예2) ① 아래 (須達이) 제 버디 주거 하ᄂᆞᆯ해 갯다가 ᄂᆞ려와 <釋譜 6:19b>
     ② 須達이 辭ᄒᆞ습고 가 제 아기 아ᄃᆞᆯ 댱가 드리고 제 나라ᄒᆞ로 갈쩌긔

---

345) 不賞私勞: 사사로운 노고에 상 주지 않음.
346) 不忘公義: 공의를 잊지 않음.

브터 쑥 와 슬보딕<釋譜 6:22a>

③ 이 ㅼㅏ해 精舍 이르ᅀᆞ 볼쩨도 이 개야미 이에셔 사더니 처섬 이에셔
사던 저그로 오ᄂᆞᆳ낤 ᄀᆞ장 혜면 아ᄒᆞᆫ 혼劫 이로소니 제 흔가짓 모믈
몯 여희여 죽사리도 오랄셔 ᄒᆞ노라<釋譜 6:37a>

이러한 사실은 『釋譜詳節』이 동일 원문의 언해인 『法華經諺解』나 『月
印釋譜』에 비해 훨씬 더 의역이 되었다는 데에서 그 원인을 찾을 수 있
다. 즉, 의역은 원문의 字句에 얽매이지 않고 문맥에 따라 '저'를 임의로
넣을 수 있다.

주석부분에 나타나는 용례들에서는 대부분 선행사가 없이 바로 '저'가
사용된다.

예3) ① 제 實엔 사오나보딕 웃 사름 두고 더은 양ᄒᆞ야 法 므더니 너기며
　　　　<釋譜 9:13b>
　　　② 근利ᄂᆞᆫ 제 모미 됴ᄒᆞᆯ씨니 <釋譜 13:1b>

김형철(1983:6-7)에서는 재귀사는 재귀적 행위를 나타내기 위한 동
기와 3인칭 대명사의 중의성을 해소하기 위한 동기에서 발생하는데,
한국어의 재귀사 '자기, 저'는 두 번째의 동기에 의해서 생긴 것이라고
한다.

이들은 선행사가 없으므로 '저'가 재귀적 용법으로 사용되지 않은 것만
은 틀림없다. 혹은 '저'에 해당되는 원문의 한자가 '自'가 아니고 '其'로
나타나기도 한다. 즉, 선행사가 없이 사용된 '저'는 '其'에 해당되며, 재
귀의 뜻을 지니고 사용되지는 않는다는 것이다.

② 救·ᄒᆞ·ᅀᆞ·바·ᄂᆞᆯ: [救-(어근) + -ᄒᆞ(동사 파생 접사)]- + -ᅀᆞᆸ-
　　(객체 높임의 선어말어미) + -아ᄂᆞᆯ(연결어미)

'救ᄒᆞ야늘'의 객체높임말이다. 이 말의 객체는 '내 몸'이므로 화자가 자기 자신을 높이고 있는 것같이 되어 있으나, 이 '내'는 화자(시의 작자)를 가리킨 것이 아니라 작자가 '劉邦'의 위치에서 말한 것이다.

'－아늘'은 '－어늘'의 이형태이다.

③ 後世ㄹ: 後世(체언) + ㄹ(목적격 조사)

고영근(1987/2010:89)에서는 중세국어 목적격 조사로 '를, 를, 을, 을, ㄹ'의 다섯 가지 형태를 설정하고 있으며, 허웅(1975:342)에서는 '를, 를, 을, 을'은 음성적인 조건으로 선택되는 음성적 변이형태이며, 'ㄹ'과 '를/를'은 임의적 변이 형태라고 설명하고 있다.

④ ᄀᆞᄅᆞ·치시·니: ᄀᆞᄅᆞ치－(어간, 教) + －시－(주체 높임의 선어말어미) + －니(연결어미)

⑤ 거·스스·ᄫᅡ·늘: 거슬－(어간) + －습－(객체 높임의 선어말어미) + －아늘(연결어미)

'－습－'이 쓰인 이유는 객체가 시의 작자가 아닌 작자가 '이방원'의 자리에서 말한 것이기 때문이다.

<龍歌 106>

忠臣·을외·오주·겨·늘°惡惡ᄆᆞᅀᆞ·미·크·샤°節鉞·을아니·주시·니
義士·를·올·타과·ᄒᆞ·샤°好賢ᄆᆞᅀᆞ·미·크·샤°官爵·을아·니앗·기시·니

擅殺忠臣°惡惡之極°所以節鉞°終焉不錫

深獎義士。好賢之篤。所以官爵。曾是不惜

[어절 분석]
忠臣·을#①외·오#②주·겨·늘#惡惡#므슥·미#·크·샤#節鉞·을#아·니
#·주시·니
義士·를#③·올·타#과·ᄒ·샤# 好賢#므슥·미#·크·샤#官爵·을#아·니
#④앗·기시·니

[배경 고사]
趙匡胤(훗날 宋 太祖)이 陳橋에서 돌아올 때, 漢通이 군사를 거느리고
막으려 하니, 王彦昇이 한통과 그 처자를 죽였다. 趙匡胤이 임금이 된
뒤 한통의 충의를 표창하고 왕언승에게는 함부로 한통을 죽인 죄를 물
었다.

鄭道傳의 난이 정리되고 난 후, 李芳遠은 芳碩에게 충성을 다하던 사람
들을 벌하지 않고 등용하였다.

[현대역]
(왕언승이) 충신을 그릇 죽이거늘 (송 태조는) 악을 미워하는347) 마음이
크시어, (언승에게) 절월348)을 주지 아니하시니
(이방원은) 의사를 옳다고 칭찬하시어 어진 사람을 좋아하는 마음이 크
시어, 관작349)을 아끼지 아니하시니

_____

347) 惡惡: 오악. 악을 미워함.
348) 節鉞: 천자가 적을 치러 가는 장군에게 주는 부절과 도끼. 절월을 주지 않았다는
    것은 원수로서 출정 시키지 않았다는 것이다.
349) 官爵: 벼슬.

[주석]

① 외·오: 외−(어근, 誤) + −오(부사 파생 접사)

허웅(1977:168)에서는 '외오'는 '외다(그르다)'에 접미사 '−오'가 붙어서 부사로 파생된 말이라고 한다. '외오'는 '그릇, 잘못'이라는 뜻이다.

② 주·겨·늘: [죽−(어근) + −이(사동 접사)]− + −어늘(연결어미)

③ ·올·타: 옳−(어간) + −다(종결어미)

④ 앗·기시·니: 앗기−(어간) + −시−(주체 높임의 선어말어미) + −니(연결어미)

<龍歌 107>

滿朝·히·두쇼·셔커·늘。正臣·을·올·타·ᄒᆞ시·니。十萬僧徒·를。一擧·에罷·ᄒᆞ시·니

滿國·히·즐·기거·늘。□聖性·에:외다·ᄒᆞ시·니。百千佛刹·을。一朝·애革·ᄒᆞ시·니

滿朝請置。正臣是許。十萬僧徒。一擧去之

滿國酷好。□聖性獨闢。百千佛刹。一朝革之

[어절 분석]

①滿朝·히#②·두쇼·셔#커·늘#正臣·을#·올·타#·ᄒᆞ시·니#十萬僧徒·를#一擧·에#罷·ᄒᆞ시·니

①滿國·히#③·즐·기거·늘#聖性·에#④·외다#·터시·니#百千佛刹·을#一朝·애#革·ᄒᆞ시·니

[배경 고사]

唐 高祖 때에 太史令 傅奕이 불교를 배척할 것을 주장하니, 반대가 있었다. 高祖는 반대를 물리치고 부혁의 말에 따라 절을 많이 없앴다.

高麗 때, 왕과 신하들이 모두 불교를 숭상하였으나, 李芳遠은 이에 따르지 않았다. 이방원이 왕위에 오른 뒤에, 불교가 학문에 해롭다 하여 불교와 관련된 제도를 크게 고쳤다.

[현대역]

만조350)히 (조정의 모든 신하들이 모두 절을) 두소서 하였지만, (당 고조는) 정신351)을 옳다 하시니, 십만승도352)를 한꺼번에 없애시니

만국353)히 (온 나라가 불교를) 즐기고 있었지만, (이방원은) 성스런 성품에 그르다 하시더니, 백천불찰354)(의 제도를)을 하루아침에 개혁하시니

[주석]

① 滿朝·히: [滿朝(어근) + ᄒ(형용사 파생 접사)] + 이(부사 파생 접사)

滿國·히: [滿國(어근) + ᄒ(형용사 파생 접사)] + 이(부사 파생 접사)

『표준국어대사전』에 '만조하다'라는 형용사가 존재하므로 '만조히'는 '만조하'에서 파생된 것으로 설명할 수 있다. 그러나 '만국하다'라는 형용사는『표준국어대사전』에 존재하지 않지만, '만조히'의 경우를 보

---

350) 滿朝: 조정 가득한 신하들.
351) 正臣: 바른 신하. 여기서는 '부혁'을 가리킴.
352) 十萬僧徒: 십만의 중 무리.
353) 滿國: 온 나라나 온 나라 사람, 또는 나라 가득.
354) 百千佛刹: 백천 개의 절.

아 '만국히'도 통시적으로 같은 절차를 겪어 형성된 것으로 볼 수 있다.

② ·두쇼·셔#커·늘: 두－(어간, 置) ＋ －쇼셔(명령형 종결어미) ＃ ᄒᆞ－
(어간) ＋ －거늘(연결어미)

고영근(1987/2010:150)에서는 존비법에 따른 종결어미 체계를 다음과
같이 제시하고 있다.

	ᄒᆞ라	ᄒᆞ야쎠	ᄒᆞ쇼셔
평서법	－ᄂᆞ다	－닝다	－ᄂᆞ이다
의문법	－ᄂᆞ녀	－ᄂᆞ닛가	－ᄂᆞ니잇가
명령법	－라	－어쎠	－쇼셔
청유법	－져/져라		－사이다

③ ·즐·기거·늘: 즐기－(어간) ＋ －거늘(연결어미)

④ :외다#·터시·니: 외－(어간) ＋ －다(종결어미) ＃ ᄒᆞ－(어간) ＋ －더
－(시상의 선어말어미) ＋ －시－(주체 높임의 선어말어미) ＋ －니
(연결어미)

＜龍歌 108＞

·수메·셔드르·시·고◦民望·을 일·우·오리·라。戎衣·를◦니·피시·니이·다
病으·로請·ᄒᆞ시·고◦天心·을일·우·오리·라。兵仗·ᄋᆞ·로:도·ᄇᆞ시·니이·다

潛身以聽◦欲遂民望◦載提戎衣◦于以尙之
托疾以請◦欲遂天意◦載備兵仗◦于以遲之

[어절 분석]

①·수메·셔#드르·시·고#民望·을 #②일·우·오리·라#戎衣·를#③니·피
시·니이·다

病으·로#請·ᄒ시·고#天心·을#일·우·오리·라#兵仗·ᄋ·로#④:도·ᄫ시·
니이·다

[배경 고사]

泰封王 弓裔가 포악하여 장군들이 모두 王建을 추대하기로 모의했는
데, 왕건은 이를 거절하였다. 이때 왕건의 부인 유씨가 엿듣고 있다가
왕건에게 갑옷을 입혔다. 그리하여 왕건의 즉위식을 거행할 수 있었다.

鄭道傳이 芳幹을 세자로 삼기 위해 李芳遠을 해하려 했는데, 이방원의
부인은 병을 핑계로 이방원을 불러 정도전의 계략에 대한 대비책을 세
우고 병장기를 정비하여 정도전 무리를 무찔렀다.

[현대역]

(왕건의 부인 유씨가)숨어 있어 들으시고 백성의 바람을 이루겠다 (하
시고 왕건에게) 융의355)를 입히신 것입니다.
(이방원의 부인은) 병으로 (이방원을) 청하시고, 하늘의 뜻을 이루겠다
(하시고) 병장기356)로 (이방원을) 도우신 것입니다.

[주석]

① ·수메·셔: 숨─(어간) + ─어(연결어미) # 이시─(어간) + ─어(연
    결어미)

---

355) 戎衣: 군복.
356) 兵仗: 병장기. 무기.

허웅(1977:170−171)에 따르면 '숨− + −어 # 이시− + −어'가 축약되어 '수메셔'가 되었다.

② 일·우·오리·라
위 어구는 다음과 같이 분석할 수 있다.

㉠ [{일−(어근) + −우(사동 접사)}− + −오(사동 접사)]− + −리−
(추측의 선어말어미) + −다(종결어미)
㉡ [일−(어근) + −우(사동 접사)]− + −오−(의도법의 선어말어미)
+ −리−(추측의 선어말어미) + −다(종결어미)

『古語辭典』에서는 '일우오다'를 '이루게 하다'라는 의미로 제시하고 있
다. 이를 고려하면, ㉠과 같이 '일−'에 사동 접사 '−우'가 붙어 사동사
가 파생되었는데, 사동의 의미 보다는 '이루다'의 의미가 더 활발히 나
타난다. 이에 다시 사동 접사가 결합하여 '세우다'와 같이 이중 사동에
의해 형성된 것으로 볼 수 있다.

③ 니·피시·니이·다: [닙−(어근, 服) + −히(사동 접사)]− + −시−(주
체 높임의 선어말어미) + −니이다(종결어미)

④ :도·ᄫ시·니이·다: 돕−(어간) + −(ᄋ)시−(주체 높임의 선어말어
미) + −니이다(종결어미)

<龍歌 109>

무·리病·이기·퍼山脊·에·몯오로거·늘。君子·를·그리·샤。金罍ㄹ브·수·
려·ᄒ시·니

무·리·사·롤마·자。馬廏·에드·러·오나·늘。□聖宗·을:뫼·셔九泉·에:가·
려·ᄒ시·니

我馬孔瘏。于岡靡陟。言念君子。金罍欲酌
我馬帶矢。于廏猝來。願陪□聖宗。九泉同歸

[어절 분석]

무·리#病·이#기·퍼#山脊·에#:몯#오로거·늘#君子·를#①·그리·샤#
金罍ㄹ#②브·수·려#·ᄒ시·니

무·리#·사·롤#마·자#馬廏·에#③·드·러·오나·늘#聖宗·을#④:뫼·셔#
九泉·에#:가·려#·ᄒ시·니

[배경 고사]

周 文王이 전쟁터에 나가 있자 문왕의 왕후가 그를 그리며, '저 산 언덕
에 올라 보려나 / 내 말이 이미 병들었도다 / 금잔에 술이나 가득 기울여 /
길이 이 시를 잊어 볼까나'라는 시를 지었다.

鄭道傳의 난에, 군사 睦仁海가 탔던 李芳遠의 말이 화살을 맞고 돌아오
자 이방원의 부인은 이방원이 패했다 생각하고 전쟁에 나아가 함께 죽
으려 하였다. 여러 사람이 말렸으나 만류할 수 없었는데, 이방원이 승
리했다는 소식을 듣고 비로소 돌아왔다.

[현대역]

말이 병이 깊어 산마루357)에 못 오르거늘, (왕비께서) 군자(주 문왕)를 그리워하시어 금뢰358)을 부으려 하시니

말이 화살을 맞아 마구간359)에 들어오거늘, (이방원의 부인은) 성종360)을 모시어 구천361)에 가려 하시니

[주석]

① ·그리·샤: 그리-(어간, 戀) + -시-(주체 높임의 선어말어미) + -아(연결어미)

② 브·수·려: 븟-(어간, 酌) + -오려(연결어미)

허웅(1977:172)에 따르면 어미 '-려'는 반드시 그 앞에 '-오/우-'를 요구한다.

③ ·드·러·오나·늘: 들어오-(어간) + -거늘(연결어미)

'들어오다'는 통사적 합성어로, '들- + -어 # 오-'에 의해서 형성된 것이다. 한편, '-나늘'은 '오다' 뒤에 오는 '-거늘/어늘'의 형태론적 이형태이다. 따라서 '들어오다'가 위와 같은 구성에 의해 형성되었기에 '들어오-' 다음에 '-거늘/어늘'의 형태론적 이형태 '-나늘'이 연결된 것이다.

④ :뫼·셔: 뫼시-(어간) + -어(연결어미)

---

357) 山脊: 산마루.
358) 金罍: 금잔. 금으로 만든 술잔.
359) 馬廏: 마구간.
360) 聖宗: 성스러운 임금.
361) 九泉: 저승.

임홍빈(1990)에서는 '모시다'는 하위자의 상위자에 대한 일정한 행동을 나타낸다는 의미에서 순수한 대우의 문제가 아니라고 보고 그 예로 '그 집은 제사를 모시지 않는다.', '그 못된 놈을 모시느라고 혼이 났다.' 등을 들고 있다. 그러나 이선영(2010:104)에서는 한국어의 어휘적 대우 중 겸양어로 '모시다'를 설정하고 특히 이를 목적격 대우어로 분류하고 있다. 이선영(2010)에서 제시하는 그 이유는 '모시다'는 다의어로 평대어 '데리다'의 상대 개념으로 쓰이는 경우에만 대우어의 자격을 가진다고 보았다. '그 집은 제사를 모시지 않는다.'의 예에서 대상어가 존대의 인물이 아닌데 '모시다'가 쓰인 것은, '제사 등을 지내다'라는 뜻을 가진 '모시다'의 한 가지 용법으로 '제사를 모시다'가 연어 구성으로 쓰이고 있기 때문이며, 또한 '그 못된 놈을 모시다.'의 경우도 '모시다'가 '그 못된 놈'과 쓰일 수 있는 것은 반어적 의미이지 일반적으로 자연스러운 구성은 아니라는 것이다.

<龍歌 110>

四祖ㅣ便安·히:몯:겨·샤∘·현·고·둘 올·마시·뇨。·몃間ㄷ지·븨∘:사·ᄅ시·리잇·고

九。重·에·드르·샤·太平·을누·리싫·제。·이·ᄠ·들∘ㅁ닛·디:마·ᄅ쇼·셔

四祖莫寧息。幾處徙厥宅。幾間以爲屋

入此九重闕。亨此太平日。此意願ㅁ毋忘

[어절 분석]

四祖ㅣ#便安·히#:몯#:겨·샤#·현#·고·둘#①올·마시·뇨#·몃#間ㄷ

지·빅#②:사·ᄅ시·리잇·고

九重·에#·드르·샤#太平·을#③누·리싫#·제#·이#·ᄠ·들#닛·디#:마·
ᄅᆞ쇼·셔

[배경 고사]

'四祖'는 穆祖, 翼祖, 度祖, 桓祖를 가리킨다. 처음에 목조는 全州에 살았
는데, 지주가 모해하여 江原道 三陟으로 옮겨 살았다. 이때 170여 호의
백성들이 목조를 따랐다. 후에 새로 안렴사362)가 왔는데, 목조와는 숙원
이 있어 목조는 가족을 이끌고 咸吉道 德源으로 옮겼다. '四祖'가 한 곳에
살지 못하고 떠돌아다니며 고생을 하였다. 이때 또다시 170여 호의 백성
이 모두 따랐다. 목조는 다시 元의 斡洞으로 옮겼는데, 동북 지방 사람들
이 모두 마음속으로부터 목조를 섬기었다. 익조가 야인들과 더불어 살
때, 야인들이 익조의 위엄과 덕을 시기하여 죽이고자 하였다. 익조는 가
족들에게, 도망쳐 赤道에서 만나자고 하였다. 후에 익조는 덕원부로 돌
아와 살았는데 따라 온 사람들이 시장에서 오는 것 같이 많았다.

[현대역]

四祖가 편안히 못 계시어 몇 곳을 옮기셨습니까 몇 칸 집에 사셨겠습니까
구중궁궐에 드시어서 태평을 누리실 적에, 이 뜻(四祖의 고생)을 잊지
마소서

[주석]

① 올·마시·뇨: 옮ᆞ(어간) + ᆞ아(연결어미) # 시ᆞ(어간, 有) + ᆞ(으)
뇨(의문형 종결어미)

---

362) 按廉使: 고려 · 조선 시대에 둔, 각 도의 으뜸 벼슬.

② :사·ᄅ시·리잇·고: 살−(어간) + −(ᄋ)시−(주체 높임의 선어말어
미) + −리잇고(종결어미)

③ 누·리싫#·제: 누리−(어간, 享) + −(으)시−(주체 높임의 선어말어
미) + −ㅭ(관형사형 어미) # 제(체언)

<龍歌 111>

豺狼·이構禍ㅣ어·늘°一間茅屋·도:업·사°움무·더°:사·ᄅ시·니이·다
廣廈·애細氈펴·고°黼座·애ㅁ안ᄌ·샤·°이·ᄠ·들°ㅁ닛·디:마·ᄅ쇼·셔

豺狼構禍患°茅屋無一間°陶穴經艱難
細氈鋪廣廈°黼座逈ㅁ登坐°此意願ㅁ毋忘

[어절 분석]
豺狼·이#①構禍ㅣ어·늘#一間#茅屋·도#②:업·사#·움#무·더#:사·ᄅ
시·니이·다
廣廈·애#細氈펴·고#黼座·애#안ᄌ·샤#·이#·ᄠ·들#③닛·디#:마·ᄅ
쇼·셔

[배경 고사]
승냥이와 이리는 야인을 가리킨다. 翼祖가 야인들과 함께 살 때, 익조
의 위엄이 커지자 야인들이 익조를 해하려 하였다. 익조가 황급히 집에
돌아가 가족들을 豆漫江으로 보내고 赤島에서 만나기로 약속하였다.
익조가 부인과 함께 적도에 이르렀으나 오동의 사람들이 익조의 소식

을 듣고 와 있었다. 이때 적도까지 6백 보가 남아 있었는데, 돌연 물이 빠져 1보 정도만이 남았다. 익조와 부인이 말을 타고 강을 건너자 다시 물이 크게 불어, 야인들은 건너지 못하였다. 후에 익조가 德源府에 돌아왔는데 慶興의 백성들이 모여드는 모습이 장날의 장사꾼들과 같았다.

[현대역]

시랑363)이 구화364)이거늘 한 칸 모옥365)도 없어 움을 묻어 사십니다. 광하366)에 세전367)을 펴고 보좌에 앉으시어 이 뜻을 잊지 마십시오.

[주석]

① 構禍ㅣ어·늘: [構禍(체언) + ㅣ(서술격조사)]ㅡ + ㅡ거늘(연결어미)

② :업·사: 없ㅡ(어간) + ㅡ아(연결어미)
허웅(1977)에서는 모음조화가 깨진 어형으로 보고 있다.

③ 닛·디: 닛ㅡ(어간) + ㅡ디(연결어미)
'닛ㅡ'은 두음법칙으로 '닛ㅡ > 잇ㅡ(> 잊ㅡ)', 'ㅡ디'는 구개음화로 'ㅡ디 > ㅡ지'로 변화하였다.

<龍歌 112>

王事·를 爲°·커시·니。行陣·을 조ᄎ·샤。不解甲·이。·현·나·리신·ᄃᆞᆯ :알·리

---

363) 豺狼: 승냥이와 이리
364) 構禍: 화근을 만드는 것
365) 茅屋: 띠나 이엉 따위로 지붕을 인 초라한 집.
366) 廣廈: 넓고 큰 집.
367) 細氈: 양탄자. 담요.

莽龍衣袞龍袍·애°寶玉帶ㅁ·씌·샤°·이·쁘·들°ㅁ닛·디:마·ᄅ쇼·셔

祗爲王事棘。行陣日隨逐。幾日不解甲
龍衣與袞袍。寶玉且ㅁ橫腰。此意願ㅁ毋忘

[어절 분석]

王事·를#①爲·커시·니#行陣·을#조ᄎ·샤#不解甲·이#②·현#·나·리신
#·들#③:알·리

莽龍衣#袞龍袍·애#寶玉帶#씌·샤#·이#·쁘·들#닛·디#:마·ᄅ쇼·셔

[배경 고사]

李成桂의 불해갑(갑옷을 벗지 못함)은 이성계가 왜구와 북쪽 오랑캐를
치러 다니던 때의 이야기이다.

[현대역]

왕사(임금의 나라)를 위하시니 행진을 좇으시어 불해갑368)이 몇 날이
신 것을 알겠습니까

망룡의369), 곤룡포에 보옥대를 띠시어 이 뜻을 잊지 마십시오.

[주석]

① 爲·커시·니: [爲(어근)- + -ᄒ(동사 파생 접사)]- + -거-(시상의
    선어말어미) + -시-(주체 높임의 선어말어미) + -니(연결어미)

② ·현#·나·리신#·들: 현(관형사) # [날(체언) + 이(서술격조사)]- +

---

368) 不解甲: 갑옷을 벗지 못함.
369) 莽龍衣: 임금이 입는 곤룡포를 달리 이르는 말.

−시−(주체 높임의 선어말어미) + −ㄴ(관형사형 어미) # 둧(체언) + ㄹ(목적격조사)

③ :알·리: 알−(어간) + −리(연결어미)

장윤희(2002:43−49)에서는 '알리'에서 종결어미 '−이'를 분석하고, 이것을 상대높임의 의문법 어미로 명명하였다. 의문문 가운데에도 외형상 선어말어미만으로 종결된 듯한 '−니, −리' 종결형이 있는데 이에 대해서도 기존에는 뒤에 '−잇가, −잇고'가 생략된 문장으로 파악해왔다. '−니, −리'로 종결된 의문형은 설명의문과 판정의문에 모두 사용되었는데 이들 의문형은 모두 직접 청자를 상대로 한 의문에서만 나타난다. 『龍飛御天歌』와 『月印千江之曲』의 '−니, −리' 의문형을 과연 직접 청자를 상대로 한 의문에 사용된 것이라고 할 수 있을지는 문제가 될 수 있다. 그러나 장윤희(2002)에 따르면 이들 문헌의 '−니, −리' 의문문도 직접 청자를 상대로 한 것이라고 보기는 어려워도 직접 청자(독자)에게 말하듯이 제시한 의문문이라고 할 수가 있을 것이다. 특히 '−리' 의문문은 하나의 예를 제외하고 모두 '가능성'을 부정하는 수사의문문에 사용되고 있어 '−리' 의문문이 주로 수사의문문에 사용되던 의문형임을 알 수 있다. 장윤희(2002)에서는 평서형 '−니, −리'에 대하여 이를 '−이다'의 생략으로 이루어진 문장으로 볼 수 없고 설명법 종결어미 '−이'가 통합된 것으로 파악하였는데, 같은 이유로 '−니, −리'로 종결된 의문형은 의문법 종결어미 '−이'가 통합해 있는 것으로 파악한다. 기존의 연구들에서 이러한 의문형들이 'ᄒᆞ야쎠체' 정도 또는 'ᄒᆞ라체'와 '하야쎠체'의 중간 정도 등급의 상대높임법을 표시한다고 본 바 있는데, 이는 바로 이 의문법 종결어미가 그러한 등급의 상대높임법을 표시하는 어미임을 의미한다. 이러한 사실들은 설명법 종결어미 '−이'

에서도 동일하게 파악되는 현상으로서 구어적 성격이 강한 '—이'가 억양 등의 기제에 의하여 평서형과 의문형으로 구분되었을 가능성이 크다. 그러나 이 글에서는 장윤희(2002)에서 제시한 의문법 어미 '—이'를 인정하지 않고 '—리'를 연결어미로 보고자 한다.

<龍歌 113>

拯民·을爲°·ᄒ·커시·니°攻戰·에돈·니·샤。不進饍·이°·현·삐신·돌:알·리
南北珍羞·와°流霞玉食ㅁ바ᄃ·샤。·이쁘·들°ㅁ닛·디:마ᄅ쇼·셔

祇爲拯群黎。攻戰日奔馳。絕饍知幾時
南北珍羞列。流霞ㅁ對玉食。此意願ㅁ毋忘

[어절 분석]

拯民·을#爲·커시·니#攻戰·에#①돈·니·샤#不進饍·이#·현#②·삐신#·돌#:알·리

南北珍羞·와#流霞玉食#바ᄃ·샤#·이#·쁘·들#닛·디#:마ᄅ쇼·셔

[배경 고사]

李成桂가 백성을 구하기 위해 싸우러 다니던 때의 이야기이다.

[현대역]

증민[370]을 위하시니 전장에 다니시어 불진선[371]이 몇 끼이신 것을 알겠습니까

---

370) 拯民: 백성을 구원함.
371) 不進饍: 귀한 음식을 먹지 못함.

남북진수[372]와 유하옥식[373]을 받으시어 이 뜻을 잊지 마십시오.

[주석]

① ᄃᆞᆮ·니·샤: [ᄃᆞᆮ－(어간, 走) + 니－(어간, 行)]－ + －시－(주체 높임의 선어말어미) + －아(연결어미)

② ·ᄢᅵ신#·ᄃᆞᆯ: [ᄣᅳ(체언) + ㅣ(서술격조사)]－ + －시－(주체 높임의 선어말어미) + －ㄴ(관형사
형 어미) # ᄃᆞ(체언) + ㄹ(목적격조사)
선행연구들에서는 'ᄢᅵ'에 대해 두 가지 분석 방법을 제시하고 있다. 첫째, 체언 'ᄣᅳ'(時)에 서술격조사 'ㅣ－'가 결합한 것으로 볼 수 있고 둘째, 어근 'ᄣᅳ'(時)에 명사 파생 접사 '－ㅣ'가 결합하여 파생명사가 된 것으로 볼 수도 있다. 여기서는 첫째 안을 수용한다.

<龍歌 114>

大業·을ᄂᆞ·리·오리·라。筋骨·ᄋᆞᆯ몬져ᄀᆞᆺ·고·샤。ㅁ玉體創瘢·이。ᄒᆞᆫ:두·곧아·니시·니
兵衛儼然커·든。ㅁ垂拱臨朝·ᄒᆞ·샤。·이·ᄠᅳ·들。ㅁ닛·디:마·ᄅᆞ쇼·셔

天欲降大業。迺先勞筋骨。ㅁ玉體創不一
儼然兵衛陳。ㅁ垂拱臨朝臣。此意願ㅁ毋忘

372) 南北珍羞: 남북의 맛있는 음식.
373) 流霞玉食: 유하주 진기한 맛.

[어절 분석]

大業·을#①ᄂ·리·오리·라#筋骨·을#몬져#②ᄀᆞᆺ·고·샤#玉體創瘢·이#
ᄒᆞᆫ:두#③·곧#아·니시·니

兵衛儼然커·든#垂拱臨朝·ᄒᆞ·샤#·이#·ᄠᅳ·들#닛·디#:마·ᄅᆞ쇼·셔

[배경 고사]

高麗 禑王 때 왜적이 진포에 머물면서 횡포를 부리자, 조정에서 李成桂
에게 왜적을 치게 하였다. 이성계의 군사가 長端에 이르니, 흰 무지개
가 해를 꿰뚫었다. 점치는 자가 싸움에 이길 징조라 하였는데, 과연 승
리하였다.

이성계는 전쟁에서 여러 번 몸에 상처를 입은 일이 있었다. 왜적이 침입했
을 때, 이성계가 화살에 무릎을 맞았는데, 이성계는 화살을 뽑고 나서 더
욱 웅장한 기세로 싸우니 군사들은 이성계가 부상을 입은 것조차 몰랐다.

[현대역]

(하늘이) 대업을 (이성계에게) 내리리라 (하여) 근골을 먼저 괴롭히시
어[374] 옥체창반[375]이 한두 곳 아니시니

병위엄연[376]하거든 수공임조[377]하시어 이 뜻을 잊지 마십시오.

[주석]

① ᄂ·리·오리·라: [ᄂ리−(어근) + −오(사동 접사)]− + −리−(추측
의 선어말어미) + −다(종결어미)

---

374) '몸을 먼저 괴롭힌다.'는 『孟子』의 '하늘이 장차 큰 소임을 이 사람에게 맡기려 하
    므로, 반드시 먼저 그 마음과 뜻을 괴롭게 하고, 그 몸에 고통은 준다.'라는 말에서
    온 것이다.
375) 玉體創瘢: 옥체에 있는 흉터.
376) 兵衛儼然: 병사의 호위가 엄연함.
377) 垂拱臨朝: 수공한 채로 임조함.(옷을 드리우고 팔짱을 낀 채로 조정에 임함.)

허웅(1977:178)에 따르면 '-리라' 앞에 '-오/우-'가 생략되어 있는
데, 이 활용형은 말할이의 의도를 아울러 나타낸다고 하였다. 즉 하늘
의 의도를 바로 전달하는 형식이다. 조규태(2007/2010:218)에서는 'ᄂ
리오- + -리- + -라'로 분석하고 '내리게 하려고'로 풀이하였다.
'-라'는 종결어미 '-다'가 '-리-'의 'ㅣ'모음 뒤에서 '-라'로 바뀐 것이다.

② ᄌᆞ·고·샤: [ᄌᆞᆷ-(어근) + -오(사동 접사)]- + -시-(주체 높임의
  선어말어미) + -아(연결어미)

③ ·곧: 곧(체언)
현대국어 '곳'은 15세기 문헌에 '곧'으로 나타나다가 17세기부터 다양
하게 표기되는데 특히 모음 앞에서 '곧~곳'으로 나타난다. 이는 16세
기에 들어 나타난 종성의 'ㄷ'과 'ㅅ'의 혼란 때문으로 보인다.

<龍歌 115>
:날거·슳도ᄌᆞ·ᄅᆞᆯ。好°生之德·이실·ᄊᆡ。부·러저·히·샤。살·아자ᄇᆞ·시·니
頤指如意·ᄒᆞ·샤。罰人刑人·ᄒᆞᆲ·제。·이ᄠᅳ·들。ㅁ닛·디:마·ᄅᆞ쇼·셔

拒我慓悍賊。我自好生德。故脇以生執
頤指卽如意。罰人刑人際。此意願ㅁ毋忘

[어절 분석]
:날#①거·슳#②도ᄌᆞ·ᄅᆞᆯ#好生之德·이실·ᄊᆡ#부·러#③저·히·샤#④
살·아#자ᄇᆞ·시·니

頤指如意·ᄒᆞ·샤#罰人刑人·ᄒᆞ싫#·제#·이#·ᄠᅳ·들#닛·디#:마·ᄅ쇼·셔

[배경 고사]

'나를 거스른 도적'은 元의 장수 趙武를 말한다. 元이 쇠망해 가자 조무가 무리를 이끌고 孔州를 점거하였다. 李成桂가 조무의 용맹함을 아끼어 쇠 대신 나무 살촉으로 쏘아 맞히니, 조무는 스스로 말에서 내려 절하고 포로가 되었다. 그 후 조무는 이성계에게 심복하여 죽을 때까지 천한 일을 마다하지 않았다.

[현대역]

나(이성계)를 거스를 도적에게 호생지덕378)이시므로 일부러 위협하시어 살려 잡으시니

이지여의379)하시어 벌인형인380)하실 때, 이 뜻을 잊지 마십시오.

[주석]

① 거·슗: 거슬-(어간) + -ㅭ(관형사형 어미)

② 도ᄌᆞ·ᄀᆞᆯ: 도즉(체언) + 올(여격의 부사격조사)
'올'은 형태상으로는 목적격조사이지만 기능상으로는 여격의 부사격조사의 기능을 수행하고 있다.

③ 저·히·샤: [졀-(어근) + -이(사동 접사)]- + -시-(주체 높임의
    선어말어미) + -아(연결어미)

---

378) 好生之德: 생명을 사랑하는 덕.
379) 頤指如意: 頤指는 턱으로 가리켜 시킨다는 뜻으로 사람을 자유로이 부림을 말함
380) 罰人刑人: 죄인에게 벌을 내림.

④ 살·아: 사르 –(어간) + –아(연결어미)

<龍歌 116>

道上·애僵尸·를·보·샤寢食·을그·쳐시·니。昊天之心·애·:긔아·니·쁜·
디시·리

民瘼·을모·르시·면。하·늘·히보·리·시᷄·니。이·쁘·들。ㅁ닛·디:마·르
쇼·셔

僵尸道上見。爲之廢寢饍。昊天寧不眷

民瘼苟不識。天心便棄絶。此意願ㅁ毋忘

[어절 분석]

道上·애#僵尸·를#·보·샤#寢食·을#①그·쳐시·니#昊天之心·애#②:긔
#·아·니#③·쁜·디시·리

民瘼·을#모·르시·면#하·늘·히#보·리·시᷄·니#이#·쁘·들#닛·디#:
마·르쇼·셔

[배경 고사]

高麗 禑王 때 왜적이 진포에 머물면서 횡포를 부렸다. 사람을 죽이고
불을 질러 바닷가 고을이 텅 비었다. 죽이거나 잡아간 백성들의 숫자는
셀 수 없을 정도였고, 시체가 산과 들을 덮었다. 이때 조정에서 李成桂
에게 왜적을 치게 하였는데, 이성계는 천리 길에 즐비한 백성들의 시체
를 보고 가엾이 여겨 침식을 이루지 못했다.

[현대역]

(이성계는) 길 위에 강시381)를 보시고 침식을 그치어 계시니, 민천지심382)에 그 아니 돌보시겠습니까

민막383)을 모르시면 하늘이 버리시니, 이 뜻을 잊지 마십시오.

[주석]

① 그·쳐시·니: 그치-(어간) + -어(연결어미) # 시-(어간) + -니 (연결어미)

한편 허웅(1977:180)에서는 '그쳐시니'를 '그쳐니'의 주체높임말로 보았으며, '그쳐니'는 '그치니'의 강세형이라 설명하고 있다. 그러나 이러한 허웅(1977)의 분석은 '잇다/이시다'의 쌍형어 '시다'의 존재를 간과한 것이다.

② :긔: 그(체언) + ㅣ(주격조사)

③ ·쁜·디시·리: 쁜디-(어간) + -시-(주체 높임의 선어말어미) + -리(연결어미)

<龍歌 117>

敵王所愾·ᄒ·샤。功盖一世·ᄒ시·나。勞謙之德·이。功·을모·ᄅ시·니
佞臣·이善諛·ᄒ·야。驕心·이·나거시·든。이·쁘·들ㅁ닛·디:마·ᄅ쇼·셔

381) 僵尸: 쓰러진 시신.
382) 旻天之心: 백성을 사랑하는 어진 마음.
383) 民瘼: 백성의 고통.

既敵王所愾。口神功盖一世。勞謙不自大
佞臣善諛說。驕心不可遏。此意願口毋忘

[어절 분석]
敵王所愾·ᄒ·샤#功盖一世·ᄒ시·나#勞謙之德·이#功·을#모·ᄅ시·니
佞臣·이#善諛·ᄒ·야#驕心·이#①나거시·든#·이#·ᄠ·들#닛·디#:마·
ᄅ쇼·셔

[배경 고사]
李成桂가 왜적을 물리치고 돌아오자 判三司 崔瑩이 반열을 지어 맞이
하였다. 최영이 이성계의 손을 잡고 "공이여, 공이여. 삼한이 다시 살아
난 것을 이 싸움에 달려 있었소. 공이 아니었던들 나라가 장차 누구를
믿으리오."하니, 이성계는 당치 않다고 사양하였다. 그리고 겸양의 덕
으로 조금도 공을 자랑하지 않았다.

[현대역]
적왕소개384)하시어 공개일세385)하시나 (이성계는 공을 세우고도) 노
겸지덕386)으로 공을 모르시니
영신387)이 선유388)하여 교심389)이 나시거든 이 뜻을 잊지 마십시오.

---

384) 敵王所愾: 임금이 노여워하는 적을 침.
385) 功盖一世: 공이 한 세상을 덮음.
386) 勞謙之德: 겸양의 덕.
387) 佞臣: 아첨하는 신하.
388) 善諛: 아첨을 잘함.
389) 驕心: 교만하는 마음. 교만함.

[주석]

① ·나·거시·든: 나-(어간) + -시-(주체 높임의 선어말어미) + -거
든(연결어미)

<龍歌 118>

多助之至실·씨。野人·도一誠·이어·니。國人·뜨·들。어·느:다슬·붕·리
:님·긊德일ㅎ·시·면。親戚·도#叛ㅎㄴ·니。이·뜨·들。ㅁ닛·디:마·ㄹ쇼·셔

維其多助至。野人亦入侍。何論國人意
君德如或失。親戚亦離絶。此意願ㅁ毋忘

[어절 분석]

多助之至실·씨#野人·도#一誠·이어·니#國人#·뜨·들#①어·느#:다#
②슬·붕·리
③:님·긊#德#④일ㅎ·시·면#親戚·도#叛ㅎㄴ·니#·이#·뜨·들#닛·디
#:마·ㄹ쇼·셔

[배경 고사]

太祖 李成桂가 즉위하여 교화가 멀리까지 미치어 서북의 백성들이 편
안하게 살게 되고, 왜족 또한 통상을 청하니 남쪽의 백성들도 마음 놓
고 살게 되었다. 또한 태조의 덕화390)를 입어 야인들이 많이 따르며 朝
鮮의 백성이 되기를 원하였다.

---

390) 德化: 옳지 못한 사람을 덕행으로 감화함. 또는 그런 감화.

[현대역]

(태조는) 다조지지391)이시므로 야인도 일성392)이니 국인의 뜻을 어찌
다 말씀드리겠습니까

임금의 덕을 잃으시면 친척도 배반하니 이 뜻을 잊지 마십시오.

[주석]

① 어·느: 어느(부사)

현대국어에서 관형사로 사용되는 '어느'는 중세국어에서도 어형은 그
대로 '어느'이지만 용법이 다양하여 관형사 뿐 아니라 '어찌'의 뜻인 부
사로서, 그리고 의문대명사로도 사용되었다.

　　예) ① 관형사: 菩薩이 어느 나라해 ᄂᆞ리시게 ᄒᆞ려뇨 <月釋 2:10b>
　　　　② 부사: 國人 ᄃᆞᄠ들 어느 다 ᄉᆞᆯᄫᆞ리 <龍歌 118>
　　　　③ 대명사: 어늬 구더 兵不碎ᄒᆞ리잇고 <龍歌 118>

② ᄉᆞᆯ·ᄫᆞ·리: ᄉᆞᆲ−(어간) + −ᄋᆞ리(연결어미)

③ :님·굼#德: 님금(체언) + ㅿ # 德(체언)

④ 일ᄒᆞ·시·면: 잃−(어간) + −(ᄋᆞ)시−(주체 높임의 선어말어미) +
　　−면(연결어미)

---

391) 多助之至: 남의 도움을 많이 받은 것 중에도 으뜸.
392) 一誠: 한결 같은 마음.

<龍歌 119>

兄弟變·이이시·나。因心則友ㅣ실·씨。허·므·를。모·ㄹ·더시·니

易隙之情을브·터。姦人·이離間커·든。·이·ᄠ·들。ㅁ닛·디:마·ㄹ쇼·셔

兄第縱相瘉。因心則友于。竟莫知其辜

易隙情是乘。姦人讒間興。此意願ㅁ毋忘

[어절 분석]

兄弟變·이#이시·나#因心則友ㅣ실·씨#①허·므·를#②모·ㄹ·더시·니

易隙之情을#브·터#姦人·이#離間커·든#·이#·ᄠ·들#닛·디#:마·ㄹ쇼·셔

[배경 고사]

李成桂는 형제들에게 우애가 지극했다. 아버지 桓祖가 돌아가시니 이
복형제 李天桂가 난을 일으키려 하였으나 실패하였고, 이성계는 이를
개의치 않았다. 오히려 천계가 죽은 후, 그의 아들들을 잘 보살폈다. 개
국한 후에는 천계의 아들들에게 모두 높은 벼슬을 주었다.

李芳遠의 형 李芳幹이 난을 일으켰으나 실패하고 도주하자 많은 군사
들이 추격하였다. 방원은 방간이 살해되지 않을까 두려워하여 "우리 형
님을 해치지 말라."하여, 방간은 죽음을 면하였다. 이후 즉위했을 때,
여러 신하들이 방간을 주살할 것을 청하였으나 太宗은 이를 거절하고
종친의 적에서도 빼지 않았다.

[현대역]

형제변이 있으나 인심칙우393)이시므로 허물을 모르시더니

---

393) 因心則友: 마음의 자연스러움에 따르면 우애가 좋아짐.

이극지정394)으로부터 간인이 이문395)하거든 이 뜻을 잊지 마십시오.

[주석]

① 허·므·를: 허믈(체언) + 을(목적격조사)

'허믈'은 양순음 'ㅁ'의 영향으로 'ㅡ'가 원순모음 'ㅜ'로 바뀌어 '허믈>
허물'로 변하였다.

② 모·ᄅ·더시·니: 모ᄅ-(어간) + -더-(시상의 선어말어미) + -시
  -(주체 높임의 선어말어미) + -니(연결어미)

안병희·이광호(1990)에서는 중세국어 선어말어미의 배열 순서를 '겸양
-과거-존경-현재-의도-미래-감탄-공손'의 순서로 제시하였다.

<龍歌 120>

百姓·이하·늘·히어·늘。時政·이不恤ᄒᆞᆯ·씨。力排群議·ᄒᆞ·샤。私田·을고·티
시·니

征斂·이無藝ᄒᆞ·면。邦本·이곧여·리ᄂᆞ·니。·이·ᄠᅳ·들。ㅁ닛·디:마·ᄅ쇼·셔

民者王所天。時政不曾憐。排議革私田

征斂若無節。邦本卽抗陲。此意願ㅁ毋忘

[어절 분석]

百姓·이#①하·늘·히어·늘#時政·이#不恤ᄒᆞᆯ·씨#力排群議·ᄒᆞ·샤#私田·
을#고·티시·니

---

394) 易隙之情: 틈이 생기기 쉬운 정.
395) 離間: 이간질.

征歛·이#無藝ᄒ·면#邦本·이#·곧#②여·리ᄂᆞ·니#·이#·ᄠ·들#닛·디
#:마·ᄅᆞ쇼·셔

[배경 고사]

李成桂가 위화도에서 회군한 뒤, 다시 고려 왕조의 중흥을 꾀하고자 했
다. 이때 전제396)가 크게 무너져 세력이 있는 자들이 토지를 겸병하여
백성들의 전토를 빼앗으니 피해가 날로 심해져 백성들이 더욱 곤궁해졌
다. 이성계가 私田을 파하고 均田을 회복코자 하였으나 昌王 때는 이루
지 못하였고 恭讓王에 이르러 전제를 바로잡아 수탈의 폐단을 혁파했다.

[현대역]

백성이 하늘이거늘 시정397)이 불휼398)하므로 역배군의399)하시어 사전
을 고치시니
정감이 무예400)하면 나라의 근본이 곧 여려지니 이 뜻을 잊지 마십시오.

[주석]

① 하·ᄂᆞᆯ·히어·늘: [하ᄂᆞᆯ(ㅎ말음체언) + 이(서술격조사)]- + -거늘
　　(연결어미)

② 여·리ᄂᆞ·니: 여리-(어간) + -ᄂᆞ-(시상의 선어말어미) + -니(연
　　결어미)

396) 田制: 논밭에 관한 제도.
397) 時政: 당시의 정치나 행정에 관한 일.
398) 不恤: 구휼하지 않음.
399) 力排群議: 군의를 힘써 물리침.
400) 無藝: 일정한 정도가 없음.

<龍歌 121>

내그에:모딜·언마·른。제:님·금爲·타·ㅎ실·씨。罪·를니·저。다·시·브·려
시·니

·ㅎ몯·며ㅁ衰職:돕·ᄉ보·려。面折廷爭커·든。·이·ᄠ·들。ㅁ닛·디:마·ᄅ
쇼·셔

於我雖不軌。謂爲其主耳。忘咎復任使

況思補衰職。廷爭或面折。此意願ㅁ 毋忘

[어절 분석]

①내#그에#②:모딜·언마·른#③제#:님·금#爲·타#·ㅎ실·씨#罪·를#
니·저#다·시#④·브·려#시·니

·ㅎ몯#·며#衰職#⑤:돕·ᄉ보·려#面折廷爭커·든。#·이#·ᄠ·들#닛·디
#:마·ᄅ쇼·셔

[배경 고사]

鄭道傳이 반란으로 복주된 이후, 李芳碩을 추종하는 무리들이 모두 달
아났으나 오직 金桂蘭만이 떠나지 않았다. 또한 남은 이들도 도망을 가
며 흩어졌는데 오직 崔沄만이 그를 부축하여 떠나지 않았다. 李芳遠은
둘의 충성을 가상히 여겨 휘하에 두고 벼슬을 주었다.
방간의 난이 실패로 끝나고 방원은 휘하의 병사 康有信, 張思美, 李君實,
鄭升吉의 충성을 높이 샀고, 왕에 즉위한 이후에 이들에게 벼슬을 주었다.

[현대역]

내게 모질건만 자신들의 임금을 위한다 하시므로 (이방원, 훗날 태종

은) 죄를 잊어 다시 (그들을) 부리고 있으니

하물며 곤직401)을 도우고자 면절정쟁402)하거든 이 뜻을 잊지 마십시오.

[주석]

① 내#그에: 나(체언) + ㅣ(관형격조사) # 궁(체언) + 에(부사격조사) '내그에'는 'NP + 익/의/ㅅ(관형격조사) # 그에(궁 + 에)'로 분석이 가능 하다. 1인칭 대명사 '나, 너'는 이런 구조에서 관형격조사로 'ㅣ'를 취한다. 이현희(1994)에서는 'NP + 익/의/ㅅ(관형격조사) # 그에(궁 + 에)'와 'NP + 익/의/ㅅ(관형격조사) # 게('그 + 에'의 축약)'의 '익/의그에'와 '익/의게'에 대해 조사화한 형태가 아닌 통사적 구조체의 단계에 머무르 고 있다고 보았다. 또한 이현희(1994)에서는 '의게' 뿐만 아니라 'ㅅ그에, 쁴'도 이 시기에 완전히 조사화하지 못함을 논의하고 있다. 그러나 이호 권(2001)에서는 『釋譜詳節』의 'ㅅ그에'와 '쁴'를 비교 논의하면서, 일반 적으로 선행체언이 존칭일 경우 관형격조사 'ㅅ'이 '그에/긔'에 결합해야 하는데 'ㅅ그에'가 평칭의 선행명사에 후행하는 경우가 있음을 지적하 고, 이를 통해 'ㅅ그에'는 통사적 결합인데 반해, '쁴'는 이현희(1994)의 논의와는 달리 이미 존칭의 여격 조사로서 문법화된 것으로 보고 있다.

② :모딜·언마·른: 모딜-(어간) + -건마른(연결어미) '-건마른'의 'ㄱ'이 '모딜'의 'ㄹ'뒤에서 약화되어 '-언마른'으로 실현 되었다.

③ 제: 저(체언) + ㅣ(관형격조사)

---

401) 袞職: 임금의 일.
402) 面折廷爭: 얼굴을 맞대어 꾸짖고 조정에서 다툼.

④ ·ㅂ·려시·니: 브리－(어간) ＋ －어(연결어미) ＃ 시－(어간) ＋ －니
(연결어미)

⑤ :돕·ᄉᆞ·ᄫᅩ·려: 돕－(어간) ＋ －ᄉᆞᆸ－(객체 높임의 선어말어미) ＋ －오
려(연결어미)

<龍歌 122>

性與天合·ᄒᆞ샤·ᄃᆡ。思不如學·이·라·ᄒᆞ·샤。儒生·ᄋᆞᆯ。親近·ᄒᆞ시·니이·다
小人·이固寵·호리·라。不可令閑·이·라커·든。이·ᄠᅳ·들·ㅁ닛·디:마·ᄅᆞ쇼·셔

性雖如天合。謂思不如學。儒生更親呢
小人固寵權。曰不可令閑。此意願ㅁ毋忘

[어절 분석]

性與天合①·ᄒᆞ샤·ᄃᆡ＃思不如學·이·라＃·ᄒᆞ·샤＃儒生·ᄋᆞᆯ。＃親近·ᄒᆞ시·니
이·다

小人·이＃②固寵·호리·라＃不可令閑·이·라커·든＃·이＃·ᄠᅳ·들＃닛·디＃:
마·ᄅᆞ쇼·셔

[배경 고사]

李成桂는 유학의 경전을 중히 여겨, 군사의 일을 보는 중에라도 명
유[403]를 불러 경전과 역사에 대해 헤아리고 때론 밤중이 지나도록 책
을 보았다. 한 번은 어떤 이가 나체로 울고 있었는데, 그가 "나는 元에

---

403) 名儒: 이름난 선비, 훌륭한 학자.

서 장원급제한 拜住란 사람으로, 귀국의 李仁復과 같은 해에 급제하였
소."라 말하자 이성계가 이를 듣고 곧 자기의 옷을 벗어 그에게 입히고,
말에 태워 함께 돌아왔다고 한다.

[현대역]

(태조께서는) 성여천합404)하시되 사불여학405)하시어 유생을 친근히
하십니다.
소인이 고총406)하리라 불가영한407)이라 하거든 이 뜻을 잊지 마십시오.

[주석]

① ·ᄒᆞ샤·ᄃᆡ: ᄒᆞ-(어간) + -시-(주체 높임의 선어말어미) + -오ᄃᆡ
    (연결어미)

② 固寵·호리·라: [固寵-(어근) + -ᄒᆞ(동사 파생 접사)]- + -오-(의
    도법의 선어말어미) + -리-(추측의 선어말어미) + -다(종결어미)

<龍歌 123>

讒口ㅣ:만ᄒᆞ·야。罪ᄒᆞ·마:일·리러·니。功臣·을。살·아救·ᄒᆞ시·니
工巧ᄒᆞ·하리甚·ᄒᆞ·야。貝錦·을일·우·려커·든。이·ᄠᅳ·들。ㅁ닛·디:마·ᄅᆞ쇼·셔

讒口旣嘵沓。垂將及罪戮。功臣迺救活
簧巧讒譖甚。謀欲成貝錦。此意願口 毋忘

---

404) 性與天合: 성품이 힘쓰지 않아도 하늘의 이치에 합당함.
405) 思不如學: 생각함은 배움만 같지 못함.
406) 固寵: 임금의 총애를 독점함.
407) 不可令閑: 임금을 한가하게 해서는 안 됨.

讒口ㅣ#:만ᄒ·야#罪#·ᄒ·마#①:일·리러·니#功臣·을#살·아#救·ᄒ
시·니

工巧ᄒ#③하·리#甚·ᄒ·야#貝錦·을#일·우·려#커·든#·이#·ᄠ·들º#
닛·디#:마·ᄅ쇼·셔

[배경 고사]

定宗 때, 사병을 없애고 삼군부에 예속시키라는 명을 내렸으나 문하부사
李居易은 패기408)를 즉각 바치지 않아 좌천당하였다. 경상감사 趙璞이
지합주사 權軫에게 "이거역이 나에게 '趙浚이 나에게 왕실을 지키는 데
에는 군사가 강한 것만 같지 못하다고 말하므로, 나는 그 말을 믿고 패기
를 바치지 않았다가 죄를 얻었다.'는 말을 하였다."고 전하니, 권진이 조
박의 말을 사사로이 덧붙여 좌중에게 전하였다. 또한 권진은 사헌부의
權近, 사간원의 朴블과 함께 조준과 이거역의 죄를 반복하여 상소를 올
리니, 조준이 하옥되었다. 정종이 李芳遠과 조준의 죄에 대하여 논하였
는데, 이방원은 "태조께서 개국하시고 상감님께서 왕위를 이었으며 나
또한 세자가 되어 오늘에 이르렀음은 모두 조준의 공인데, 전일의 공을
잊고 진실 여부를 가리지도 않고 해당 관아의 장계만을 믿는다면 하늘의
상제가 어떻게 보실지 두렵다."라고 하였다. 이거역을 조박과 대질시키
니 조박의 잘못이 밝혀지고, 권진의 말 또한 장계와 달랐으므로 조준은
하마터면 옥사를 당할 수도 있었으나, 이방원의 힘을 빌어 면하였다.

[현대역]

참구409)가 많아서 죄가 이미 이루어지겠더니 (이방원은) 공신을 살려

---

408) 고려 말기에, 세력 있는 무장들이 각기 장정을 강제로 자기의 사병으로 편입시켜
만든 병적부.

구하시니

공교한 하리410)가 심하여 패금411)을 이루려 하거든 이 뜻을 잊지 마십
시오.

[주석]

① :일·리러·니: 일－(어간) ＋ －리－(추측의 선어말어미) ＋ －더－(시
　　상의 선어말어미) ＋ －니(연결어미)

추측의 선어말어미 ‘－리－’의 용법은 미래에 일어날 동작이나 상태를
추측하는 것으로 현대국어에도 그 용례가 약간 남아 있다. 그러나 중세
국어에서는 과거의 선어말어미 ‘－거－, －더－’ 앞에 연결된다는 사실
이 특이하다. ‘－더－’는 ‘－리－’ 뒤에서는 ‘－러－’로 교체된다. ‘－리
러－’는 미래에 경험하게 될 사실을 미리 추정할 경우에 사용된다.

② 하·리: 하리(체언) ＋ zero형 주격조사

＜龍歌 124＞

洙泗正學·이ㅁ 聖性·에 볼 ㄱ·실·씨。異端·을。排斥·ㅎ시·니
裔戎邪說·이。罪福·을 저·히·습거·든。·이·쁘·들·ㅁ닛·디:마·ㄹ쇼·셔

洙泗之正學。ㅁ 聖性自昭晰。異端獨能斥
裔戎之邪說。怵誘以罪福。此意願 ㅁ 毋忘

---

409) 讒口: 해치는 입.
410) 남을 헐뜯어 윗사람에게 일러바치는 일.
411) 貝錦: 한자에 의한 의미는 ‘자개 무늬처럼 아름답게 짜여진 비단’이다. 그러나 은유적
　　으로 ‘참소하는 이가 남의 작은 허물을 늘려서 큰 죄를 만드는 것’을 의미하기도 한다.

[어절 분석]

洙泗正學·이#聖性·에#①블ᄀ·실·씨#異端·을#排斥·ᄒ시·니

裔戎邪說·이#罪福·을#②저·히·ᅀᆞᆸ거·든#·이#·ᄠᅳ·들#닛·디#:마·ᄅ

쇼·셔

[배경 고사]

고려 때 불교가 성행하였으나 李芳遠은 총명하여 시속을 따르지 않았
다. 太祖가 朝鮮을 개국한 이후 법을 창제할 때도, 방원은 정도를 지키
고 이단을 배척하였다. 즉위한 이후 서운관412)에서 '밀기413)가 있는 경
향 각지 70개 사찰 이외에 것들을 정리하여 군량을 마련해야 한다.'라
는 말씀을 올렸고, 太宗은 이를 따라 불교에 대한 정책을 혁신하였다.

[현대역]

수사정학414)이 (태종의) 성성에 밝으시므로 이단을 배척하시니

예융사설415)이 죄복으로 위협하거든 이 뜻을 잊지 마십시오.

[주석]

① 블ᄀ·실·씨: 붉-(어간) + -(ᄋ)시(주체 높임의 선어말어미) + -
ㄹ씨(연결어미)

② 저·히·ᅀᆞᆸ거·든: 저히-(어간) + -ᅀᆞᆸ-(객체 높임의 선어말어미) +
-거든(연결어미)

---

412) 書雲觀: 고려·조선 때, 천문·역일(曆日)·측후(測候) 등을 맡아보던 관아.
413) 남몰래 적음. 또는 남몰래 적은 글.
414) 洙泗正學: 공자의 바른 학문.
415) 裔戎邪說: 서역지방의 옳지 않은 말.

<龍歌 125>

千世우·희○미·리定·ᄒ·샨漢水北·에○□累仁開國·ᄒ·샤ㅏ年·이·乙:업·스시·니○

□聖神·이:니·ᅀ샤·도○敬天勤民·ᄒ샤·ᅀᅡ○더욱구드·시·리이·다○

□:님·금·하아·ᄅ쇼·셔○洛水·예山行·가이·셔○·하나·빌미·드·니잇·가

千世黙定漢水陽○□累仁開國卜年無彊○□子子孫孫聖神雖繼○敬天勤民○

洒益永世○嗚呼□嗣王覽此○洛表遊畋○皇祖其恃

[어절 분석]

千世#우·희#미·리#①定·ᄒ·샨#漢水北·에#累仁開國ᄒ·샤#卜年·이
#:乙:업·스시·니

聖神·이#②:니·ᅀ샤·도#敬天勤民·ᄒ샤·ᅀᅡ#더욱#③구드·시·리이·다

④:님·금·하#아·ᄅ쇼·셔#洛水·예#山行#·가#이·셔#⑤·하나·빌#미·
드·니잇·가

[배경 고사]

夏 太康이 하는 일 없이 임금의 자리에 앉아 놀음을 일삼았다. 절도가 없
어 각처에서 놀며 낙수 남쪽까지 가서 사냥에 빠져 백날이 되어도 돌아올
줄 몰랐다. 窮國의 임금 羿가 백성들이 임금의 명을 견디지 못하는 것을
보고, 강북에서 태강을 막아 돌아오지 못하게 하여 태강을 폐위시켰다.

[현대역]

천세 전에 미리 정하신 한수북⁴¹⁶⁾에, 누인개국⁴¹⁷⁾하시어 복년이 끝없
으시니

---

416) 漢水北: 한강 북쪽.
417) 累仁開國: 어진 일을 쌓고 나라를 엶.

성신이 이으셔도 경천근민418)하셔야 (나라가) 더욱 굳으실 것입니다. 임금이시어 아십시오. (하의 태강처럼) 낙수에 사냥 가 있으신 할아버지를 믿으십니까

[주석]

① 定·ᄒᆞ·샨: [定－(어근) ＋ －ᄒᆞ(동사 파생 접사)]－ ＋ －시－(주체 높임의 선어말어미) ＋ －오－(삽입모음) ＋ －ㄴ(관형사형 어미)

② :니·ᅀᆞ·샤·도: 닛－(어간) ＋ －(ᄋᆞ)시－(주체 높임의 선어말어미) ＋ －아(연결어미) ＋ 도(보조사)

③ 구드·시·리이·다: 굳－(어간) ＋ －(으)시－(주체 높임의 선어말어미) ＋ －리이다(종결어미)

④ :님·금·하: 님금(체언) ＋ 하(호격조사)
'님금하'의 '하'는 호격조사인데 중세국어에는 호격조사로 '아/야, (이)여, 하'가 있었다. '아'는 평칭의 체언 뒤에 쓰였으며 '(이)여'는 평칭의 명사 뒤에 쓰이나 격식의 의미가 동반되는 것이 특징이다. '하'는 높임의 호격조사인데 사람뿐만 아니라 의인화된 무정명사 아래에서도 사용되었다.

⑥ ·하나·빌: 하나비(체언) ＋ ㄹ(목적격조사)

---

418) 敬天勤民: 하늘을 공경하고 백성을 위하여 힘 씀.

상세 문법 설명

여기에서 제시하고자 하는 문법 설명 대상은 첫째, 개별적인 설명보다 종합적인 설명이 필요한 것, 둘째, 현재 논란이 되고 있거나 아직 학계에서 완벽히 의견 정리가 되지 않은 것들이다. 특히 후자에 해당하는 문법 설명은 가급적 비판적 시각으로 제시하였기에 여기에서의 문법 설명을 접할 때는 신중하게 접근할 것을 바란다.

Ⅰ. '－니', '－리' 종결형

'장윤희(1997:108－109)에서는 15세기 국어에서 아래와 같은 '－니', '－리' 종결형 문장이 흔하게 발견되는 것은 아니고 『龍飛御天歌』, 『月印千江之曲』 등에서 대부분 보이며 불경 언해 자료 가운데에서 간혹 나타난다고 밝혔다.

예) ① 俱夷 묻ᄌᆞᄫᅥ 샤ᄃᆡ 므스게 ᄡᅳ시리<月釋 1:10b>

② 부텻긔 받즈바 므슴 호려 ᄒᆞ시ᄂᆞ니<月釋 1:10b>

③ 그듸 이제 날 ᄒᆞ야 티거나 내좃거나 주기라 ᄒᆞ야도 그듸ᄅᆞᆯ 거스디 아
니호리어늘 이제 엇뎨 怨讐를 니즈시ᄂᆞ니<釋譜 11:34a>

④ 곶 됴코 여름 하ᄂᆞ니 <龍歌 2>

장윤희(1997:109)에서는 『月印千江之曲』에서 보이는 '-니' 종결형
은 『龍飛御天歌』나 다른 언해 자료들에서 보이는 '-니' 종결형과 완전
히 동일하게 처리할 수는 없다고 보았다. 『龍飛御天歌』는 각 장의 내용
이 독립된 이야기를 이루므로 예④와 같은 '-니'는 종결형이 분명하다
고 보았다. 그렇지만 『月印千江之曲』은 부처의 일대기를 적은 서사시
로서 각 장이 완결된 하나의 이야기를 이룬다고 보기는 어렵다고 기술
하였다. 국어에서 선어말어미가 문장을 끝맺는 것은 부자연스러운 것
이기 때문에 위의 '-니'를 선어말어미와 종결어미가 통합된 것으로 분
석해야 한다고 보았다. 이때 분석할 수 있는 종결어미로 '-(으)이'를 들
었는데, 이는 16세기에 '업시, 아릐' 등과 같은 어형이 나타나기 때문에
16세기의 종결어미와 동질적인 것이라고 본다면 '-(으)이'로 분석해야
한다고 보았다.

장윤희(1997:111-113)에서는 종결어미 '-(으)이'는 '-니', '-리'
종결형에서만 발견되는 것은 아니고 드물게 나타나긴 하지만 '숣뇌'에
서도 나타난다고 밝혔다. '숣뇌'를 허웅(1975:495), 김영욱(1995:148-
153)에서는 '숣노이다'의 '노'가 '-이-'에 의해 '뇌'로 동화된 '숣뇌이
다'에서 '-이다'가 생략되어 형성된 것으로 파악했는데, 장윤희(1997)
에서는 결코 '-이다'의 생략으로 볼 수 없다고 밝혔다. 오히려 '숣-+
-ᄂᆞ-+-오-'의 통합체에 종결어미 '-(으)이'가 결합된 것으로 분
석하는 것이 합리적이라고 보았다. 그 이유로 '숣뇌'가 나타난 『月印千
江之曲』은 훈민정음 창제 초기 자료로 이 시기에는 'ᄒᆞᄂᆞ이다'에서 동

화된 '흥닉이다' 형이 일반화되지 않은 시기였다는 점을 들었다. 또한 '숩뇌'가 '-이다'의 생략에 의한 것이라면 왜 '-이다'의 생략이 동화형 '숩뇌이다'에만 적용되고 동화 이전 형태인 '숩노이다'에는 적용되지 않는지를 설명해 줄 수 없다고 하였다. 그러므로 '숩뇌'는 '-이다'의 생략형이 아니고 또 다른 종결어미를 가진 문장으로 보아야 한다고 주장하였다. 그리고 이때 분석되어 나올 수 있는 종결어미가 '-(으)이'라고 밝혔다.

또한 장윤희(1997)에서는 16세기 한글 간찰 자료 검토를 통해 구어를 반영한 것들에서 종결어미 '-(으)이'가 결합된 형태가 활발하게 나타난다는 것을 밝혔다. 한편, 15세기 국어의 주요 문헌인 불경 언해들은 전통적인 구결법에 따른 구결문에 의거하여 이루어진 것이 일반적이기 때문에 구어가 반영되기가 어렵다는 점을 근거로 15세기 언해문에서 종결어미 '-(으)이'가 드물게 나타나는 이유를 설명하였다. 반면, 『龍飛御天歌』나 『月印千江之曲』은 실제 가창(歌唱) 되었던 시가의 가사였다는 점에서 어느 정도 구어적인 요소가 나타날 수 있었던 것으로 보았다.

배석범(1994)에서는 『龍飛御天歌』에서 '-리-, -니-'로 끝나는 '-니, -리' 등을 [i] 계통, '-잇가, -잇고' 등을 종결어미로 보고 이들의 상관 관계에 대해 살펴보았다. 배석범(1994:118)은 이에 대한 기존의 논의를 세 가지 갈래로 정리하였는데, 이는 다음과 같다.

(1) '-니-', '-리-'는 '-니이다', '-리잇가'의 생략형
  : 허웅(1955), 김상억(1975), 정병욱(1980) 등
(2) '-니-', '-리-'는 연결의 성질을 가진 어미
  : 방종현(1949), 김형규(1950), 김사협(1956), Peter H. Lee(1975) 등

(3) '-니-', '-리-'는 종결형
  : 이숭녕(1981), 고영근(1981, 1987)

위와 같이 다양한 논의가 이루어졌음에도 여전히 이들에 대한 논의
에는 한계가 있다고 보았고, 『龍飛御天歌』의 운율적인 조건이 문헌의
형식을 제약했을 가능성을 대안으로 제시하였다. 배석범(1994)에서는
『龍飛御天歌』에서 종결어미가 생략되지 않은 용례들을 검토하여 마지
막 권점 이하의 음절수가 7음절을 넘지 않는다는 공통점을 발견하였
다. 배석범(1994:138)에서는 여섯 차례의 가정과 검증의 절차를 거쳐
다음과 같은 규칙과 조건을 설정하였다.

(4) ㄱ. 규칙: ᄒᆞ쇼셔體 종결어미(-이다 등)가 생략되지 않은 시행에서 마지
       막 권점 이하 음수율이 7음절 이상이 될 경우에 ᄒᆞ쇼셔체 종결어미(-
       이다 등)는 생략이 된다.
   ㄴ. 조건
     ⅰ. ᄒᆞ쇼셔體 의문형 어미, '-잇가'는 생략되지 않는다.
     ⅱ. 의미의 변화가 생기지 않는 한 총 7음절을 넘지 않는다.
     ⅲ. 두 번째 권점 이하 음수율이 3음절일 때에는 음수율의 조화를 위해
        마지막(세 번째) 권점 이하 음수율이 종결어미가 생략되지 않은 상
        태에서 7음절 이상이 되지 않아도 ᄒᆞ쇼셔體 종결어미가 생략된다.
     ⅳ. 어떠한 경우에도 마지막 권점 이하 음수율은 3음절 이하가 될 수 없다.

배석범(1994)에서는 위와 같은 규칙과 조건에 따라 『龍飛御天歌』의
문체에 대해 마지막 권점 이하의 음절수 선택이 일정한 규칙의 지배를
받아 문법형태소의 생략이 일어났다고 보았다.

II. 중세국어의 격조사 체계

중세국어의 격조사 체계는 현대국어의 체계에 따라 분류가 가능하다. 여기에서는 학교문법의 체계에 따라, 중세국어의 격조사를 ① 주격조사, ② 보격조사, ③ 서술격조사, ④ 목적격조사, ⑤ 관형격조사, ⑥ 부사격조사, ⑦ 호격조사로 나누어 설명하고자 한다.

한편, 중세국어에서는 모음조화가 비교적 규칙적으로 나타나는데, '체언 + 조사', '어간 + 어미' 등의 환경에서 양성모음(·, ㅏ, ㅗ)은 양성모음끼리, 음성모음(ㅡ, ㅓ, ㅜ)은 음성모음끼리 사용되었고, 중성모음(ㅣ)은 양쪽에 잘 어울렸다.

1. 주격조사: 문장 내에서 주어를 표시하는 격조사로서, 중세국어시기에는 선행 체언의 음성 환경에 따라 다음 세 종류의 주격조사가 사용되었다.

(1) 이: 체언 말음이 자음일 때, 즉 받침이 있는 음절일 때 사용된다. 반드시 독립된 음절을 형성한다. 고유어 뒤에서는 체언말음이 후행 주격조사에 연철되는 것이 일반적이나 분철로도 나타난다.

예1) ① 나랏말쏘미 中國에 달아 <訓諺 1a>
　　② 海東六龍이 ᄂᆞᄅᆞ샤 <龍歌 1>
　　③ 두 쐐이 갈곤 놀캅고 <月印 59>

(2) ㅣ: 체언 말음절에 받침이 없고 체언말음절의 모음이 일반 모음(非 i계모음인 '아, 어, 오, 우' 등)일 때 쓰이며, 독립된 음절을 형

성하지 못하고 체언말음절의 모음에 융합되어 나타난다. 다만 漢字로 표기된 체언 아래에서는 'ㅣ'가 독립되어 표기된다.

예2) ① 니르고져 홅 배 이셔도 <訓諺 2a>
　　② 부톄 도녀 <釋譜 9:1a>
　　③ 婇女ㅣ 기베 안ㅅ바 <月印 9>

(3) 무표기(zero): i계 모음(ㅣ, ㅐ, ㅖ, ㅚ, ㅟ 등)으로 끝날 때 쓰인다. 이 경우에는 주격조사가 표기상으로 보이지 않으며, 성조의 변화가 발생하기도 한다. 즉, 체언말음절이 평성(무점)일 때 이 조사가 사용되면 체언말음절의 방점이 상성(2점)으로 성조가 변하고, 거성(1점)일 때에는 주격형에 표기의 변화가 없다. 한편, zero형은 '생략'이 아니다. 국어의 구어상에서는 격조사가 자주 생략되는데, zero형은 특정 음운 환경에서 나타나는 것이므로 '생략'과는 구별되어야 한다.

예3) ① 소리 이ㄴ니 <訓諺 13a>
　　② 드리 업건마른 <龍歌 34>
　　③ 如來 나를 겨집 사무시니 <釋譜 6:4a>

※ 주격조사 '가': 주격조사 '가'의 형성시기에 대해서는 아직도 확실한 설이 없다. 국어사 초기 연구에서는 임진왜란 시기에 일본어 조사 'が'의 영향에 의해 한국어에 조사 '가'가 형성되었다는 주장도 있었으나 이는 신빙성이 낮다. 한편 송강 정철의 자당 안씨의 내간(1572년 추정)의 문장 중, '춘 구드레 자니 빅가 세니러셔'에서 주격조사 '가'가 추출되었고, 이를 토대로 '가'는 16세기 후반에

나타나 17세기에 발달한 형태로 추정되었다. 그러나 이러한 주장은 최근의 논의에서 이 문장을 '츤 구드레 자니 빅가세 니러셔'로 봐야 한다는 주장이 수용되고 있어 주격조사 '가'의 형성 시기는 다시 미궁 속으로 빠졌다.

2. 보격조사: 문장 내에서 보어를 표시하는 격조사이다. 격조사의 형태에 있어서 원천적으로 보격으로만 쓰이는 고유 형태는 없고 다른 격형(주로 주격형)이 보격으로 전용되며 그 형태와 용법은 주격조사의 경우와 동일하다.

3. 서술격조사: 문장 내에서 체언으로 하여금 서술어가 되게 하는 격조사로, 중세국어시기에는 선행 체언의 음성 환경에 따라 '이라, ㅣ라, 라'의 세 형태가 쓰였으며 이들의 체언과의 연결조건은 주격조사와 동일하다.

(1) 이라: 체언말음이 자음일 때 사용되며, 독립된 음절을 형성한다. '-라'의 원형태는 '-다'이다. 이 시기에 'i' 또는 'y' 뒤의 'ㄷ'이 'ㄹ'로 변하는 경우가 많다.

예4) ① 語는 말ᄊᆞᆷ미라 <訓諺 1a>
   ② 하ᄂᆞᆶ 뜨디시니 <龍歌 4>
   ③ 萬里外ㅅ 일이시나 <月印 1>

(2) ㅣ라: 체언말음이 모음으로 끝나고 그 모음이 非 i계 모음일 때, 체언말 모음과 축약된 형태로 나타난다.

예4) ① 所ᄂᆞᆫ 배라(바+ㅣ라) <訓諺 2a>

②嘉祥이 몯졔시니(몯져+ㅣ시니) <龍歌 7>

③無量劫 부톄시니(부텨+ㅣ시니) <月印 43>

(3) 무표기(zero)라: 체언말음절이 모음으로 끝나고 그 모음이 i계 모
음일 때, 서술격의 어간은 나타나지 않고 '라'만 나타난다. 이 경
우는 [i] 모음의 중출에 따른 동음 생략형으로 볼 수 있다.

예5) ① 正흔 소리라 <訓諺 1a>

② 벌에러니 <月印 25>

③ 耳ᄂᆞᆫ 귀라 <釋譜 19:9b>

4. 목적격조사: 문장 내에서 목적어를 표시하는 격조사로 기본 형태
는 'ㄹ'로 보이며 실제 표기에서는 선행체언의 음운적 환경에 따라
다음의 이형태들이 구분되어 사용되었다.

체언말음 체언말음절 모음	자음	모음
양성모음	ᄋᆞᆯ	ᄅᆞᆯ, ㄹ(축약형)
음성모음	을	를, ㄹ(축약형)
중성모음	ᄋᆞᆯ, 을	ᄅᆞᆯ, 를, ㄹ(축약형)

이들 중, 'ᄋᆞᆯ/을', 'ᄅᆞᆯ/를'은 선행체언의 음운적 조건으로 선택이 규정
되므로 한 형태소의 이형태 관계에 있으며, 'ㄹ'과 'ᄅᆞᆯ/를'은 변동 조건
이 없는 수의적 이형태 관계이다.

15세기 문헌에서는 모음조화 규칙에서 벗어난 예도 발견되며, 중성
모음 아래에서는 '를/을'보다 'ᄅᆞᆯ/ᄋᆞᆯ'이 더 우세하게 쓰였다.

예6) ① 여슷 해롤 苦行ᄒ샤 <釋譜 6:4b>
　　② 스믈 여듧字ᄅᆞᆯ 밍ᄀ노니 <訓諺 3a>

예7) ① 누를 더브르시려뇨 <月印 19>
　　② 부텨를 맛나 잇ᄂ니 <釋譜 6:11a>

예8) ① 발자쵤 바다 <月印 2>
　　② 날 위ᄒ야 <釋譜 6:29a>

예9) ① 쳔랴ᄋᆞᆯ 만히 뫼호아 <釋譜 9:12a>
　　② 精卒ᄋᆞᆯ 자ᄇ시니 <龍歌 24>

예10) ① 넷 ᄠᅳ들 고티라 <月印 11b>
　　② 혼 点ᄋᆞᆯ 더으면 <訓諺 13b>

5. 관형격조사: 문장 내에서 체언으로 하여금 후행체언을 수식하는
　관형어의 구실을 하게 만드는 격조사로 '익/의', 'ㅅ', 'ㅣ'가 사용되
　었다. 이들은 다음과 같이 사용되었다.

(1) 익/의: 선행체언이 유정물의 평칭일 경우에 사용되었고, 이때 선
　행체언의 말음절 모음이 양성모음일 때는 '익'가, 음성모음일 때
　는 '의'가 사용되었고, 중성모음일 때는 '의'가 주로 사용되었다.
　특히 선행체언의 말음이 'ㅣ'일 때는 '익'가 축약, 탈락되었다.

예11) ① 도즈ᄀᆡ 알ᄑᆞᆯ <龍歌 60>
　　② 가야믜(가야미+익) 맛나ᄆᆞᆯ <初杜解 17:13b>

예12) ① 저의 늘구믈 <月印 12>
　　② 어믜(어미+의) 恩慈ᄅᆞᆯ 울워렛ᄂᆞ니 <初杜解 8:47a>

(2) ㅅ: 선행체언이 무정물일 때에 주로 쓰이고, 유정물인 경우에는
   존칭의 대상일 때에 사용되었다.

예13) ① 東海ㅅ ᄀᅀᅵ <龍歌 6>
    ② 아바님 뒤헤 셔샤 <龍歌 28>

※ 관형격조사 '익/의'와 'ㅅ'은 선행체언의 의미자질에 따라 구분되
   어 선택된다는 것이 정설이나 항상 그렇지 않는다는 점에서 좀 더
   많은 고민이 필요하다.

(3) ㅣ: 체언말음이 모음으로 끝났을 때에 쓰이던 조사로 어원적으로
   는 '익/의'에서 'ᄋᆞ/으'가 탈락된 형태로 보인다. 이 경우, 주격조
   사와 같은 형태가 되어 방점으로 구별할 수 있다.

예14) ① 내 님금 <龍歌 50>
    ② 長者ㅣ 아ᄃᆞ리 <月釋 12:22a>

예15) ① 내(평성-관형격), ·내(거성-주격)
    ② 네(평성-관형격), :네(상성-주격)

6. 부사격조사: 문장 내에서 체언으로 하여금 부사어의 구실을 하게
   하는 격조사로 부사어의 의미범주에 따라 '시간, 장소, 출발, 도착,
   원인, 비교, 공동 등'으로 하위분류가 가능하다.
   형태적으로는 '애/에/예, 익/의, 로/ᄋᆞ로/으로, 와/과' 등이 쓰였다.

(1) 애/에/예: 선행체언이 '시간, 장소, 출발, 도착, 원인' 등의 의미를

가질 때 주로 사용되었던 부사격조사로 선행체언 말음절의 모음
이 양성, 음성인 경우에 따라 각각 '애'와 '에'가 구별되어 쓰였다.
선행체언의 말음절 모음이 'i'계 모음일 경우, '예'가 사용되었다.

예16) ① ㅂㄹ매 아니 뮐씨 <龍歌 2>
　　②눈에 보논가 <月印 1>
　　③귀예 듣논가 <月印 1>

(2) 익/의: 몇몇 선행연구에서는 '애/에/예'가 일반적인 형태이고, '익/
　　의'는 선행체언이 고유어 등의 특수명사일 경우에 쓰이던 형태로
　　보아 부사격조사 '익/의'를 '특이처격조사'로 명명한 바가 있으나,
　　'애/에/예'와 '익/의'의 변별에 대하여는 분명히 밝혀진 바가 없다.
　　오히려 '익/의'는 구형의 부사격조사로, '애/에/예'는 신형의 부사
　　격조사로 보는 것이 타당할 것으로 보인다.

예17) ① ᄀᆞᆯᄋᆞᆯ희 <月釋 1:月釋序16a>
　　②지븨 가샤 <龍歌 28>

※ 부사격조사 '익/의'
　　박병채(1965)에서는 처격의 시원(始原)을 속격으로 보았으며, 이숭
녕(1961/1997:113－115)에서는 관형격조사 '익/의'가 부사격으로 전용
되었다고 하였고, 허웅(1975/1995:345)에서도 부사격조사 '익/의'를 매
김자리토씨 즉, 관형격조사가 부사격으로 전용된 것으로 보았다. 이러
한 주장은 홍종선(1984)에서 좀 더 구체화되었다. 홍종선(1984:281－
283)에서는 어떤 사물이 속해 있는 위치를 볼 때, 귀속 개념으로 보면
'속격'이고, 위치 개념으로 보면 '처격'이 되며, 속격과 처격이 같은 의

미의 미분화 상태로 오다가 개념이 구체적으로 세분되면서 분리되었다고 하였다.

7. 호격조사: 한 문장에서 독립어를 표시하는 조사로 15세기에는 '아, 야, 하, 여/이여/ㅣ여' 등이 사용되었다.

(1) 아: 가장 널리 쓰인 형태로 선행체언의 받침 유무에 관계없이 쓰였고, 다만 'i'계 모음 뒤에서는 쓰이지 않았다.

(2) 야: 선행체언이 모음으로 끝날 경우에만 사용되었고 특히 'i'계 모음 뒤에서만 쓰였다. 『龍飛御天歌』나 『釋譜詳節』에서는 사용된 용례가 발견되지 않는다는 점에서 '야'는 모음충돌을 피하기 위해 15세기 중엽부터 발전된 어형으로 보인다.

(3) 하: 호칭의 대상이 존대의 대상일 경우에 사용되었다

(4) 여/이여/ㅣ여: '아'나 '야'에 비해 사랑과 감탄의 뜻을 나타내는 형태로 '이여'는 선행체언이 자음으로 끝났을 때, 非 'i'계 모음 뒤에서는 'ㅣ여'가 주로 쓰였고, '무표기(zero)여'는 선행체언이 'i'계 모음으로 끝났을 때 사용되었다.

예18) ① 文殊아, 善男子아
　　　② 須菩提야, 得大勢야
　　　③ 님금하, 부텨하
　　　④ 大雄世尊이여, 聖女ㅣ여, 文殊師利여

Ⅲ. '－시－'의 형태와 기능

1. '－시－'의 기능

중세국어의 선어말어미 '－시－'는 주격대상 인물과 관련한 높임 표현에 사용된다. 이러한 용법에 대해 정렬모(1946)에서는 '주체 존대'라는 용어를 사용하였으며 이를 허웅(1954), 성기철(1985)에서 수용하여 사용하였다. 허웅(1975:673)에서는 이를 '주체높임'이라는 용어로 수정하였으며 주어로 지시되는 사람이나 일, 물건을 높이는 문법적 방법이라고 설명한다. 또한 경우에 따라서 주어가 등장하지 않더라도 의미상 주체가 될 경우에도 주체높임이 사용된다고 하였다. 허웅(1975:678)에서 지적하였듯이 '－시－'는 선어말어미 '－오/우－', '－ᄂᆞ－', '－니－', '－리－', '－더/다－', '－이－', '－아/어－', '－거－', 느낌을 나타내는 선어말어미 및 이들의 결합체가 후행할 수 있는데 이러한 여러 어미 형태소와 통합할 때에도 '－시－'의 용법에 변화는 일어나지 않는다고 하였다. 하지만 모든 '－시－'가 주체를 높이는 것은 아니므로 주의가 필요하다. 이러한 예들은 모두 '－거시니/어시니'와 관련되어 있다. 허웅(1975:688)에서는 이때 나타나는 '－시－'의 용법이 무엇인지 알 수 없다 하였고, 이들이 모두 '－니'에 앞서 있는데 그 이유도 알 수 없다고 하였다. 이러한 '－거시니/어시니'의 '－시－'가 높임의 뜻이 없기 때문에 주체를 높이는 경우에 다시 '－시－'가 겹친다고 지적하였다.

이러한 '－시－' 중복형에 대해서 박부자(2006:221－222)에서는 언해문과 구결문을 대조하여 '－시거시든' 형의 구결이 'X이어시든'임을 지적하고 있다. 이때 후행하는 '－시－'가 주체 높임의 선어말어미인지 존재동사 '시-'의 어간인지 판단하기는 어렵다고 하였으나 동사 어간 '시-'로 볼 수 있는 예들이 있다고 한다. 그러나 박부자(2006:222)에서는 동사 어간의 '시-'가 아닌 주체 높임의 선어말어미 '-시-'로 파악하는 것에 좀 더 무게를 두고 있다. 또한 '-시거시늘', '-시거시든' 등의 형태에 대해서는 '-거-'의 어말어미화로 인해 야기된 변화라고 보았다.

2. '-시-'의 형태

'-시-'가 활용할 때의 형태로는 '-시-'와 '-샤-'를 확인할 수 있다. 이러한 이형태에 대해서는 크게 세 가지 해석이 존재한다. 하나는 '-샤-'가 '-시-' 이전에 기원적으로 존재했을 가능성(허웅, 1961), 하나는 모음어미 앞에서 교체되는 것이다. 모음어미 앞에서 교체될 때 이것이 '-시-'와 모음어미의 축약으로 나타나는 형태인지, 아니면 모음어미라는 음운론적 환경에서 나타나는 이형태인지에 대해 이견이 존재한다.

'-샤-'가 '-시-'의 고형이었다는 관점은 허웅(1961)에서 확인할 수 있는데 이 논의에 따르면 역사적으로 '-시-'의 고형 '*-샤-'가 자음 어미 앞에서는 '-시-'로 변했으나, 모음 어미 앞에서는 여전히 '-샤-' 형태 그대로 유지되었다고 보았다. 이러한 연유로 15세기에 '-시-'와 '-샤-' 형태가 공존하여 나타났다고 하였다. 임동훈(1994:145)에서는 이 논의에 공시적, 통시적 문제가 존재한다고 지적한다. 15세기의 공시적 측면에서 '-샤-'가 기원적으로 '*-샤오-, *-샤아'에서 왔다면 15세기의 '-샤되, -샴' 형은 그 형태 분석이 '-샤-

(<-샤오-) + -딕', '-샤-(<-샤오-) + -ㅁ'으로 되어야 할 것인데, 이러한 분석은 용인하기 어렵다는 것이다. 또 하나는 통시적 측면에서 '*-샤-'를 '-시-'의 고형으로 설정할 수 있느냐 하는 문제가 있다고 지적한다. 이에 대한 근거를 향가에서 찾아 제시하였는데 15세기의 '-시-'에 해당하는 형태는 향가에서 '賜'로 표기되었다. 이 '賜'는 음독자로서 그 음가가 중고한음에서 지섭(止攝)에 속하는 다른 한자들과 마찬가지로 그 주모음이 '-i'인 /*si/로 볼 수 있을 듯하여 '-샤-'라는 근거는 찾기 어렵다는 점을 들고 있다.

안병희(1963)과 허웅(1975)에서는 '-샤-'를 '-시-'의 이형태로 파악하였다. 이들에 따르면 '-시-' 뒤에 어미 '-아/어', '-오/우-'가 오면 '-시-'는 '-샤-'로 교체되고 후행하는 어미가 없어져서 무형의 변이 형태를 취하게 된다. 이는 '시→샤/아/어, 오/우'와 같이 도식화할 수 있으며 이때 후행 모음은 'Ø'가 된다. '-샤-'를 '-시-'의 이형태로 보는 근거는 음운론적 환경이 동일한 어간의 활용형과 다른 형태로 나타나기 때문이다. 15세기의 '다히-, 말이-, 주기-, 너기-' 등과 '-아/어'의 활용형은 '다혀, 말여, 주겨, 너겨' 등으로 나타나는데 이와는 달리 '-시- + -아'는 '-샤-'로 나타나 축약형이라고 볼 수 없다는 것이다. 어간말음이 '이'인 다른 용언과 마찬가지로 '-시-' 뒤에는 '-어'가 오는 것이 일반적이라고 보기 때문이다.

고영근(1987/2010:139)에서는 '-샤-'는 모음어미 앞에서 실현되며 '가샤'는 '가샤아'에서 연결어미 '-아'가 탈락된 것으로 보았다. 고영근(1987/2010:139-140)에서는 종전에는 '샤'를 '-시-'와 '-아(-), -오(-)'의 결합으로 해석하였고 최근에는 '-오(-)'의 이형태로서 '-아(-)'를 세워 '샤'를 설명하는 일에 대해 비판을 가했다. 이러한 해석은 중세국어의 일반적인 '－시－'의 음운현상에 어긋난다는 것이다. 이른 바 존재사 '이시－'가 어미 '－아, －옴, －오ᄃᆡ, －오라'와 결합되면 '*이샤, *이샴, *이샤ᄃᆡ, *이샤라'가 되지 않고, '이셔, 이숌, 이쇼ᄃᆡ, 이쇼라'로 바뀌는 것을 보면 '－시－ ＋ －아, －오 → －샤라는 방식의 설명에 무리가 있다고 보았다.

안병희·이광호(1990:223)에서는 '－시－'에 후행하는 어미가 '아, 오'로 시작하면 '－(ᄋᆞ/으)샤－'로 교체된다고 파악하였다. 어미 '－아/어', '－오ᄃᆡ/우ᄃᆡ', '－옴/움' 등의 어미가 '－시－'에 후행할 때 어미의 모음은 축약되거나 탈락되어 '－샤, －샤ᄃᆡ, －샴' 등으로 나타난다고 보았다.

임홍빈(1980)에서는 '－시－'의 이형태 문제를 선어말어미 '－오－'의 이형태와 관련하여 설명하고 있다. 안병희(1963)에서의 논의는 '－시－'를 '－샤－'로 교체시키는 후행 모음 어미의 두음은 필수적으로 사라지기 때문에 추상적인 존재로 설정된다는 한계가 있다. 또한 이기문(1972ㄱ)에서처럼 '－시－ ＋ －오/우－'가 '－샤－'가 된다는 설명은 15세기의 공시적 음운론의 질서에 위배되므로 이를 극복할 방안으로 선어말어미 '－오－'의 이형태 '－아－'를 설정한 것이다. 그러나 위와 같은 설명은 그 근거로 삼은 '－과라'형의 분석이 문제가 된다. 즉, '－아－'가 '－오－'의 이형태라는 근거를 찾기가 어렵다는 문제점을 내포하고 있다.

3. '－시－'의 통합순서

'－시－'는 일반적으로 '－ᄉᆞᆸ－', '－거－', '－더－'에 후행하여 통합한다. 다만 '−거−', '−더−'와 통합할 때 그 순서가 일정하지 않은 모습을 보여준다. 대표적으로 '−거늘', '−거든'과 통합할 때 '−시−'가 '−거−'에 선행하기도 하고 후행하기도 하는데 '−거−'에 후행하는 경우, 즉 '−거시늘', '−거시든'과 같이 통합할 때 이들의 분석이 문제가 된다. 고영근(1981/2011:50)에서는 '−거늘', '−거든'을 하나의 어미로 보되 '−시−'와 통합하는 경우 '−거시늘', '−거시든'과 같은 형태를 구성하게 되는데 이러한 '−거늘', '−거든'을 '불연속 형태'라는 용어를 사용하여 이 문제를 해소하고자 하였으나, '형태소'의 정의를 생각한다면 '불연속 형태'라는 개념에 대해서는 재고가 필요하다.

Ⅳ. '−거−', '−더−', '−ᄂ−'의 형태와 기능

1. '−거−', '−더−', '−ᄂ−'의 기능

중세국어 시기 선어말어미 '−거−', '−더−', '−ᄂ−'의 기능을 파악하기 위해서 이들의 배열순서를 먼저 제시하기로 한다. 중세국어 시기 선어말어미의 배열 순서에 대해서는 다음 연구자들의 논의를 참고할 수 있다.

ㄱ. 유창돈(1964): ᄉᆞᆸ − 거 − 리 − 다/더 − 시 − … − ᄂ − … − 니 − 이
ㄴ. 이기문(1972ㄱ/1998): ᄉᆞᆸ − 거/더 − 시 − ᄂ − 오 − 리 − 돗 − 이
ㄷ. 이승욱(1973): ᄉᆞᆸ − 더 − 시 − ᄂ − 오 − 리 − 이
ㄹ. 안병희 · 이광호(1990): ᄉᆞᆸ − 거/더 − 시 − ᄂ − 오 − 리 − 돗 − 니 − 이
ㅁ. 최동주(1995): ᄉᆞᆸ − 시 − (리) − 더/ᄂ − 리 − 돗 − 오 − (리) − 이
ㅂ. 김소희(1996): ᄉᆞᆸ − 시 − (리) − 거/더/ᄂ − 리 − 돗 − 오 − (리) − 이

ㅅ. 김유범(1998): 습 − 거1/더1 − 시 − ᄂ − 오 − 리 − 거2/더2 − 니 − 이
ㅇ. 박부자(2005): 습 − 더/거 − 시 − (리) − ᄂ/(더) − ㅅ,옷,도/돗 − 오 − 리
　　　　　　　　 − (더)/(거) − 이

　선어말어미 '−거−'는 지금은 쓰이지 않는 것으로 대부분의 연구자
들이 이를 어미의 일부로 보고 있다. 중세국어 시기에 이미 '−거−'는
선어말어미로서의 위상이 약했던 것으로 보인다. '−거−'를 설명할 때
의 난점은 '−거−'의 기능을 무엇으로 볼 것이냐이다. 한국어의 시제,
상, 서법은 엄격히 분리되지 않는 경우가 많은데 현대의 직관으로 판단
이 어려운 '−거−'의 기능은 여전히 명확한 결론을 내리기는 어렵다.
'−거−'의 기능은 크게 강조 및 확인법, 과거 및 완료의 시상, 시점과
관련된 논의로 나눌 수 있다. '−거−'를 시제와 상 범주로 파악하는 논
의는 '−더−'와의 대립관계 속에서 '−거−'의 기능을 파악하고 있다.
백화문 '了'의 번역에 '−거−'가 사용되었다는 점과 후대 문헌에서 '−
앗/엇−'에 대응한다는 점 등이 '−거−'를 '과거'나 '완료(상)'으로 파악
하는 논의의 근거이다.

　예) ① ᄒᆞ마 너희 ᄎᆞᄌᆞ라 가려 ᄒᆞ다니 네 ᄯᅩ <u>오나다</u>(待要尋你去來 你却來了)
　　　　 <飜老 上:68b>
　　　② ᄒᆞ마 너희 ᄎᆞᄌᆞ라 가려 ᄒᆞ더니 네 ᄯᅩ <u>오나다</u>(恰待要尋恁去來 你却來
　　　　 了) <老乞 上:62a>
　　　③ 뎡이 너롤 ᄎᆞᄌᆞ라 가려 홀 제 네 ᄯᅩ <u>왓다</u> <蒙老 4:17b>

　예1)은 노걸대 언해류의 동일 부분을 대비한 것이다. '來了'에 해당하
는 '오나다'가 『몽어노걸대』에서는 '왓다'로 대응되었다는 점에서 '−
거−'가 시상의 '−앗−'과 거의 같은 기능을 한다고 볼 수 있다.

'−거−'를 확인법 등의 서법으로 보는 입장은 '−거−'가 쓰인 문장이 주로 확정된 사실이라는 점에 근거하지만, 이러한 문장은 특정 시제 범주로 파악할 수 없다는 점이 서법 범주로 보는 논의를 뒷받침한다. '−거−'가 '−돗−'이나 '−ᄂ−'에 대응하는 예가 있고, 현재를 나타내는 부사와 같이 나타나 과거로 보기에는 어려운 점 등이 있다. 또한 '−거−'가 가정이나 명령문에서도 나타난다는 점은 '−거−'의 기능을 시상으로 보기 어렵게 한다.

　'−거−'의 기능을 시점과 관련하여 설명하는 논의는 석주연(2001/2003)과 한재영(2002ㄱ)을 들 수 있다. 석주연(2001/2003:129−137)에서는 '−거다/어다'가 현재 관여적인 '완료'적 성격을 가진다고 하였고, 노걸대류의 '−거다/어다'가 후기 문헌에서는 '−앗/엇−'으로 번역된다는 점에서 완료적 의미를 가진 것으로 파악하였다. 한편 연결 어미 '−거니', '−거든'의 '−거−'는 동일한 기능으로는 파악하기 어려운데 이에 대해 특정 시점 관여성이라는 특징이 '−거−'가 기본적으로 시상 범주나 확인법, 확정법, 강조법 등의 서법적 의미를 갖게 하는 요소가 된다고 이해할 수 있다.

　한재영(2002ㄱ)에서는 '時點'과 '視點'을 기준으로 '−거−', '−더−', '−∅−'의 기능 분석을 시도하였는데 '−거−'와 '−더−'의 공통점은 '視點時制體系'로 '장면의 상정'이라는 기능을 제시하였다.

　중세국어 시기 '−거−'의 기능을 언급한 논의는 아래 표와 같다.

{−거−}의 기능 정리(이병기 2014:44−45 재인용)

논저	기능	비고
유창돈(1963ㄴ)	강조	−가/거−, −아/어−, −나−
최태영(1965:158)	과거, 완료 > 假想, 條件	{−거−}, {−어−}
이승욱 (1967, 1973:199−210)	과거, 완료상, 객관적인 가상의 분위기	'−가/거−, −아/어−'

안병희(1967:209-210)	과거(현재에 있어서 완료된 동작의 假想)	'-거-'동작의 假想, '아/어'-동작의 完了
나진석(1971:257)	'끝남'의 '상'	'-거/어/나/(가/과)-'
허웅 (1975/1995:887, 923-944)	확정법(기정법)	-과/와-('-으니-'에 대한 일인칭 안맺음씨끝)
	강조-영탄법	-아/어-, -애/에-, -앳/엣-; -거/어/나-, -가/아-, -게-, -것-
허웅(1989:377-8)	확정법(과거), 강조법	'-아/어, 거, 나-' 중 '-니'나 '-다'에 선행하는 일부 예들을 확정법으로 나머지는 강조법으로 설명
임홍빈(1977)	대상성	-거-, -거든, -거늘, -거니와, -거나, -건만, -거니, -게, -겠-
고영근(1981)	확인법	'-거/어-'
안병희·이광호(1990)	과거	'-거/어/나-'
차재은(1992)	완료	'-거-': 현재와 더 많은 관련을 가지는 '상태지속', '-어-':과거와 관련을 가지는 '완결'
구재희(1994)	확인법	타동사에 결합하는 '어2'는 분포적 특성으로 '완료'의 상 범주로 해석
최동주(1996:203)	확인법	
이금영(2000)	서법(화자의 사태에 대한 확인이나 확신)	'-ㄴ-', '-더-'와 대립
한재영(2002ㄱ)	장면 상정	'거/어'
석주연 (2001/2003:129-168)	사태를 일정한 기준시점(발화시 이후 포함)에 관여시킴	'거다/어다, 거든, 거니'에서의 '거'

이기문(1974:163-164)에서는 '-더-'와 '-거-', '-어-'를 과거
의 선어말어미로 보았고 '-ㄴ-'는 현재의 선어말어미로 파악한 바 있
다. '-더-'는 과거에 완료되지 않은 동작의 회상으로 보았으며, '-거
-', '-어-'는 과거에 완료된 동작을 나타낸다고 보았다. 그러나 최동

주(1995), 이금영(2002) 등에서는 '−거/어−'는 이미 중세국어 시기 이전에 '−더−'와 이루던 상적 대립이 사라지고 어말어미화한 것으로 보았다.

선어말어미 '−더−'는 '∅'[1)]와 상적으로 대립하고 있었는데 과거의 비완료 상황에서 '−더−'가, 과거의 완료 상황에서는 '∅'가 쓰였다는 점을 확인할 수 있다. 그러나 '−더−'는 16세기 이후에 시점의 이동에 쓰여 회상의 기능을 하게 되었다.

'−ᄂᆞ−'는 현재 상황에 쓰인 선어말어미이며 15세기에 '∅ : 더 : ᄂᆞ'가 맺고 있던 대립관계가 변화하면서 점차 시제 혹은 상적 의미가 변질되어 현대국어에서는 어미의 일부로 이해된다. 최동주(1995:103)에서는 현재는 [−상태성]일 때 '−ᄂᆞ−', [+상태성]일 때 '∅'에 의해 실현된다고 보았다. 이러한 체계를 본다면 '∅'는 무표항으로서 '−더−'와 '−ᄂᆞ−'와 대립을 이루는 것으로 볼 수도 있을 것이다.

2. '−거−', '−더−', '−ᄂᆞ−'의 이형태

'−거−'의 이형태에 대해서는 유창돈(1963ㄴ:33)에서 '−거−, −어−, −나−'를 같은 성격으로 묶일 수 있다고 주장한 이래로 이들의 관계를 교체의 관점에서 설명하려는 논의가 진행되었다. 최태영(1965)에서는 '−거−', '−어−', '−나−', '−가−'를 이형태 관계에 있다고 보고 '−어−'는 '−거−'의 'ㄱ'이 약화된 것이고 '−나−'는 '오−'에 한하여 나타나는 형태론적 이형태로 보았다. 그리고 '−거−'의 ㄱ 약화형 '−어−'가 아닌 '−어−'를 따로 설정하여 '−어/아/야−'의 이형태를

---

1) 고영근(2010)에서는 'ø' 형태에 의한 시제 표시를 '부정법(不定法, aorist)'이라고 한다.

가진다고 설명하였다.

고영근(1980)에 와서야 '-거-'의 이형태들 간의 출현 환경이 정밀하게 기술되었다. 고영근(1980:57)의 가설은 '-거-'는 자동차, 형용사나 지정사 곧 비타동사에, '-어-'는 타동사에, '-나-'는 '오-' 밑에 쓰인다고 하여 그 출현 환경을 제시하였다. 또한 고영근(2005:23)에서는 '-과-'(종결형에서), '-가-'(연결형에서)가 비1인칭의 확인법 '-거-'에 화자 표지의 '-오-'가 화합 내지 융합을 일으킨 것이지 문법적으로 조건된 이형태는 아니라고 밝혔다. 고영근(1980)의 '-거-' 교체에 대한 설명은 이후 큰 비판 없이 수용되었다.

안병희 · 이광호(1990:227)에서도 '-거-'가 'y, r, 계사' 뒤에서 '-어-'로 나타나고, 자동사 '오-' 뒤에서는 '-나-'로, 타동사 뒤에서는 어말어미의 종류에 따라 '-어/어-'로 교체된다고 설명하였다. 그리고 이들 어미와 선어말어미 '-오/우-'가 결합하면 '-가/아-'로 교체된다고 보았으며 '-다' 앞에서는 '-과-'로 교체된다고 설명하였다. '-더-', '-ᄂᆞ-'의 경우는 선어말어미 '-오/우-'의 결합에 의해 '-다-', '-노-'와 같이 교체될 뿐, '-거/어-'와 같이 복잡한 유형으로는 나타나지 않는다고 하였다.

V. 사잇소리

1. '사잇소리'의 명칭

중세국어 'ㅅ'의 명칭에 대해서는 여러 견해가 존재한다. 'ㅅ'을 음운론적 단위로만 보는 입장과 관형격조사로만 보는 입장, 사이시옷으로 보는 입장 등을 들 수 있다. 박창원(1997) 등에서는 'ㅅ'을 사잇소리로 지칭하고 순수한 음운론적 단위로 본다. 이광호(2015:184)에서는 현대 국어 맞춤법에서 '사이시옷'이라고 부르는 형태를 중세국어 시기에는 '사잇소리', '삽입자음'이라는 용어로 지칭하는 것에 대하여 잘못된 것이라고 보았다. 즉, 이광호(2015)에서는 중세국어의 'ㅅ'을 관형격조사로 본 것이다.

사이시옷과 사잇소리를 구분하고자 하는 논의는 지금까지도 진행 중이다. 중세국어 시기의 'ㅅ'의 기능이 뚜렷하게 구분이 되는 경우도 있지만 어느 한쪽으로 보기 힘든 경우도 있기 때문이다. 이러한 경우 'ㅅ'을 어떻게 설명해야 할 것인지, 그 명칭을 어떻게 해야 하는지 등에 대한 문제가 생긴다. 따라서 'ㅅ'의 기능이 명확하게 구분되지 않은 경우에는 'ㅅ'의 기능을 포괄할 수 있는 개념이 필요하다. 이 글에서는 'ㅅ'의 기능을 어느 하나로 뚜렷하게 구분지을 수 없는 경우 '사잇소리'로 통칭하기로 한다.

2. '사잇소리'의 실현 환경

중세국어 시기에는 사잇소리가 'ㅅ' 이외에도 'ㄱ, ㄷ, ㅂ, ㅸ, ㆆ, ㅿ'가 쓰였다. 고영근(1987/2010:12－13)에서는 사잇소리가 나타나는 환경과 예를 들어서 설명하였는데 이를 표로 정리하면 다음과 같다.

표기	실현 환경	예
ㅅ	앞에 오는 말이 모음으로 끝나는 경우	빗곶, 즘겟가재
	앞에 오는 말이 유성자음으로 끝나는 경우	아바닚 뒤, ㄱ룷 ㄱ색
	앞에 오는 말이 한자어인 경우	魯ㅅ 사룸, 狄人ㅅ 서리

	앞에 오는 말이 울림소리인데 뒤에 오는 말의 초성에 ㅅ이 나타나는 경우	엄쏘리, 혀쏘리, 부텨씌
	앞에 오는 말이 한자어인데 뒤에 오는 말의 초성에 ㅅ이 나타나는 경우	두 鐵圍山 쏫시
ㄱ	앞에 오는 말이 'ㅇ'으로 끝나는 경우	洪ㄱ 字, 平生ㄱ 뜯
ㄷ	앞에 오는 말이 'ㄴ'으로 끝나는 경우	君ㄷ 字, 몃 間ㄷ 지븨
ㅂ	앞에 오는 말이 'ㅁ'으로 끝나는 경우	侵ㅂ 字, 사룹 뜨디
ㅸ	앞에 오는 말이 'ㅱ'으로 끝나는 경우	漂ㅸ 字
ㆆ	앞에 오는 말이 모음이나 'ㄹ'로 끝나는 경우	快ㆆ 字, 하늘 뜨들
ㅿ	유성음과 유성음 사이	나랏 일훔, 後ㅿ 날

3. 사잇소리와 관형격조사 ㅅ

안병희(1992)에서는 중세국어의 'ㅅ' 중 합성어의 형성에 참여하는 'ㅅ'을 관형격조사로 보고 사잇소리 'ㅅ'과는 구분을 하였다. 이때 관형격조사 'ㅅ'은 또 다른 관형격조사 '의/의'와의 연관성, 용법 등에 차이를 보인다. 안병희(1992:47-56)의 논의를 간략하게 제시하면 다음과 같다.

ㄱ. 의/의: 유정물 지칭의 평칭에 결합
ㄴ. ㅅ: 유정물 지칭의 존칭과 무정물 지칭의 체언에 연결

안병희(1992:56)에 따르면 'ㅅ'이 유정물 지칭의 존칭 체언과 무정물 지칭의 체언과 결합하면 후행하는 체언의 소유주를 표시하는 기능을 한다. 또한 'ㅅ'이 유정물 지칭의 존칭 체언과 결합할 경우 '의/의'와는 높임의 차이만 보인다.

VI. '에'의 '에셔' 기능

홍윤표(1978:70)에서는 『月印釋譜』와 『法華經諺解』에서의 동일 원
문에 대한 언해문에서 '에'와 '에셔'의 사용은 번역자들이 '에'와 '에셔'
가 어느 특정한 환경에서 같은 기능을 하는 것으로 인정하고 있음을 알
려준다고 하였다. 즉, 이러한 견해는 '에'와 '에셔'의 의미가 동일하다는
주장을 담고 있는 것이다. 서정목(1984:174)에서는 동일 원문에서의
'會中, 虛空中, 世中'에 대해 『釋譜詳節』과 『法華經諺解』의 번역이 다른
것은 해석 여하에 의한 것이기도 하지만 시간개념과 공간개념의 혼동
에 의한 것으로 판단했다. 그러나 서정목(1984)의 이러한 주장에 대해
남기탁 · 조재형(2014:19)에서는 한문 원문의 '會中, 虛空中, 世中'을 해
석함에 있어 시간적 개념과 공간적 개념을 혼동할 가능성이 적으며, 특
히 '虛空中'을 시간적 개념으로 해석할 여지는 더욱 더 없다고 지적하였
다. 또한 남기탁 · 조재형(2014:22)에서는 '訓民正音' 창제 이전 자료부
터 창제 이후의 일부 문헌에서 '에셔'를 찾아볼 수 없으며, 『釋譜詳節』
부터 그 용례를 찾아볼 수 있다는 것은 '에셔'의 형성 시기가 '訓民正音'
창제 전후로 볼 수 있는 근거라고 주장한 바가 있다.

한편, 조재형(2009:172)에서는 『月印千江之曲』 일부 문장에서의 부
사격조사 '에, 애, 예'는 그 해석을 고려하면 부사격조사 '에셔'의 의미
를 가진 것으로 판단하였다.

또한 이건식(1996:178－183)에서는 후기중세국어 표기에서는 '소
재'의 부사격조사로 '에'와 '에셔'가 공존하는데 비해, 석독구결에서는
'에셔'와 대응하는 표기가 없다는 점을 지적하면서 석독구결의 처소부
사격조사가 '처격'은 물론 '재격'의 의미도 가진다고 하였다. 또한 조재
형(2012:108－109)에서는 차자표기의 대표적인 처소부사격조사인 '良

中'은 선행체언의 음운 환경에 상관없이 모두 올 수 있으며, '위치'와 '공간'의 의미를 함께 지니고 있어 현대국어의 '에'와 '에서'와 같은 의미 기능을 수행하고 있다고 보았다.

조재형(2016:184－185)에서는 15~16세기 문헌에서의 부사격조사 '애, 에, 예'의 문헌별 용례수를 분석하면서, 후기중세국어 시기의 '에'가 '에서'의 기능을 가졌음을 확인하였고, '에서'의 기능이 이 시기 '에'의 주된 기능 중의 하나라고 주장하였다.

VII. '에셔'의 형성

후기중세국어의 '에셔'의 형성에 관해서는 크게 서로 다른 2가지의 주장이 존재한다. 하나는 '에셔'가 '에 # 이시－ ＋ －어'의 축약형으로 보는 견해이고 다른 하나는 '존재'를 의미하는 '잇다, 이시다'의 쌍형어 '시다'와 부동사형 어미 '－어'가 연결된 형태가 축약되어 '－셔'가 형성되고 여기에 부사격조사 '에'가 선접했다는 견해이다.

전자의 대표적인 연구로는 홍윤표(1976), 이남순(1987), 안병희 · 이광호(1990/2001), 고영근(2002) 등이 있으며, 후자에 속하는 견해로는 이숭녕(1976), 이지양(1993), 백낙천(2000), 남기탁 · 조재형(2014) 등이 있다.

1. '에 이셔 > 에셔' 견해에 대한 논의

홍윤표(1976 : 67)에서는 다음의 '에' 용례에 대해 모두 '소재'의 관계

의미를 나타내 주는 용례로 처소를 표시하는 기능을 하고 있으나, 결코 지향성을 보여 주는 처격과는 다르다고 보았다.

예1) ① 셤 안해 자싫 제 <龍歌 67>
     ② 城中에 乞食홇 제 <楞嚴 5:48b>
     ③ 鹿皮옷 니브샤 묏골애 苦行ᄒ샤 <月印 51b>

또한 위 용례에 대해 15세기 국어에서 '에 이셔'의 형태와 '에셔'의 형태는 서로 대응되지만, '에셔 이셔'의 형태는 발견되지 않는 현상과 관계가 있다고 보았다. 즉, '셔'가 '에'에 결합되지 않아도 '에'가 '체재'의 의미를 가진다는 것은 후대에 '에셔'가 하나의 형태소로 된다는 것을 암시한다고 보았고, 재격 표시의 '에셔'가 하나의 기능화된 형태로서 완전히 굳어진 것은 20세기 초라고 주장하였다.

안병희 · 이광호(1990/2001:197−198)에서는 후기중세국어 시기에는 '−셔'와 '이시−'의 의미 관계로 인해 '이셔셔'의 용례를 찾을 수 없고, '−셔'가 근대국어시기에 현대국어의 '−서'와 같은 형태소로 문법화 되고, '−셔'와 '이시−'의 의미 관계가 희박해져 '이셔셔' 형태를 쓰게 되었다고 주장하였다.

한편, 고영근(2002)에서는 '에셔'는 출발점처소의 부사격조사로 '에'가 생략되어 '−셔'만으로 나타나는 일이 많고, '에 이셔'로 사용된다고 기술하고 있다.

2. '에 + 셔(< 시 - + - 어)' 견해에 대한 논의

이숭녕(1976)에서는 15세기의 '시다'의 활용형은 '시니, 시니라, 시며, 시라, 신, 실, 신딕, 신뎌, 셔, 슐, 슈라, 숌/슘, 쇼딕/슈딕' 등의 제한적인 것만이 존재하며, 이를 근거로 15세기에 '시다'는 '잇다'에 밀려 거의 소실기에 들어선 것으로 보았다. 이숭녕(1976)과 같이 '시-'를 설정한 논의로는 일찍부터 제기되었는데, 대표적으로는 이희승(1956), 안병희(1959/1978), 현평효(1975), 김완진(1975), 이승욱(1986) 등이 있다.

한편, 남기탁·조재형(2014 : 11-12)에서는 홍윤표(1976)에서의 주장에 대해 첫째, '에서'의 문법화와 둘째, '에셔 이셔'의 기술에 대해 비판을 하였다. 우선 남기탁·조재형(2014)에서는 '에서'의 문법화가 이루어진 시기를 20세기 초로 보는 홍윤표(1976)의 견해에 대해 '에서'의 성조를 간과하였다고 지적하였다.

예2) ① -에셔[HH], 이시-[LL], 시-[L]
　　② -어[H], 이셔[LH], 셔[H]

남기탁·조재형(2014)에서는 후기중세국어의 일반적인 '-셔'의 성조는 예2)와 같이 [H]이고, '이시-'와 '시-'는 각각 [LL], [L]이며, 이 시기의 연결어미 '-어'는 성조가 [H]이므로 '이시- + -어', '시- + -어'의 성조는 각각 [LLH], [LH]로 추정하였다. 또한 '에 이시어 > 에 이셔'의 축약 과정을 거친다는 논의들을 고려하면 '이셔'의 성조는 ([LLH]>)[LR]이어야 한다고 주장하였다. 그러나 남기탁·조재형(2014)에서는 문헌에서 확인할 수 있는 이 시기의 '이셔'의 성조는 예2)에서 확인할 수 있는 바와 같이 [LH]이며, 이러한 성조의 차이는 이 시기의 '셔'가 문법화의 과정이 있거나 이미 문법화가 완성되었음을 보여주는 증거라고 주장하였다. 또한, 남기탁·조재형(2014:11-12)에서는 아래 예3)의 용례를 근거로 '에셔 이셔'의 형태는 발견되지 않는다는 홍윤표(1976)의 주장을 반박하였다.

예3) ① 주검 겨틔셔 이셔 블러 울며 <三綱런던 烈31, 1481>
    ② 깊ᄀ애셔 이셔 울서늘 <三綱동경 孝4a, 1579>

또한 안병희 · 이광호(1990/2001)의 주장에 대해 남기탁 · 조재형(2014: 13)에서는 다음의 용례를 근거로 이러한 주장에 비판을 하고 있다.

예4) ① ᄒ나히 짐 보ᄂ니 이셔셔 이믜셔 믈 노한ᄂ니 <老乞 上:38a>
    ② 지븨 이셔셔 샹녜 일 닐오 <初杜解 8:52a>
    ③ ᄒ올로 陰崖예 이셔셔 새 지블 지셋도다 <初杜解 9:8a>
    ④ 미해 이셔셔 오직 히여 사ᄅ미 <初杜解 17:11b>
    ⑤ 畵工이 뫼ᄀ티 이셔셔 그료ᄃ 곧디 아니터라 <初杜解 16:26b>
    ⑥ 머리 劍南애 와 이셔셔 洛陽ᄋᆯ ᄉ랑ᄒ노라 <初杜解 10:43b>

南기탁 · 조재형(2014)에서는 예4)에서 확인할 수 있는 바와 같이 이미 후기중세국어시기에 '이셔셔'의 형태를 확인할 수 있고, 더욱이 '위치부사격조사 + 이셔셔'의 용례가 후기중세국어시기에서도 발견되므로 안병희 · 이광호(1990/2001)의 주장을 수용하지 않았다.
한편, '에셔'의 기원을 '에 이셔'로 보는 주장에 대해 남기탁 · 조재형(2014)에서 제기하는 가장 큰 문제점은 15~19세기의 문헌에서 '에 이셔'가 지속적으로 사용된다는 점이다.
남기탁 · 조재형(2014:13 – 14)에서는 '에 이셔 > 에셔'에 의해 '에셔'가 형성되었다면, '에셔'가 사용되고 있음에도 19세기 문헌에까지 '에 이셔'가 사용된 이유를 설명한 방법이 없다고 비판하면서 '에셔'를 '에 이셔'와 별개의 것으로 보아야 한다고 주장하였다.

허웅(1975/1995)에서는 고영근(2002)과는 다르게 '-셔'를 '에셔'에서 '에'가 생략된 것이 아닌, 단독 형태소로 보는 듯하다.

예5) ① 아모 ᄃᆞ라셔 온동 모ᄅᆞ더시니 <月釋 2:25b>
　　 ② 跋提라셔 阿那律이 ᄃᆞ려 닐오ᄃᆡ <月釋 7:1b>
　　 ③ 有蘇氏라셔 妲己로 紂의게 드려늘 <內訓序 3b>
　　 ④ 셔울셔 당당이 보면 비치 업스리니 <初杜解 15:21a>
　　 ⑤ 제 모미 누분 자히셔 보ᄃᆡ <釋譜 9:30a>
　　 ⑥ 네 일즉 업디 아니ᄒᆞ야셔 뎨 업수믈 아ᄂᆞ다 <楞嚴 2:4b>

허웅(1975/1995:347)에서는 예5)의 '-라셔'는 원래 '라'와 '셔'의 두 형태소로 된 말이었으나, 후에 융합된 형태로 보고 있으며, '셔'는 '자리', '출발점', '비교'를 나타내는 위치말에 붙어 그 뜻을 강조하고 풀이씨나 어찌씨에 붙어 '상태의 유지'를 나타내며, 특히 자리토씨와 어울려서 다른 성분의 말에 붙기도 하고, 어찌씨나 풀이씨에도 붙기 때문에 자리토씨는 되지 못한다고 보았다.

현재 학계에서는 '에셔'의 형성에 대해 '에 이시어 > 에셔'의 관점을 좀 더 지지하는 것으로 보인다. 그러나 지금까지 논의한 바에 따르면 '에 이셔 > 에셔'의 관점에는 '에셔 이셔'의 형태가 존재한다는 점과 '이셔셔'의 용례를 쉽게 찾을 수 있다는 점 등으로 인해 상당한 문제점을 내포하고 있다. 물론 '에 + 셔(< 시- + -어)'의 주장도 15세기 문헌의 용례와 제주 방언을 근거로 '시-'를 도출했다는 점에서 존재용언 '시다'와 관련하여 문제점을 지니고 있다. 따라서 '에셔'의 형성에 대해서는 앞으로도 많은 논의가 필요할 것으로 보인다.

Ⅷ. '에게'의 형성

현대국어 '에게'에 해당하는 15~16세기의 조사는 아직 조사화가 되지 못하고 다만 현대국어 '께'에 해당하는 '끠'만이 조사화 되어 사용된 것으로 보인다.

나카니시 교코(2005:31-36)에서 제시하는 15세기~16세기의 '에게'形[2]의 형태와 빈도를 간단히 정리하면 다음과 같다.

예1)[3] ① 익/의그에(88), 익/의게(435), 익/의거긔(9)
　　　 ② 익/의게(451), 익/의거긔(5)

15~16세기의 '에게'형에 대해 이기문(1961/1998:181)에서는 '게, 그에, 거긔' 등은 속격 '익', 'ㅅ'을 지배함으로써 각각 평칭과 존칭의 여격을 나타낸다고 하였고, '그에'는 지시대명사 '그'와 '게'의 결합형으로, '긔'는 '-게'의 이형태로 보았다. 허웅(1975/1995:299)에서는 '그에, 거긔, 게'를 모두 '그어긔'에서 파생한 것으로 보았다. 그러나 이기문(1961/1998)에서의 문제점은 '그에'를 지시대명사 '그'와 '게'의 결합형으로 보는 이유와 근거를, '게'에 대해서도 아무런 설명이나 근거를 제시하지 않았다는 것이며, 허웅(1975/1995)에서는 '그에, 거긔, 게'를 모두 '그어긔'에서 파생한 것으로 보았는데, 문제점은 '그어긔'의 분석이다.

유창돈(1961:293)에서는 '이어긔'는 '이(此) + 억(所) + 의(부사격조사)'의 복합으로, '억'은 '장소'의 의존명사로 설명하였고, 그 근거로 평

---

2) 여기서는 현대국어의 '에게'에 해당하는 15-16세기의 조사를 '에게'形으로 지칭하고자 한다.

3) 예1) ①, ②의 ( )의 숫자는 나카니시 교코(2005:31-36)에서 제시한 15~16세기의 각각 형태의 빈도수이다.

북방언의 '어방, 아근, 어근', 함남방언의 '그어비(其所)' 등을 제시하였다. 허웅(1975/1995:297)에서도 유창돈(1961)과 마찬가지로 '억'을 '장소'를 나타내는 명사로 보았다.

이들 논의의 공통점에 대해 조재형(2010:107)에서는 첫째, '억'을 장소 명사로 파악하며, 둘째, 대명사 '이/그/뎌'와 부사격조사 '의'를 추출한다고 분석하였고, 이들 연구가 '이/그/뎌어긔'에서 '억'을 추출한 근거는 '이/그/뎌'와 '의'가 15세기에 생산적으로 쓰였기 때문인 것으로 파악하였다. 이점에 대해 조재형(2010)에서는『初杜解諺解 初刊本』에서는 '是中, 於此間, 於~此, 於~是'를 '잉어긔'로 언해했다는 점에서 '이/그/뎌 + 억 + 의'로의 형태소 분석을 비판하였다. 또한 상술한 제주방언과 육진방언에서의 형태, 여러 방언에서 발견되는 [g > ŋ > ŋ' > ∅]의 변화, 후기중세국어시기의 '잉/궁/뎡 + 어긔'에서 발생하는 성조변화, 차자표기에 사용된 '良中(ㅣ +)'의 관계와『初刊本 初杜解諺解』의 '이어긔, 뎌어긔'가『重刊本 初杜解諺解』에서 각각 '이어긔, 져(<뎌)어긔'로 형태가 변했다는 점에서 '잉, 궁, 뎡 > 이, 그, 뎌'의 변화 과정을 제시하면서 이를 근거로 기존 논의를 비판하고 '이/뎌/그어긔'를 다음과 같이 분석하였다.

예2) 잉/궁/뎡 + 어긔 > 이/그/뎌어긔 > 이/그/뎌어긔

성환갑 · 조재형(2011:74-75)에서는 상술한 내용을 근거로 15세기부터 16세기까지의 '에게'형의 변천 과정에 대해 다음과 같이 정리하였다.

예3) ① NP + 익/의 + 그에('궁 + 에'의 축약, NP + 에)
  ② NP + 익/의 + 게('그 + 에'의 축약, NP + 에'의 형태)

위 과정에서 중요한 점은 '익/의그에'와 '익/의게'가 조사화한 형태가
아닌 통사적 구조체의 단계에 머무르고 있다는 것이다. 이현희
(1994:43−44)에서는 '의게'가 이 시기에서는 완전히 조사화하지 못하
고 여전히 '속격조사(의) # 형식명사(그)'의 성격을 지니고 있는 것으로
파악하고 있다.

한편 후기중세국어 시기를 지나면서 '익/의게'의 '익/의'는 '에'로 대
체되고, '게'는 허사화되면서 '익/의게 > 에게'의 과정을 거쳐서 현대국
어와 동일한 '에게'로 그 형태가 굳어진 것으로 보인다.

한편 이 시기의 또 하나의 '에게'형에 해당하는 것이 있는데 바로 '끠'
이다. '끠'는 다음과 같이 당시 문장에서 찾아 볼 수 있다.

예4) ① 世尊끠 저숩다 혼 말도 <月釋 01:36b>
　　② 世尊ㅅ긔 술ᄫ샤ᄃᆡ <月釋 01:17a>
　　③ 부텨끠 브튼 거실씨 <月釋 02:16b>
　　④ 부텻긔 받ᄌᆞᄫᆶ 고지라 몯ᄒᆞ리라 <月釋 01:10a>

위 예를 통해 알 수 있는 것은 위 예의 '끠, ㅅ긔'는 표기법상의 차이
일 뿐, 같은 형태라는 것이다. ②의 'ㅅ긔'는 중세국어시기에 선행체언
이 주로 한자 표기일 때, 주로 사용된 것으로 보이고, ④의 'ㅅ긔'는 선
행 체언이 훈민정음 표기이며 선행 체언이 모음으로 끝날 때 사용되었
다. ①, ③의 '끠'는 선행체언이 한자 표기와 훈민정음 표기에서 모두 사
용되었고 선행체언이 자음이나 모음으로 끝날 때도 가리지 않고 사용
되었다는 점에서 대표형으로 삼을 만하다.

한편 앞에서 설명한 바와 같이 이 시기의 '에게'형은 'NP1 + 익/의
(관형격조사) + NP2 + 에(부사격조사)'의 구조를 가진다. 이에 대해

'싀'를 대입하면 위와 같이 분석될 수 없다. 즉, 'NP + ㅅ(관형격조사) + 긔'로 분석할 수 있는데 이때 '긔'를 어떻게 처리할 것인가가 문제가 될 수 있다.

우선 '긔'를 부사격조사로 분석할 수 있는데, 이는 차자표기에 사용된 '中(十)'에서 그 근거를 찾을 수 있다. 그러나 이는 중대한 문제를 야기할 수 있다. 즉, 'NP + ㅅ(관형격조사) + 긔(부사격조사)'의 구조는 성립할 수 없기 때문이다. 이런 결합은 국어 '관형격조사'의 통사적 특성에 위배된다. 왜냐하면, 관형격조사는 명사구 구조 폐쇄와 관련되며, 조사중첩의 조건에 위배되기 때문이다. 관형격조사는 '구조격조사'이며, 부사격조사는 '의미격조사'에 해당하는데 국어의 구조격조사와 의미격조사가 중첩할 때에는 항상 구조격조사가 의미격조사에 후행한다.[4] 즉, '관형격조사 + 부사격조사'의 결합이 일어날 수 없다는 것이다.

그러나 이런 언어학의 이론에 위배되는 예가 이두, 구결, 향가에 존재한다는 점에서 이를 어떻게 해석할 수 있는가와 차자표기에서의 '에게'形이 어떻게 후기중세국어 시기의 '에게'形으로 변했는가가 문제라 할 수 있다.[5]

---

[4] 구조격조사가 의미격조사에 후행한다는 논의는 이미 90년대 초반의 생성문법 기반의 연구에서 다루어졌다. 대표적으로 고창수(1992)에서는 구조격조사가 통사적 구조를 폐쇄하며 의미격조사에 후행한다는 것을 기본 논의로 다루고 있다. 황화상(2003:133)에서는 구조격조사가 선행할 경우, 명사구 전체를 작용역으로 하지 못하므로 늘 구조격조사가 후행한다고 하였다. 임동훈(2004:124)에서도 문법격과 의미격이 중첩될 때에는 항상 문법격이 의미격에 후행한다고 기술하였다.

[5] 후기중세국어 시기에는 평성의 성조를 지닌 '내', '네' 뒤에 관형격조사 '이/의'가 붙은 '내익', '네의'의 용례가 다수 존재한다.

① 내익 어미 爲야 <月釋 21:57a>
② 虛空이 네의 허러 욤 <楞嚴 4:92b>

두 번째로 '긔'가 기원적으로 실사였으며, 따라서 'ㅅ(관형격조사) + 긔(실사)'의 구성이 가능했으며, 중세국어시기에는 이 구성이 문법화되었다는 관점이 있다.

박진호(1998:182−183)에서는 처소부사격과 '에게'형에 나타나는 '긔'는 본래 장소를 나타내는 명사였던 것이 조사로 문법화한 것으로 추측되며, 그러한 이유로 '에게'형을 표현하는 구성에서 'ㅓ(긔)'가 관형격조사 뒤에 나온다는 점을 제시하고 있다. 이러한 박진호(1998)의 주장은 남풍현(1977/1999:266)에서 'ㅋ ㅓ'를 '관형격조사 + 체언의 처격형'으로 보는 점과 일맥상통하며6), 조사중첩조건에도 위배되지 않는다는 점에서 긍정적으로 볼 수 있다.7)

평성의 성조를 지닌 '내', '네'는 '나/너 + ㅣ(관형격조사)'로 분석되는데 ①, ②와 같이 '나/너 + ㅣ(관형격조사) + 익/의(관형격조사)'의 구조는 일반적으로 구조격조사끼리는 결합할 수 없다는 조사결합 원리에 위배된다. 그러나 이런 조사 중첩 규칙의 위반 경우는 '내익, 네의'에만 국한되며, 이는 특별한 음운 환경(ㅣ)에서만 발생되는 예외적인 경우라 할 수 있다.

6) 'ㅓ'를 실사로 보는 견해는 남풍현(1977/1999)에서 비롯된 것으로 보인다. 남풍현(1977/1999:268)에서는 '衣(익/의)'가 사물지시대명사 '그'와 결합하여 처소지시의 대명사 '긔'가 되고 이것이 처격조사로 전용되어 '中'이 되었고, '中'은 기원적으로 '긔'와 '의'를 표기할 수 있었다고 하였다. 그러나 성환갑 · 조재형(2011:78)에서는 다음의 이유를 들어 남풍현(1977/1999)의 주장을 비판하고 있다. 첫째, 기원적인 부사격조사로 '익/의'를 설정한 것은 '衣'의 현대 한자음을 의식한 것으로 보이며, '衣'의 고대국어시기 독음과 현대 한자음이 동일하다는 근거가 없다. 둘째, '中'이 기원적으로 '긔'와 '의'를 표기할 수 있다는 것은 '中'의 독음이 [긔], [의]라는 것으로 어느 조건에 의해 '中'의 독음과 기능이 달라지는지에 대한 근거가 없다. 게다가 남풍현(1977/1999:248)에서 제시한 '中'의 독음 변화 '긔/긔>희/희>익/의'와도 상충된다.

7) 국어의 관형격(소유격, 속격)은 핵인 N의 지정어 위치에 할당되는 구조격으로 평가되기도 하고 NP 범주의 통사 구조를 폐쇄하는 DP의 핵으로 평가되기도 한다. '의'를 N의 지정어인 DP의 핵으로 보든 NP 범주의 통사 구조를 폐쇄하는 DP의 핵으로 보든 '의'가 더 이상 오른쪽으로 형태론적 확장을 보이지 않는다는 점에서는 마찬가지이다. 기존의 견해들이 관형격조사인 '의(<衣)'의 뒤에 나타나는 '*게'를 '체언(ㄱ/그/거<궁/그에)+처격조사(에)'의 결합형으로 보아 기원적으로는 '의[관형격조사] + ㄱ[체언] + 에[처격조사]'의 구성을 가정하게 된 것은 이러한 관형격조사 '의'의

한편, 성환갑 · 조재형(2011:78−79)에서는 '에게'형의 '＋(긔)'를 실사로 볼 근거가 충분치 않다며 이러한 주장에 첫째, 차자표기에서 '良中'은 처소부사격조사로만, '亦中'은 처소부사격조사와 '에게'形으로도 사용이 되었는데 이들의 '中'은 '衣希'의 '希(中)'와는 다르게 실사이거나 또는 실사가 허사화가 되었다고 볼 수 없다고 보았다. 즉, 궁극적으로 '良中, 亦中'의 '中'과 '衣希'의 '希(中)'의 문법적 성질이 어떠한 조건에서 어떻게 다른지를 설명할 수 없으며, 둘째, 구결의 'ㅣ＋'와 이두의 '亦中'은 '에게'形과 처격의 기능을 모두 수행하고 있으며, 특히 이두에서 '亦中'이 초기에는 처격의 기능만을 수행하다가 후에 '에게'형으로 전용되었다는 점은 '처소부사격조사 > 에게'의 과정을 입증해주는 것이라고 주장하였다.

세 번째로, 'NP ＋ 익/의/ㅅ(관형격조사) ＋ 긔'의 구조에서 '익/의/ㅅ'가 관형격조사가 아닌 부사격조사의 기능을 수행한 것으로 볼 경우이다.[8]

이러한 가정이 가능한 이유는 향찰과 구결에서 '衣/矣'가 속격과 처격의 기능을 모두 수행하기 때문이다. 한편, '亦中'의 존재는 시사하는 바가 크다. 이두에서 '亦中'은 이두의 대표적인 처소부사격조사 '良中'의 이표기로 사용되기도 하였고,『松廣寺奴婢文書』(1281年)부터는 거의 '에게'형으로 전용되었다. 또한 구결에서 '一ㅣ＋/ᅳ＋(亦中)'은 처격의 기능만을 수행한다. 그런데 '亦'이 차자표기에서 관형격조사로 사용되지 않았다는 점은 이두의 '亦中'과 동일한 기능을 수행하는 '衣希'의 '衣'가 속격이 아닌 처격의 기능을 수행했을 것이라는 가정을 지지

특성에 기댄 바가 크다고 생각한다.
8) 이런 견해는 일찍이 양주동(1975:514)에서 '衣希'의 '衣'를 '방위격조사'로 기술한 데서 찾아볼 수 있다. 또한, 남풍현(1998:15)에서도 구결의 'ㅣ＋'를 두 부사격조사가 중복된 복합조사로 설명하였다.

해준다. 이 점과 관련하여 아래의 용례를 참조할 수 있다.

예5) 南无佛也白孫舌<u>良衣</u> <稱讚如來歌 2>

성환갑 · 조재형(2011:79)에서는 예5) '良衣'의 '衣'가 속격의 기능을 수행했을 가능성은 없다고 보았다. 왜냐하면 문장 의미상 관형격조사 '叱(ㅅ)'와 동일한 기능을 수행한다고 볼 수 없으며 또한 차자표기에서 '良 + 衣'의 예가 이외에는 없기 때문이다. 이러한 이유로 성환갑 · 조재형(2011)에서는 '良衣'은 의미상 '良中'으로 해석할 수밖에 없으며, 따라서 '衣 = 中'이라는 도식이 가능하다고 보았다.

한편, 향찰에서 '一矣, 衣'는 부사격조사와 관형격조사의 기능을 모두 수행하였다는 점에서 이른 시기에 관형격조사와 부사격조사가 동일했다는 주장이 있다. 대표적으로는 양주동(1949), 최세화(1964), 박병채(1965), 이숭녕(1961/1997), 허웅(1975/1995) 등이 있으며, 이러한 주장은 홍종선(1984)에서 좀 더 구체화되었다. 홍종선(1984:281-283)에서는 어떤 사물이 속해 있는 위치를 볼 때, 귀속 개념으로 보면 '속격'이고, 위치 개념으로 보면 '처격'이 되며, 속격과 처격이 같은 의미의 미분화 상태로 오다가 개념이 구체적으로 세분되면서 분리되었다고 보았다.

성환갑 · 조재형(2011:80)에서는 지금까지의 내용을 근거로, '衣希', 'ㅎ+(衣中)'를 '衣/ㅎ + 希/十'로 보는 관점에 있어서 '良中, 亦中, ㅎ+'와 '衣希'의 비교를 통해 '衣希(中)'의 '希(中)'가 실사의 허사화 과정에 있었던 것으로 보기는 어렵다고 하였고, 오히려 이른 시기에 속격과 처격이 미분화했다는 주장을 고려하면 '衣希(中)'의 '衣'가 속격이 아닌 처격의 기능을 하고 있는 것으로 볼 수 있다고 하였다.

한편, 이런 속격과 처격의 분화는 '에게'형의 형태적인 변화를 야기한 것으로 보인다.

성환갑 · 조재형(2011:81)에서는 속격과 처격의 분화가 일어나기 이전에는 '衣/ㅕ + 希/ㅓ > 衣希(ㅕㅓ)'의 변화가 가능했으나 속격과 처격의 분화로 인해 더 이상 '衣希(ㅕㅓ)'의 형태를 유지할 수 없게 된 것으로 보았다. 또한 '良中 > 에'의 변화로 인해 '에게'형은 그 형태 단위가 재형성된 것으로 보았다. 즉, '의(관형격) + 에(부사격)'로 그 형태가 변화되었을 가능성이 높다는 것이다. 그러나 이 형태 역시 조사중첩 조건에 위배되기에 이 조건을 충족시키고자 성환갑 · 조재형(2011)에서는 명사가 삽입된 것으로 보았다. 즉, '의(관형격조사) + 궁(명사) + 에(부사격조사)'의 통사적 구조체로 형태 변화를 겪었다는 것이다. 상술한 내용을 정리하면 '에게'형은 다음과 같은 변화 과정을 겪은 것으로 보인다.

예6)9) ① 中(ㅓ) > 衣希, ㅕㅓ
　　　② '良中 > 에' 변화에 따른 '衣希, ㅕㅓ' 구성의 변화 > 의에
　　　③ 속격과 처격의 분화 및 조사중첩 조건 위배에 따른 '그' 삽입과 재구
　　　　조화
　　　④ 의 + 궁 + 에 > 의그에 > 의게 (> 에게)

'에게'形은 크게 두 가지의 변화를 겪었던 것으로 보인다. 그 하나는 예6) ②의 과정에서 '良中 > 에' 변화에 따른 '衣希, ㅕㅓ 구성의 변화 > 의에'의 과정을 겪었던 것으로 보인다. 이와 함께 하나의 기능 단위였던 '의'의 속격과 처격의 기능이 분화를 한 것으로 보인다. 이로 인해

---

9) 성환갑 · 조재형(2011:82)에서 인용.

'에게'형은 예6) ③~④의 과정을 겪으면서 형태 자체가 조사중첩 조건에 위배되어 재구조화를 통해 '그'가 삽입되어 결과적으로 15세기의 통사적 구조체 '의 + 궁 + 에(> 의그에)가 된 것으로 보인다.

한편 예4)의 '끽'는 지금까지의 논의를 고려하면 중세국어시기에는 공시적으로 형태소 분석을 할 수 없는 여격의 부사격조사로 보아야 할 것이다. 다만, 통시적으로는 다른 '에게'형과 동일하게 '끽'이 형성되었을 때에는 'ㅅ'이 속격과 처격이 미분화 상태이었기에 'ㅅ + 긔'의 구조가 가능했고, 다만 다른 '에게'형과 다르게 속격과 처격의 분화가 되기 전에 '끽'가 화석화되어 하나의 문법 형태소가 되었기에 예6)의 ③의 과정을 거치지 않았던 것으로 보인다. 따라서 중세국어시기의 여격의 부사격조사 '끽'는 공시적으로 분석할 수 없는 단일 형태소로 보아야 할 것이다.10)

IX. '-습-'의 형태와 기능

1. '-습-'의 기능

'-습-'은 본래 용언어간 '숣-'에서부터 문법화하여 선어말어미로 쓰였다. '숣-'의 차자표기 '白'은 대개 화법동사 '숣-'을 표기한 것인

---

10) 이현희(1994)에서는 '의게' 뿐만 아니라 'ㅅ그에, 끽'도 중세국어시기에 완전히 조사화가 되지 못한 것으로 논의하고 있으나, 이호권(2001)에서는 『釋譜詳節』의 'ㅅ그에'와 '끽'를 비교 논의하면서, 일반적으로 선행체언이 존칭일 경우 'ㅅ'이 '그에/긔'에 결합해야 하는데 'ㅅ그에'가 평칭의 선행명사에 후행하는 경우가 있음을 지적하고, 이를 통해 'ㅅ그에'는 통사적 결합인데 반해, '끽'는 이현희(1994)의 논의와는 달리 이미 존칭의 여격 조사로 문법화된 것으로 보고 있다.

데 박진호(1997:130)에서 지적하였듯이 겸양의 의미와 관련하여 나타
날 때에는 내포문의 존귀한 주어를 대우하는 예에서 보인다.

중세국어의 '-습-'에 대한 연구사는 김충회(1990)에 망라되어 있
으며 핵심적인 부분을 간소하게 추려내었다고 할 수 있다. '-습-'의
기능에 대한 그간의 주장은 크게 다섯 가지로 분류할 수 있다. 이 다섯
가지는 ① 청자에 대한 화자의 겸양, ② 객체에 대한 화자의 겸양, ③
'-시-'의 대립짝으로서 하위자인 주어의 동작을 표시함, ④ 화자와
주체보다 상위자인 객체에 대한 주체의 겸양 표시, ⑤ 주체의 겸양을
통해 객체를 높임이다.

①의 경우 '객체'에 대해 고려하지 못했다는 한계가 있다. ②는 허웅
(1954)의 논의인데 허웅(1954)에 와서야 화자, 청자와 주체, 객체의 4절
점 체계가 상정되어 이후 국어 대우법 논의에서 중요한 발판이 되었다
고 할 수 있다. 허웅(1961, 1963)에서 객체의 정의는 '어떤 행동이나 상
태가 미치거나 지향하는 대상 상대'이다. ③에 해당하는 논의로 전재관
(1958), 이숭녕(1962, 1964), 김형규(1975)를 들 수 있다. 이들은 '-습
-'에 이해에 '-시-'와 관련한 것인데 이 논의의 결정적인 문제는 상
위자와 하위자의 상대적 관계를 설정하게 되면 '-시-'와 '-습-'이
동시에 출연하는 경우를 설명할 수 없다는 한계가 있다. ④의 논의는
안병희(1961, 1982)를 들 수 있다. 이 논의에서 '-습-'은 주체와 화자
보다 객체가 더 상위자인 경우로 하위자인 주체의 동작에 겸양을 표시
한다고 보았으며 이를 '주체겸양법' 혹은 '겸양법'으로 명명하였다. 특
기할 것은 경어법 선어말어미가 쓰이지 않으면 인물간의 상하관계를
중립적으로 파악한 점이다. 마지막으로 ⑤에는 이승욱(1973), 이익섭
(1974)을 들 수 있는데 이들의 주장은 화자의 역할이나 관계가 명시적

으로 나타나지 않는다는 한계가 있다. 특히 이익섭(1974)는 화자와 객체의 상하위 관계는 부차적인 것이며 객체는 화자가 아닌 주체와 대비된다고 보았다.

2. '-습-'의 형태

'-습-'은 음운론적 환경에 따라 다음과 같은 이형태를 갖는다.

(표) '-습-'의 이형태 출현 환경

	자음 어미	모음 어미(혹은 매개모음)
어간말음이 'ㄱ, ㅂ, ㅅ, ㅎ'	-습-(-씁-)	-ᅀᆞᇦ-(-ᅀᆞᆸ-)
어간 말음이 'ㅈ, ㅊ, ㄷ'	-ᄌᆞᆸ-(-ᄍᆞᆸ-)	-ᄌᆞᇦ-(-ᄍᆞᆸ-)
어간 말음이 모음이나 유성자음(ㄴ, ㅁ, ㄹ)	-ᅀᆞᆸ-	-ᅀᆞᇦ-

이러한 '-습-'의 이형태 중 중세국어 이후 소멸된 'ㅸ', 'ㅿ'을 가진 경우 각각 'ㅗ(/w/)', 'ㅇ'(zero)으로 대체되었다. 위 표에서는 각자병서 형태의 이형태도 제시해 두긴 했지만 이에 대해 경음 여부 등은 판단하지 않기로 한다. 다만 '-습-'은 중세국어 이후 형태와 기능상의 변화를 입었는데 박부자(2011)에 따르면 중세국어 시기의 다양한 이형태가 나타나는 것에 비해 17세기 이후 화자겸양으로 변한 경우 '-ᄌᆞᆸ-', '-ᄌᆞ오-' 등이 거의 나타나지 않다는 점을 지적할 수 있다. 이와 동일한 관찰에 기초한 김현주(2005, 2010)의 논의에서는 '-습-'의 이형태 '-ᄌᆞᆸ-', '-ᄌᆞ오-' 등이 근대국어에서는 존재하지 않는데 이들은 이미 중세국어 시기에 '듣-', '-받-'(奉), '받-'(受) 등의 특정 어간에 집중되면서 어휘화한 것으로 파악하였다.

Ⅹ. X내형 부사

중세국어 부사 파생법에서는 '내죵내/나죵내/乃終내, ᄆᆞ촘내, 겨슬내, 녀름내, 몬내, 내내'와 같이 'X내'의 형태를 보이는 부사들의 '내'를 어간 '나-'에 어미 '-이'가 결합한 형태로 본다. 그렇지만 학계에서는 'X내'형 부사의 형성에 대하여 각기 다른 시각을 보이고 있다. 이동석(2015)은 중세국어의 공시태에서 'X내'를 여전히 'X + 나- + -이'로 볼 것인지 아니면 허웅(1975/1995:257-258), 고영근(1987/2010:188) 등과 같이 중세국어 공시태에서 '-내'를 접미사로 인정할 것인지에 대한 판단의 필요성을 주장하였다.

반면, 'X내'형 부사를 파생어가 아닌 합성어로 보는 입장도 있다. 유창돈(1971:399), 고정의(1981:7), 민현식(1987), 이광호(2012) 등은 '내'를 부사로 보고 '몬내, ᄆᆞ촘내' 등을 합성 부사로 분류하였다. 그렇지만 'X내'형 부사 용례의 수가 적으면서 조금씩 다른 양상을 보이기 때문에 이동석(2015)에서는 이들의 형태론적 구성을 동일시할 수 있는가에 대해서는 정밀한 연구가 필요하다고 보았다.

Ⅺ. 저, 자갸

후기중세국어시기의 인칭 대명사에는 1인칭의 겸양어 '저'가 없다. 다만, 형태가 동일한 '저'가 있는데 현대국어와 달리 3인칭의 재귀대명사라는 점에서 주의를 요한다.

박진호(2007:129)에서는 재귀사는 재귀적 행위를 나타내기 위한 동기와 3인칭 대명사의 중의성을 해소하기 위한 동기에서 발생하는데, 한국어의 재귀사 '자기, 저'는 두 번째의 동기에 의해서 생긴 것이라고 하였다.

예1) ① 廣熾 깃거 제 가져가아 브르슨 본니 <月釋 2:9a>
    ② 五百 太子ㅣ 漸漸 즈라니 … 이웃 나라히 背叛ᄒ거든 저희 가 티고 <釋譜11:35b−36a>

고영근(1987/2010:78)에서는 위 예문의 '저'에 대해 다음과 같이 설명하고 있다.

'저'는 재귀칭 또는 재귀대명사로서 앞에 나온 (제3인칭) 주어가 되풀이됨을 피할 때 쓰이며, '자기(自己)'보다 낮잡는 느낌이며, '저희'는 '저'의 복수형이다.

①의 '제'는 주격조사가 붙은 형태로 이 문장의 주어 명사구인 '廣熾'를 가리키며, ②의 '저희'는 선행하는 '五百太子'를 가리킨다.

김형철(1983:3−4)에서는 '제'는 '저'의 주격형과 관형격형으로 사용되며, 주격형으로 사용되는 경우는 조사 '가' 앞에서만 나타나는 '저'의 이형태이고, 관형격형으로 사용될 때는 '저의'의 준말이므로 별개의 형태소라고 보았다. 그리고 '저'가 '저이(彼)'의 의미를 가졌을 때는 '제'의 형태로 사용되지 않는다고 하였다.

한편, 『釋譜詳節』에서는 '저'가 인칭대명사로 사용된 예가 많이 나타난다.

예2) ① 須達이 제 너교딕 바미 가다가 귓것과 모딘 즁싱이 므싀업도소니 <釋譜 6:19b>
    ② 오늘 모댄는 혼 사르미 邪曲혼 道理 빈환디 오라아 제 노포라 ᄒ야

衆生을 프성 귀만 너기ᄂ니 <釋譜 6:28b>
③ 그럴ᄊᆡ 믈읫 有情이 제 올호라 ᄒ고 ᄂ믈 외다 ᄒ야 <釋譜 9:14a>

위의 예문에 사용된 '저'는 그것에 해당하는 원문의 한자가 모두 '自'로 나타나며 대부분 'ᄂᆷ(他)'과 대조되어 사용되었다. 그리고 '저'는 문장 가운데 한번 드러난 사람을 돌이켜 가리키고 있으며, 선행사가 모두 사람이고 3인칭인 점으로 보아 현대어의 '자기'와 같이 재귀의 뜻을 지니고 사용되었다고 볼 수 있다.

또한 원문에는 인칭대명사에 대응하는 글자가 없지만 우리말로 언해하면서 문맥에 맞추어 '저'를 사용한 예도 많이 나타난다.

예3) ① 아래 須達이 제 버디 주거 하ᄂᆞᆯ해 갯다가 ᄂᆞ려와 <釋譜 6:19b>
② 須達이 辭ᄒᆞᆸ고 가 제 아기 아ᄃᆞᆯ 댱가 드리고 제 나라ᄒᆞ로 갈쩌긔 브터씌 와 술 보ᄃᆡ <釋譜 6:28b>
③ 이 짜해 精舍 이르ᅀᆞᆯᄫᅩᆯ쩨도 이 개야미 이에셔 사더니 처ᅀᅥᆷ 이에셔 사던 저그로 오ᄂᆞᆲ낤 ᄀᆞ장 혜면 아ᄒᆞᆫ ᄒᆞᆫ劫 이로소니 제 ᄒᆞᆫ가짓 모ᄆᆞᆯ 몯 여희여 죽사리도 오랄셔 ᄒᆞ노라 <釋譜 6:37b>

이러한 사실은 『釋譜詳節』이 동일원문의 언해인 『法華經諺解』나 『月印釋譜』에 비해 훨씬 더 의역이 되었다는 데에서 그 원인을 찾을 수 있다. 즉, 의역은 원문의 字句에 얽매이지 않고 문맥에 따라 '저'를 임의로 넣을 수 있다.

주석부분에 나타나는 용례들에서는 대부분 선행사가 없이 바로 '저'가 사용된다.

예4) ① 제 實엔 사오나ᄫᅩᄃᆡ 웃사ᄅᆞᆷ 두고 더은 양ᄒᆞ야 法므더니 너기며 <釋譜 9:13b>

② 근利ᄂᆞᆫ 제 모미 됴ᄒᆞᆯ시니 <釋譜 13:1b>

김형철(1983)에 따르면 이들은 선행사가 없으므로 '저'가 재귀적 용법으로 사용되지 않은 것만은 틀림없다. 혹은 '저'에 해당되는 원문의 한자가 '自'가 아니고 '其'로 나타나기도 한다. 즉, 선행사가 없이 사용된 '저'는 '其'에 해당되며, 재귀의 뜻을 지니고 사용되지는 않는다.

예5) 淨班王이 깃그샤 부텻 소늘 손소 자ᄇᆞ샤 ᄌᆞ갸 가ᄉᆞ매 다히시고 <月釋 10:9b>

위의 문장의 'ᄌᆞ갸'는 선행하는 주어 명사구 '淨班王'을 가리킨다. 고영근(1987/2010:79)에 따르면 'ᄌᆞ갸'는 '저'와 같이 재귀대명사에 속하고, '저'와 'ᄌᆞ갸'는 겸양어와 존대어의 관계를 맺고 있다. 한편, 'ᄌᆞ갸'는 폐어화된 말로서 현대국어의 높임의 재귀대명사 '당신'과 비슷한 의미를 가지고 있다고 한다.

XII. 특이처격조사

지금까지의 후기중세국어 시기의 特異處格과 관련된 연구는 그 논의 태도에 따라 크게 3가지로 分類할 수 있다.

첫 번째는 '애/에'를 '일반처격', '익/의'를 '특이처격'으로 분류하면서, 이는 '익/의'에 '유표성', 즉 어떤 의미·용법상의 '특이성'을 부여하고 있으며, 대표적인 연구로는 이숭녕(1961/1997), 최세화(1964), 홍윤표(1969) 등이 있다. 이들 연구의 가장 큰 특징은 '익/의'를 취하는 명사의 목록을 제시한다는 점이다. 이들 연구에서 제시한 목록은 '익/의'를 취하는 명사를 한 눈에 확인할 수 있다는 점에서 의의가 있지만, 시대별로, 또는 문헌별로 세분화하지 않았다는 점에서 아쉬움이 있다. 또한, '애/에'를 취하는 명사의 목록을 제시하지 않았다는 점에서 논의의 한계가 있다고 할 수 있다. 이러한 한계점은 '익/의'와 '애/에'가 어떤 이유로 서로 다른 선행명사를 취하는지를 설명하지 못한다는 문제점을 惹起하였다.

두 번째는 '익/의'와 '애/에'를 이형태 관계로 보는 관점이 있으며, 이와 관련한 대표적인 연구로는 허웅(1975/1995), 안병희 · 이광호(1990/2001), 구본관(1996ㄴ), 고영근(2002) 등이 있다. 그러나 이러한 관점의 연구들에서는 '익/의'와 '애/에'가 상보적 분포를 이루는 조건을 자세히 기술하지 않았고, 이숭녕(1961/1997) 등에서 제시한 목록을 그 근거로 삼고 있다. 따라서 이숭녕(1961/1997) 등의 문제점을 그대로 가지고 있다고 할 수 있다.

세 번째는 '익/의'와 '애/에'의 관계에 대해 유보적인 입장을 취하는 연구들로서 성환갑(1976), 이기문(1961/1998), 김동소(2002/2003), 김무림(2004) 등이 대표적이다. 이 연구들은 허웅(1975) 등과는 다르게 이들의 관계를 이형태 관계로 단정하지는 않았고, 다만 어느 정도 '익/의'와 '애/에'가 나뉘어 쓰이지만, 혼용례도 있음을 밝히고 있다.

한편, 상술한 연구들은 처음에는 '익/의'만을 취하는 명사 목록을 제시하면서 '익/의'가 사용되는 환경에 대해서 언급하였고, 이를 전제로 '익/의'와 '애/에'를 이형태 관계로 규정하였다가, 그 분류의 정확한 원인을 기술하지 못한 채, 이들 조사의 출현 상황만을 제시하는 것으로 바뀌어 갔으며, 근래의 논저에서는 '익/의'만을 처소부사격조사로 취하는 명사의 존재를 인정하나, '애/에'와의 상보적 분포 조건을 명확히 밝히지 못하고 있다.

한편, 박형우(2010)에서는 15세기의 말뭉치 자료를 중심으로 특이처격어로 구분된 명사들의 처격 조사 선택의 경향성을 파악하고 선택 관계에 따라 일정한 유형으로 분류하여 정리하였다. 박형우(2010)에 따르면 15세기 자료에서 소위 특이처격어로 분류된 명사 중에서도 33개의 명사는 일반적인 처격 조사를 취하는 경우가 훨씬 더 많기 때문에 특이처격어로 보는 데에 문제가 있다고 지적하였고, 전형적인 특이처격어로 볼 수 있는 목록이 일부 예외를 포함하여 37개 정도임을 고려한다면, 이렇게 특이처격어로 분류되었음에도 특이처격과 관련이 없어 보이는 목록도 15세기 자료에서는 33개나 나타나 거의 그 수에 차이가 없다고 기술하였다. 특히 이숭녕(1961/1997)에서 특이처격어로 분류되었으나 특이처격과 일반처격을 취하는 용례를 비교할 때 양쪽의 형태를 일정 비율 이상 취하는 형태들도 있다고 지적하였다.

한편, 조재형(2013:317－318)에서는 상술한 논저에서 이런 공통점을 취하는 가장 큰 원인은 '이/의'와 '애/에'를 분리하여 설명하려는 연구 태도에서 기인한다고 보았다. 그러나 상술한 논의들에 의해서는 어떤 뚜렷한 결과를 제시하지 못한다는 점에서 이는 재고되어야 할 것으로 보인다.

조재형(2013)에서 언급한 또 하나의 공통점은 '이/의'와 '애/에'의 관계에 논의의 초점을 맞추고 있을 뿐, 그 형태적 변화에 대해서는 거의 언급한 바가 없다는 것이다. 이러한 연구 태도의 원인은 후기중세국어 시기에 존재한 처소부사격조사 '애/에'와 '이/의'가 고대국어 시기부터 동일한 형태로 존재했다는 견해를 무비판적으로 수용한 것에서 비롯된 것으로 보인다. 따라서 이런 관점을 버리고, 단순히 '의/의'와 '애/에'의 선행 명사에 따른 분류 태도를 지양하고 이들 조사와 선행체언, 서술어 등의 관계를 고려한 종합적인 면을 고찰해야 이들 조사 간의 관계를 밝힐 수 있을 것으로 보인다.

XIII. '-오/우-'

'-오-'는 근대국어나 현대국어에서는 찾아볼 수 없는 중세국어만의 특징적 형태이다. 그 기능이나 의미는 명확한 해명이 불가능한 것이어서 다양한 이견이 존재한다. 이 중 허웅(1958, 1959, 1963, 1964ㄴ, 1965ㄴ, 1973, 1975)의 '인칭대상 활용설'과 이숭녕(1959, 1960, 1964ㄱ, 1964ㄴ, 1976)의 '의도법의 선어말어미설'이 가장 대표적이다.

'-오-'는 주로 명사형과 관형사형 활용어미 앞에 첨착되고, 부사형 어미 '-듸'와 연결어미 '-니, -ㄴ니, -리니', 그리고 종결어미 '-리라' 등의 위에도 쓰인 경우가 있다.

'-오-'의 활용에 대한 지금까지의 논의를 간단히 살펴보면 다음과 같다.

1) 어간 말음이 자음일 때 모음조화에 따라 '-오/우-'가 교체되어 쓰인다. 어간 말음이 모음인 경우에는 모음 연접규칙에 따라 변하지만 'ㅏ, ㅓ'인 경우에는 '-오/우-'가 탈락된다. 결과적으로 어간 말음이 'ㅏ, ㅓ, ㅗ, ㅜ'이면 '-오/우-'가 표기상 나타나지 않으나 성조의 변동으로 흔적을 보이는 일이 자주 있다.

예1) ① 막다(防): 마ᄀ시니, 막ᄉ봉니, 마ᄀᆯ, 마고딕, 마고미……

② 먹다(食): 머거지라, 먹노이다, 머굻, 머굼, 머구니, 머고딕……

③ 프다(掘): 프고, 프샨, 파, 포몰, 폼, 포딕……………

④ ᄡᅳ다(用): ᄡᅳ는, ᄡᅳ면, ᄡᅳ샤, ᄡᅳ놋다, ᄡᅳ기롤, ᄡᅥ, ᄡᅮᇙ 거시, ᄡᅮᆷ도, ᄡᅮ
메, ᄡᅮ딕, ᄡᅮ니이다……

⑤ 그리다(慕): 그리샤, 그리ᄉ봉니, 그리신, 그리습더니, 그려, 그륨……

⑥ 여희다(離): 여희며, 여횷, 여희디, 여희여, 여희고, 여희요니, 여희요
이다, 여희요미, 여희요몰, 여희윰……

⑦ 가·다(行): :감(거성→상성)

⑧ ·오·다(來): :옴(거성→상성)

⑨ ·주·다(與): :줌(거성→상성)

2) 삽입모음 '−오/우−'는 그 출현이 매우 규칙적이어서 일부 어미,
곧 명사형 관형사형 부사형 등 전성어미와, 몇몇의 연결어미와 의
도형 종결어미와의 결합에 국한되어 쓰인다.

(1) 명사형어미 '−ㅁ'이나 부사형어미 '−딕'는 언제나 '−오/우−'를
수반한다.

예2) ① 잡다(取): 자봄, 자보딕

② 먹다(食)" 머굼, 머구딕

(2) 관형사형어미 '−ㄴ'과 '−ㄹ'은 '−오/우−'를 취하기도 하고 때
로는 취하지 않기도 한다. 또한 '−니, −ᄂ니, −리니' 등 연결어
미와 '−리라' 등 의도형 종결어미 역시 삽입모음을 취하기도 하
고 취하지 않기도 한다.

예3) ① 지슨 罪, 닐온 말, 니불 옷, 앗굶 뜯
　　　② 지슨 몸, 주근 사룸, 길 넗 사룸

한편, 삽입모음은 15세기부터 동요를 일으키다가 16세기에 소멸한
것으로 보인다. '-오-'를 취하기도 하고 취하지 않기도 하던 유형은
16세기 전반에 소멸한 것으로 보이며, 언제나 '-오-'를 취하던 유형
은 16세기 후반에 소멸함을 확인할 수 있다.

예4) ① 므레 슬믄 둙 <飜朴 上:5a>
　　　② 보비로 꾸민 수늙 노픈 곳 <飜朴 上:5a) / 15세기 "슬몬, 꾸몬"

한편, '-오-'는 주어가 1인칭일 때 서술어에 나타나며 이를 인칭활
용법이라고 한다. '-더-', '-거-'에 '-오-'가 결합하면 '-다-',
'-과-'로 나타나며 화자 주어와 호응한다.

예5) 내 이룰 위하여 스믈여듧 자를 밍マ노니 <訓諺』 3a>

'-노니'는 '-ᄂᆞ- + -오니'가 결합한 것이다. 앞의 '내'라는 1인칭
주어와 호응한다. 허웅(1975)에서는 특히 화자가 청자에게 어떤 일을
명령하거나 강요할 경우에는 용언의 주어가 1인칭일 때뿐만 아니라 2・
3인칭일 때에도 '-오-'가 사용될 수 있다고 하여, 인칭법의 하위 유형
으로 의도법을 수용하기도 했다.
　의도법을 중심으로 논의한 연구들에서는 대체로 삽입모음 '-오/우
-'는 주관적 의도가 들어 있는 동작이나 상태의 진술에 사용되어, 평
서문에서는 화자의 의도를 드러내고, 의문문에서는 청자의 의도를 나

타낸다고 하며, 부가어에서는 동작주체의 의도를 나타냄을 확인할 수 있다고 한다.

예6) ① 이 東山올 푸로리라 <釋譜 6:24b> (화자의 의도)

　　② 내 부텨옷 許ᄒ시면 묻ᄌᄫ오리이다 <月釋 10:67b> (화자의 의도)

　　③ 부텻 法이 精微ᄒ야 져믄 아ᄒᆡ 어느 듣ᄌᄫ오리잇가 <釋譜 6:11a> (청자의 의도)

　　④ 니르고져 홇 배 이셔도 <訓諺 2a> (동작주의 의도)

'-오-'가 사실의 객관적 진술에는 사용되지 않았고, 주관적 의도가 가미된 동작 또는 상태의 진술에 사용되는데 평서문에서는 화자의 의도를, 의문문에서는 청자의 의도를 나타내는 기능을 하는 것으로도 본다. 이러한 측면에서 '-오-'를 의도법의 선어말어미로 보는 입장이 있다.

예7) ᄒ노니(←ᄒᄂᆞ+-오-+-니), 호리라(←ᄒ+-오-+-리라), ᄒ노닛가, 호리잇가 등.

이 어미가 비관형어일 경우에 1인칭 주어와 호응하는 인칭어미라는 주장이 있으나, 의문법의 'ᄒ노닛가'는 2인칭 주어에 호응되는 등 예외가 많다는 점을 지적할 수 있다. 허웅(1975:744)에서는 인칭법이 적용되기 힘든 예외적 사례들을 '심리 전환'으로 해석하기도 했다. 즉 '-오-/-우-'가 사용된 용언의 주체가 화자 자신이 아닌 사례들은, 화자가 행위자의 입장으로 심리전환을 일으켜 간접적으로 표현한 것이라고 본 것이다.

이숭녕(1960)에서는 의도법의 하위 유형으로 가능법과 주관법을 설정하여, 비1인칭주어에 쓰이는 '-오-'를 화자가 주체의 실현 가능한 행동을 희망하고 추측하거나(가능법) 화자의 주관적인 판단을 나타낼 (주관법) 때에 사용하는 것으로 설명한 바 있다. 즉, 의도법의 선어말어 미 '-오-'는 활용형에서 이것이 연결되면 주관적 의도가 개재된 동작 이나 상태를 나타내는 기능을 하게 된다. 다만 의도는 그 의도의 주체 에 따라 화자, 청자, 그리고 주체의 셋으로 나누어진다.

화자의 의도는 주로 설명문의 서술어에 나타나는데, 대체로 화자 자 신의 일을 설명하는 것이다. 이 어미를 1인칭 주어에 호응하는 인칭어 미로 주장하는 근거이기도 하다.

예8) ① 이 東山을 프로리라 <釋譜 6:24b>
　　 ② 사룸마다 수비 아라 三寶에 나사가 븓긋고 브라노라 <釋譜 서:6b>

청자의 의도는 바로 이야기 상대의 의도를 말하는데, 이것은 의문문 의 서술어에 나타난다. 이것은 곧 상대방인 청자가 의도를 가지고 설명 하고 판정하기를 요구한다는 뜻이다. 2인칭 주어와 호응하게 된다.

예9) ① 主人이 므슴 차바늘 손소 둗녀 밍ᄀ노닛가 太子를 請ᄒᆞᅀᆞᄫᅡ 이받ᄌ
　　　 보려 ᄒᆞ노닛가 <釋詳6:16a>
　　 ②大臣을 請ᄒᆞ야 이바도려 ᄒᆞ노닛가 <釋詳6:16a>

한편 동작주의 의도는 관형사형에 나타난다. 관형사형으로 쓰인 동 사의 주체가 의도를 갖고 행한 동작임을 나타내게 된다. 그런데 이때의 관형사형과 뒤에 오는 단어와의 관계는 타동사와 목적어의 관계가 대 부분이다. 그러나 많은 예외가 있으므로 동작주의 의도가 반영된 것으 로 해석한다.

예10) ① 니르고져 홇배 이셔도 <訓諺 2a>

　　 ② 化人은 世尊ㅅ ㅅ神力으로 두외의 <u>호샨</u> 사루미라 <釋詳6:7b>

따라서 의도법은 화자가 문장 주체의 의도를 표현에 반영한 것으로 해석할 수 있다. 학자에 따라서는 이들 의도법 선어말어미가 관형사형 어미와 결합되면 뒤에 오는 단어가 관형사형으로 쓰인 동사의 목적어임을 나타내고, 그 밖의 어미와 결합하면 1인칭 주어에 호응함을 나타낸다고 한다.

앞선 내용과 달리 관형사형에 나타나는 '-오-'는 관형절의 꾸밈을 받는 명사가 관형절의 의미상 목적어일 때 쓰이며 이를 대상활용법이라고 한다.

예11) <u>얻논</u> 藥이 므스것고 <月釋21:215b>

'얻논 약'에서 '약을 얻음' 즉 '얻는' 것의 대상이 '약'임을 알 수 있다. 대상활용법은 관형절에서 피수식어가 수식 동사의 목적어로 전환될 때 '-오-/-우-'가 붙는 규칙을 말한다. 대상활용법에서는 '-오-/-우-'가 관형형어미인 '-ㄴ'과 '-ㄹ' 앞에 붙게 된다.

고영근(1987/2010:48)에서 이러한 연구 성과들을 정리하여 통사론적 접근과 의미론적 접근으로 나누었다. 즉, 통사론적으로 접근하여 종결형과 연결형에 나타나는 '-오-'와 관형사형에 나타나는 '-오-'를 다르다고 보는 것이다. 일반적으로 종결형과 연결형에 나타나는 '-오-'는 주어가 1인칭일 때 나타난다. 그리고 관형사형에 나타나는 '-오-'는 관형사형을 평서형으로 전개할 때 피한정명사가 목적어나 부사어의 기능을 띨 때 나타난다.(부사어일 경우에는 출현이 불규칙적이다.)

종결형 연결형에 나타나는 '-오-'와 관형사형에 나타나는 '-오-'를 구분하는 이유는, 먼저 관형사형에 나타나는 '-오-'는 주체높임 선어말어미 '-시-'와 결합할 수 있다는 점에서 종결형과 연결형에 나타나는 '-오-'와는 다르다고 말할 수 있다. 그리고 관형사형에 나타나는 '-오-'는 종결형과 연결형에 나타나는 '-오-'와 달리 1인칭은 물론 2, 3인칭도 주어가 될 수 있다는 점 역시 이 둘을 분리하는 근거가 된다.

의미론적으로 접근할 경우 의도법이라는 문법 범주를 설정하여 문장 주체의 의도를 표현할 때, 선어말어미 '-오-'가 쓰인다. 문장의 주어가 1인칭 주어이면서, 설명문의 서술어에 '-오-'가 나타날 때에는 화자의 의도를 표현하는 것이고, 문장의 주어가 2인칭 주어이면서 의문문의 서술어에 '-오-'가 나타날 때에는 청자의 의도를 표현하는 것이며, 관형사형에 나타날 때에는 주체의 의도를 표현하는 것이다.

참고 문헌

용비어천가 원간본(계명대 도서관 소장본): memorykorea.go.kr

용비어천가 중간본(규장각 소장 오대산본): http://e−kyujanggak.snu.ac.kr/
home/main.do?siteCd=KYU

용비어천가 영인본(아세아문화사)

강신항(1964), 「용비어천가의 성립연대와 제이본」, 『동아문화』 2, 서울대
동아문화연구소, 220~223쪽.

고영근(1980), 「중세어의 어미활용에 나타나는 '거/어'의 교체에 대하여」,
『국어학』 9, 국어학회, 55~99쪽.

_____(1998), 『중세국어의 시상과 서법』, 탑출판사.

_____(1987), 『표준중세국어문법론』, 탑출판사.

_____(1989), 『국어형태론연구』, 서울대학교출판부.

_____(1991), 「불연속형태에 대한 논의」, 『국어학의 새로운 인식과 전개
』, 서울대학교 대학원 연구회, 456~471쪽.

_____(2005), 「형태소의 교체와 형태론의 범위」, 『국어학』 46, 국어학회,
19~51쪽.

_____(2010),『표준중세국어문법론(3판)』, 집문당.

_____(2011),『중세국어의 시상과 서법(4판)』, 집문당.

고정의(1980),「십오세기 국어의 부사 연구」, 단국대학교 석사학위논문.

고창수(1992),「고대국어의 구조격 연구」, 고려대학교 박사학위논문.

구본관(1996ㄱ),『15세기 국어 파생법에 대한 연구』, 서울대학교 박사학위논문.

_____(1996ㄴ),「중세 국어 형태」, 국어의 시대별 변천·실태 연구1』, 국립국어원, 56-113쪽.

_____(1997),「의미와 통사범주를 바꾸지 않는 접미사류에 대하여」,『국어학』29, 국어학회, 113-140쪽.

_____(1998),『15세기 국어 파생법에 대한 연구』, 국어학회.

구본관 외(2015),『한국어 문법 총론 I』, 집문당.

구본관 외(2016),『한국어 문법 총론 II』, 집문당.

구재희(1994),「중세 국어 선어말어미 '-거-'에 대한 연구」, 이화여자대학교 석사학위논문.

권용경(1990),「십오세기 국어서법의 선어말어미에 대한 연구」, 서울대학교 석사학위논문.

_____(2001),「국어 사이시옷에 대한 통시적 연구」, 서울대학교 박사학위논문.

권제 · 정인지 · 안지사(1972),『용비어천가』, 아세아문화사.

김경진(1988),『(주해)용비어천가』, 신아출판사.

김남미(2005),「'-거늘', '-거든' 통합형 표기의 음운론적 해석」,『한민족어문학』47, 한민족어문학회, 25~54쪽.

김대행(1984),「용비어천가의 필사본 자료에 대하여—한글 가사를 중심으로—」,『국어교육』49, 한국국어교육학회, 111~128쪽.

김동소(2003),『중세한국어개설』, 한국문화사.

김무림(2004),『국어의 역사』, 한국문화사.

김문웅(2001), 「용비어천가의 필사본 자료에 대하여—한글 가사를 중심으로—」, 『국어사연구』 2, 국어사학회, 145~169쪽.

김민수(1956), 「용비어천가」, 『한글』 120, 한글학회, 279~288쪽.

김상억(1975), 『용비어천가』, 을유문화사.

김성규(1994), 「중세 국어 성조 변화에 대한 연구」, 서울대학교 박사학위 논문.

_____(2007), 「중세국어의 형태 분석과 성조」, 『한국어학』 37, 한국어학회, 19~45쪽.

_____(2011), 「성조에 의한 어미의 분류—중세국어를 중심으로」, 『구결 연구』 27, 구결학회, 243~295쪽.

김소희(1996), 「16세기 국어의 '—거/어—' 연구」, 서울대학교 석사학위논문.

김수경(1947), 「용비어천가 삽입자음고」, 『진단학보』 15, 진단학회, 476~494쪽.

김승우(2009), 「세종조 『용비어천가』 보수의 정황과 실상」, 『어문논집』 59, 민족어문학회, 5~41쪽.

_____(2010), 「『용비어천가』의 성립과 수용·변천 양상」, 고려대 박사학위논문.

김영신(1978), 「용비어천가 약본의 어학적 재고찰」, 『수련어문논집』 6, 수련어문학회, 59~80쪽.

_____(1984), 「용비어천가의 언어 분석: 형태·어휘」, 『수련어문논집』 11, 수련어문학회, 1~32쪽.

김영일(2001), 「<용비어천가> 표기법의 몇 가지 문제」, 『동서문화』 34, 계명대학교 인문과학연구소, 81~89쪽.

김완진(1970), 「사이불동 단상」, 『국어국문학』 49·5, 국어국문학회, 67~76쪽.

_____(1973), 「국어 어휘 마멸의 연구」, 『진단학보』 35, 진단학회, 34~59쪽.

_____(1975), 「음운론적 유인에 의한 형태소 증가에 대하여」, 『국어학』 3, 국어학회, 7~16쪽.

김유섭(2002), 「국어 어간말 자음군의 형성과 변화에 대한 연구」, 서강대학교 석사학위논문.

김유범(2007), 『중세국어 문법형태소의 형태론과 음운론』, 월인.

김윤경(1959), 「용비어천가에 나타난 옛말의 변천」, 『동방학지』 4, 연세대학교 국학연구원, 205~231쪽.

_____(1985), 『한결 김윤경 전집 4: 「용비어천가」 강의』, 연세대학교출판부, 3~189쪽.

김정아(1985), 「십오세기국어의 '-ㄴ가' 의문문에 대하여」, 『국어국문학』 94, 국어국문학회, 281~301쪽.

김정아(1993), 「용비어천가」, 『국어사자료와 국어학의 연구』, 문학과지성사, 77~92쪽.

김정우(1997), 「중세국어 'ㄱ'탈락 현상 재론」, 『가라문화』 14, 경남대학교 가라문화연구소, 5~24쪽.

김중서(1986), 「15세기초성합용병서의 구성 원리와 음가」, 『명지어문학』 17·18호, 19~58쪽.

김충회(1990), 「겸양법」, 『국어연구 어디까지 왔나: 주제별 국어학 연구사』, 동아출판사, 409~434쪽.

김태곤(2002), 『중세국어 다의어와 어휘변천』, 박이정.

_____(2008), 『국어 어휘의 통시적 연구』, 박이정.

김한별(2012), 「순경음 'ㅸ'에 대한 통시적 연구: 'ㅂ'약화 규칙의 어휘 확산을 중심으로」, 서강대학교 석사학위논문.

김현주(2005), 「존대법 {-습-}의 역사적 변화」, 고려대학교 석사학위논문.

_____(2010), 「국어 대우법 어미의 형태화 연구」, 고려대학교 박사학위논문.

_____(2014), 「선어말어미 {-습-}의 연구 성과와 쟁점」, 『국어사연구』 19, 국어사학회, 65~99쪽.

김형규(1975), 「국어 경어법 연구」, 『동양학』 5, 단국대학교 동양학연구원,

29~41쪽.

김형철(1983), 「인칭대명사 '저'에 대하여」, 『문화와 융합』 4, 문학과언어
　　　연구회, 3~32쪽.

나진석(1971), 『우리말의 때매김 연구』, 과학사.

나카니시 교코(2004), 「중세조선어의 '여격표시'에 대하여－15ㆍ16세기를
　　　중심으로」, 『정신문화연구』 27, 한국학중앙연구원, 229~261쪽.

_____(2005), 「한국어 '에게'류 소급형에 대한 통시적 연구」, 서울대학교
　　　박사학위논문.

남광우(1997), 『교학 고어사전』, 교학사.

남기탁ㆍ조재형(2014), 「후기중세국어시기의 '－에서'의 형성 과정에 대한
　　　고찰」, 『어문논집』 58, 중앙어문학회, 7~29쪽.

남풍현(1977), 「국어 처격조사의 발달」, 『국어국문학논총(이숭녕선생 고
　　　희 기념)』, 탑출판사.[남풍현(1999)에 재수록]

_____(1998), 「직지심체요절의 구결에 대한 고찰」, 『불교학논총』, 동국
　　　대학교부설 동국역경원. [남풍현(1999)에 '『직지심체요절』의 구
　　　결'로 재수록]

_____(1999), 『국어사를 위한 구결연구』, 태학사.

도수희(1982), 「용비어천가 국문 가사의 한자음 문제」, 『어문연구』 11, 어
　　　문연구학회, 77~88쪽.

_____(1999), 「지명 해석의 새로운 인식과 방법」, 『새국어생활』 9－3, 국
　　　립국어원, 99~106쪽.

마에마쿄사쿠(1924), 「용가고어전」, 『동양문고논총』 2, 동경. (전간공작저
　　　작집에 재수록)

박부자(2005), 「선어말어미 '－습－' 통합순서의 변화에 대하여: '－시－'와
　　　의 통합을 중심으로」, 『국어학』 46, 국어학회, 227~254쪽.

_____(2006), 「한국어 선어말어미 통합순서의 역사적 변화에 대한 연구」,
　　　한국학중앙연구원 박사학위논문.

_____(2011), 「선어말어미 {습} 이형태의 분포 변화」, 『구결연구』 26, 구결학회, 289~343쪽.

박병채(1965), 「고대국어의 격형연구: 향가 표기를 중심으로」, 『기념논문집』, 고려대학교, 119~181쪽.

_____(1975), 「용비어천가 약본에 대하여」, 『동양학』 5, 단국대학교 동양학연구소, 57~70쪽.

_____(1976ㄱ), 「용비어천가 약본 해제」, 『민족문화연구』 10, 고려대 민족문화연구원, 274~280쪽.

_____(1976ㄴ), 「용비어천가 약본의 국어학적 고찰: 원가와의 비교를 중심으로」, 『민족문화연구』 10, 고려대학교 민족문화연구원, 203~231쪽.

박병철(2011), 「용비어천가 정음 표기 지명과 한자어 지명의 대립, 변천에 관한 연구: 쇠병라: 연천·금천을 중심으로」, 『국어학』 60, 국어학회, 3~32쪽.

박석문(1992), 「부사형성의 통시적 연구」, 성균관대학교 박사학위논문.

박영섭(2008), 『능엄경언해 어휘연구』, 박이정.

박용찬(1996), 「'마란', '건마란', '컨마란'에 대하여」, 『관악어문연구』 21, 서울대학교 국어국문학과, 161~189쪽.

박용찬(2008), 『중세국어 연결어미와 보조사의 통합형』, 태학사.

박종국(1990), 「용비어천가 역주」, 『세종학연구』 5, 세종대왕기념사업회, 41~92쪽.

_____(1991), 「용비어천가 역주」, 『세종학연구』 6, 세종대왕기념사업회, 65~77쪽.

_____(1992), 「용비어천가 역주」, 『세종학연구』 7, 세종대왕기념사업회, 99~122쪽.

박진호(1997), 「차자표기 자료에 대한 통사론적 검토」, 『새국어생활』 7-4, 국립국어원, 117~145쪽.

_____(1998), 「고대 국어 문법」, 『국어의시대별 변천 연구 3』, 국립국어
　　　연구원. 121~205쪽.

_____(2007), 「유형론적 관점에서 본 한국어 대명사 체계의 특징」, 『국
　　　어학』 50, 국어학회, 115~147쪽.

_____(2015), 「보조사의 역사적 연구」, 『국어학』 73, 국어학회, 375~435쪽.

박창원(1997), 「사잇소리와 사이시옷(Ⅰ)」, 『이화어문논집』 15, 이화어문
　　　학회, 461~482쪽.

박창희(2015), 『역주 용비어천가 상·하』, 한국학중앙연구원출판부.

박형우(2010), 「15세기 특이처격어에 대한 연구」, 『한민족어문학』 57, 한
　　　민족어문학회, 163~188쪽.

방종현(1947a), 「용비어천가 강의(1)」, 『한글』 12-2, 한글학회, 495~506
　　　쪽.

_____(1947b), 「용비어천가 강의(2)」, 『한글』 12-4, 한글학회, 4~16쪽.

_____(1948a), 「용비어천가 강의(3)」, 『한글』 13-1, 한글학회, 83~99
　　　쪽.

_____(1948b), 「용비어천가 강의(4)」, 『한글』 13-2, 한글학회, 147~164
　　　쪽.

_____(1949), 「용비어천가 강의(5)」, 『한글』 13-3, 한글학회, 225~236
　　　쪽.

배석범(1994), 「용비어천가의 문체에 대한 일고찰 -종결법을 중심으로-」,
　　　『국어학』 24, 국어학회, 111~142쪽.

_____(1996), 「용비어천가의 독특한 질서를 찾아서 -수사의문을 중심
　　　으로」, 『국어학』 27, 국어학회, 65~97쪽.

백낙천(2000), 「국어 통합형 접속어미의 형태 분석과 의미 연구」, 동국대
　　　학교 박사학위논문.

변혜원(2004), 「『용비어천가』의 연구: 고사에 나타난 정음 표기 어휘를 중
　　　심으로」, 상명대학교 박사학위논문.

서정목(1984), 후치사 '―서'의 의미에 대하여 ―'명사구 구성의 경우'―, 『언어』9―1, 한국언어학회, 155~186쪽.

서종학(1983), 「중세국어 '브터'에 대하여」, 『국어학』12, 국어학회, 169~191쪽.

석주연(2003), 『노걸대와 박통사의 언어』, 태학사.

성환갑(1976), 「위치표시의 부사격 '―익/의'의 논고」, 『어문학』34, 한국어문학회, 127~164쪽.

성환갑 · 조재형(2011), '―에게'형의 변천과정에 대한 통시적 고찰 ―중세국어를 중심으로―, 『어문연구』39―2, 한국어문교육연구회, 63~86쪽.

세종대왕기념사업회 편찬위원회(1991), 『한국고전용어사전』, 세종대왕기념사업회.

세종대왕기념사업회 편집부(1992), 「용비어천가(원문)」, 『세종학연구』7, 세종대왕기념사업회, 300~425쪽.

소신애(2010), 「파찰음 앞 /ㄴ/ 삽입 현상에 관하여」, 『국어국문학』154, 국어국문학회, 5~32쪽.

심보경(2007), 「'해동제국기' 지명에 반영된 한일 중세어 표기법」, 『한일관계사연구』27, 한일관계사학회, 83~101쪽.

안병희(1963), 「'즈갸' 어고」, 『국어국문학』26, 국어국문학회, 455~463쪽.

_____(1967), 「한국어발달사(중), (문법사)」. 『한국문화사대계』5, 고대민족문화연구소, 167~261쪽.

_____(1968), 「중세국어 속격어미 '―ㅅ'에 대하여」, 『이숭녕박사송수기념논총』, 을유문화사, 335~346쪽.

_____(1978), 『15세기 국어의 활용어간에 대한 형태론적 연구』, 탑출판사.

_____(1992), 『국어사 자료 연구』, 문학과 지성사.

안병희 · 이광호(1992/2005), 『중세국어문법론』, 학연사.

양영희(2004), 「중세국어 3인칭 대명사의 존재와 기능 검증」, 『용봉인문논총』33호, 전남대학교 인문과학연구소, 5~31쪽.

양주동(1949),「고가전차의」, <학풍> 2권 2~3호, 을유문화사.

_____(1975),『정보판 고가연구』, 일조각.

엄태수(1996),「15세기 국어의 'ㄱ' 탈락과 'ㄹ' 탈락 현상에 대하여: 남엄경언해를 중심으로」,『언어연구』14, 경희대학교 언어연구소, 113~125쪽.

연규동(1993),「용비어천가의 한자어에 대하여」,『언어학』15, 한국언어학회, 241~251쪽.

오석란(1989),「"용비어천가"의 결미법」,『돈암어문학』2, 돈암어문학회, 176~187쪽.

유소연(2017),「중세국어 사이시옷의 기능」,『국어사연구』24, 국어사학회, 271~302쪽.

유창돈(1961),『국어변천사』, 통문관.

_____(1963ㄱ),「'느지르샷다' (고)」,『동방학지』6, 연세대학교 국학연구원, 131~151쪽.

_____(1963ㄴ),「선행어미 "ㅡ가/거ㅡ, ㅡ아/어ㅡ, ㅡ나ㅡ" 고찰」,『한글』132, 한글학회, 7~39쪽.

_____(1971),『어휘사 연구』, 선명문화사.

윤석민 · 유승섭 · 권면주(2006),『(쉽게 읽는)용비어천가』, 박이정.

이건식(1996),「고려시대 석독구결의 조사에 대한 연구」, 단국대학교 박사학위논문.

이광호(1981),「중세국어 "근ㅎㅡ의" 통사특성」,『국어학』10, 국어학회, 105~126쪽.

_____(1993),「중세국어의 '사이시옷' 문제와 그 해석 방안」,『국어사 자료와 국어학의 연구』, 문학과지성사, 311~337쪽.

_____(2009),「'현'과 '몃'의 의미 특성」,『우리말글』46, 우리말글학회, 21~42쪽.

_____(2012),「중·근세어 'ㅡ내' 부사의 의미」,『우리말글』56, 우리말글학회, 169~190쪽.

_____(2015), 『중세국어 문법용어사전』, 역락.

이금영(2000), 「선어말어미 '-거/어-'의 통시적 연구」, 충남대학교 박사학위논문.

이기갑(1978), 「우리말 상대높임 등급 체계의 변천 연구」, 서울대학교 석사학위논문.

이기대(1983), 「'아자비'와 '아즈미'」, 『국어학』 12, 국어학회, 3-12쪽.

이기문(1962), 「용비어천가 국문가사의 제문제」, 『아세아연구』 5-1, 고려대학교 아세아문제연구소, 87~131쪽.

_____(1963), 『국어 표기법의 역사적 연구: 언어』, 한국연구원

_____(1972ㄱ), 『국어사개설』, 탑출판사.

_____(1972ㄴ), 『국어 음운사 연구』, 한국문화연구소.

_____(1977), 『국어 음운사 연구』, 국어학회.

_____(1998), 『국어사개설』, 태학사.

이기석 외(1976), 『거목의 유산』, 홍신문화사.

이기석(1976), 『용비어천가』, 홍신문화사.

_____(1988), 『신역 용비어천가』, 홍신문화사.

이남순(1987), 「'에', '에서'와 '-어 있(다)', '-고 있(다)'」, 『국어학』 16, 국어학회, 567~595쪽.

이돈주(1989), 「용비어천가의 한시와 국문가사 낱말의 해석 문제」, 『한글』 206, 한글학회, 25~54쪽.

이동석(2015), 「중세국어 부사 파생법의 연구 성과와 과제」, 『국어사연구』 21, 국어사학회, 95~153쪽.

이병기(2014), 「선어말어미 {-거-}의 연구 성과와 쟁점」, 『국어사연구』 19, 국어사학회, 31~63쪽.

이병운(1991), 「용비어천가 주해 속의 한글표기 어휘에 대한 분석- 한글표기와 한자표기와의 대응관계를 중심으로」, 『국어국문학지』 28, 문창어문학회, 151~168쪽.

이상훈(2012), 「중세한국어의 '현마'」『국어사연구』 15, 국어사학회, 295~319쪽.

이선영(2010), 「15세기 국어의 어휘적 대우」, 『어문논집』 44, 중앙어문학
회, 103~126쪽.

이숭녕(1959), 「어간형성과 활용어미에서의 '-(오/우)-'의 개재에대하여」,
『논문집』 8, 서울대학교, 3~70쪽.

이숭녕(1960), 「Volitive form으로서의 Prefinal ending '-(O/U)-'의 개재
에 대하여」, 『진단학보』 21, 진단학회, 107~178쪽.

_____(1961/1981/1997), 『중세국어문법』, 을유문화사.

_____(1962), 「겸양법 연구」, 『아세아연구』 5-2, 고려대학교 아세아연
구소, 133~184쪽.

_____(1964ㄱ), 「'-(오/우)-' 논고 ―주로 허웅씨의 기본태도의 일대변
모에 대하여」, 『국어국문학』 27, 국어국문학회, 3~20쪽.

_____(1964ㄴ), 「중세국어 Mood론 : 허 웅씨의 소논에 답함」, 『어문학』 11,
한국어문학회, 1~49쪽.

_____(1964ㄷ), 「경어법연구」, 『진단학보』 25·26·27 합병호, 진단학회,
309~366쪽.

_____(1975), 「15세기 국어의 쌍형어 '잇다, 시다'의 발달에 대하여」, 『국
어학』 4, 국어학회, 1~23쪽.

_____(1976), 「15세기 국어의 관형사형 /-논/계 어미에 대하여」, 『진단
학보』 41, 진단학회, 113~137쪽.

이승욱(1967), 「15세기 국어의 선어말접미사 <-가/거->」, 『국문학논
집』 1, 단국대학교 인문대학 국어국문학과, 33~44쪽.

_____(1973), 『국어문법체계의 사적연구』, 일조각.

_____(1986), 「존재동사 'Ø시-'의 변의」, 『국어학신연구』, 탑출판사.

이승재(1996), 「'ㄱ'약화·탈락의 통시적 고찰」, 『국어학』 28, 국어학회,
49~79쪽.

이윤석(1991-1994), 「번역: 용비어천가 권 1~10」, 『한국전통문화연구』

9, 대구가톨릭대학교 인문과학연구소.

이윤석 편(1997-8), 『용비어천가 1·2』, 솔출판사.

이익섭(1974), 「국어 경어법의 체계화 문제」, 『국어학』 2, 국어학회, 39~64쪽.

＿＿＿(1992), 『국어표기법연구』, 서울대학교출판부.

이지양(1993), 「국어의 융합현상과 융합형식」, 서울대학교 박사학위논문.

이진호(2003), 「국어 ㅎ-말음 어간의 음운론」, 『국어국문학』 133, 국어국문학회, 167~195쪽.

＿＿＿(2017), 『국어음운론 용어사전』, 역락.

이진호 외(2015), 『15세기 국어 활용형 사전』, 박이정.

이현희(1994), 『중세국어 구문연구』, 신구문화사.

＿＿＿(1995), 「'ーム'와 'ー沙'」, 『한일어학논총』, 국학자료원, 523~586쪽.

이호권(2001), 『석보상절의 서지와 언어』, 태학사.

이희승(1956), 「존재사 '있다'에 대하여」, 『논문집』 3, 서울대학교, 17~47쪽.

임동훈(1994), 「중세 국어 선어말어미 {ー시ー}의 형태론」, 『국어학』 24, 국어학회, 143~172쪽.

＿＿＿(2004), 「한국어 조사의 하위 부류와 결합 유형」, 『국어학』 43, 국어학회. 119~154쪽.

임병건(2001), 「『용비어천가』의 높임법 연구」, 제주대학교 교육대학원 석사학위논문.

이혜구(1964), 「용비어천가의 형식: 취풍형의 음악을 중심으로」, 『동아문화』 2, 서울대 동아문화연구소, 256~261쪽.

이혜구(1965), 「용비어천가의 형식」, 『아세아연구』 17, 고려대학교 아세아문제연구소, 49~75쪽. 이혜구(1964), 「용비어천가의 형식」, 『동아문화』 2, 서울대 동아문화연구소, 256~261쪽.

이혜구(1965), 「용비어천가의 형식」, 『아세아연구』 17, 고려대학교 아세아문제연구소, 49~75쪽.

이희승(1955), 「삽요어(음)에 대하여: 훈민정음과 용비어천가를 중심으로 하여」, 『서울대학교 논문집』. 2, 서울대학교, 45~61쪽.

임홍빈(1980), 「선어말 {-오/우-}와 확실성」, 『한국학논총』, 국민대학교 한국학연구소, 91~134쪽.

_____(1981), 「사이시옷 문제의 해결을 위하여」, 『국어학』 10, 국어학회, 1~35쪽.

장윤희(1997), 「중세국어 종결어미 '-(으)이'의 분석과 그 문법사적 의의」, 『국어학』 30, 국어학회, 103~140.

_____(2002), 『중세국어 종결어미 연구』, 태학사.

_____(2012), 「국어 종결어미의 통시적 변화와 쟁점」, 『국어사연구』 14, 국어사학회, 63~99쪽.

_____(2015), 「중세 국어 피·사동사 파생법 연구의 성과와 쟁점」, 『국어사연구』 21, 국어사학회, 33~68쪽.

정경재(2015), 「한국어 용언활용 체계의 통시적 변화」, 고려대학교 박사학위논문.

정렬모(1946), 『(신편)고등국어문법』, 한국문화사.

정소연(2009), 「<용비어천가>와 <월인천강지곡> 비교연구: 양층 언어현상을 중심으로」, 『우리어문연구』 33, 우리어문학회, 187~222쪽.

정연찬(1987), 「'욕자초발성'을 다시 생각해 본다」, 『국어학』 16, 국어학회, 11~40쪽.

정윤자(2007), 「자음말음 체언 어간의 재구조화 연구: 마찰음과 파찰음으로 끝나는 어간을 중심으로」, 단국대학교 박사학위논문.

정인지 외(이윤석 옮김, 1997), 『용비어천가 1, 2』, 솔출판사.

조규태(2002), 「용비어천가 판본에 대하여」, 『배달말』 31, 배달말학회, 157~173쪽.

_____(2003), 「용비어천가 노랫말 교감」, 『어문학』 80, 한국어문학회, 145~187쪽.

_____(2005), 「용비어천가 주해 속에 한글로 표기된 외국어 어휘에 대하여」, 『어문학』 90, 한국어문학회, 131~160쪽.

_____(2006), 「용비어천가 주해 속의 우리말 어휘에 대하여」, 『어문학』 92, 한국어문학회, 117~158쪽.

_____(2007/2010), 『용비어천가(개정판)』, 한국문화사.

조세용(1998), 「『용비어천가』에 나타난 표기법 연구」, 『중원인문논총』 17, 건국대학교 동화와번역연구소, 17~32쪽.

조재형(2009), 「'-에'형 부사격조사의 통시적 연구」. 중앙대학교 박사학위논문.

_____(2010), 「'이어긔, 그어긔, 뎌어긔'에 대한 고찰」, 『어문연구』 38, 한국어문교육연구회, 103~129쪽.

_____(2012), 「'-良中'의 형성과 변천과정에 대한 통시적 고찰-중세국어를 중심으로」, 『어문연구』 154, 한국어문교육연구회, 9~116쪽.

_____(2013), 「소위 특이처격조사의 통시적 변천 고찰」, 『한말연구』 32, 한말연구학회, 311~338쪽.

_____(2016), 「후기중세국어 시기의 부사격조사 '-에'와 서술어의 관계 고찰」, 『인문과학연구』 49, 강원대 인문과학연구소, 173-200쪽.

조창규(1994), 「15세기 국어의 'ㄱ-탈락, ㄷ→ㄹ 교체, 이-역행동화'」, 『어학연구』 30권 3호, 한국언어학회, 517~533쪽.

조항범(2002), 「'돼지'의 어휘사」, 『한국어 의미학』 12, 한국어의미학회, 13~47쪽.

_____(2009), 『국어어원론』, 개신:충북대학교 출판부.

조흥욱(2001), 「용비어천가의 창작 경위에 대한 연구」, 『어문학논집』, 국민대학교 어문학연구소, 143~162쪽.

_____(2003), 「<용비어천가>에 대하여」, 『새국어생활』 13-2, 국립국어연구원, 213~228쪽.

차재은(1992), 「선어말어미 {-거-}의 변천 연구」, 고려대학교 석사학위논문.

최동주(1995), 「국어 시상체계의 통시적 변화에 대한 연구」, 서울대학교 박사학위논문.

최세화(1964), 「처격의 변천 —'이·의'를 중심으로—」, 『국어국문학문집』 5, 동국대학교 국어국문학부, 21~49쪽.

최태영(1965), 「중세국어의 Prefinal ending {—거—}에 관한 연구」, 서울 대학교 석사학위논문.

한재영(2002ㄱ), 「중세국어 선어말어미 거/어의 문법」, 『문법과 텍스트』, 서울대출판부, 363~383쪽.

_____(2002ㄴ), 「16세기 국어의 시제체계와 변화 양상 연구」, 『진단학보』 93, 진단학회, 199~219쪽.

허 웅(1950), 『용비어천가강의』, 발행처불명.

_____(1954), 「존대법사」, 『성균학보』 1, 성균관대학교.

_____(1958), 「삽입모음고」, 『논문집』 7, 서울대학교, 83~152쪽.

_____(1959), 「삽입모음재고」, 『한글』 125, 한글학회, 349~373쪽.

_____(1961), 『주해 용비어천가』, 정음사.

_____(1961), 「서기 15세기 국어의 "존대법"과 그 변천」, 『한글』 128, 한 글학회, 133~190쪽.

_____(1962), 「존대법 문제를 다시 논함」, 『한글』 130, 한글학회, 423~441쪽.

_____(1963), 「또 다시 존대법의 문제를 논함 —이숭녕 박사에 대하여—」, 『한글』 131, 한글학회, 597~619쪽.

_____(1964ㄱ), 「용비어천가의 어학적 가치(국문가사)」, 『동아문화』 2, 서울대학교 동아문화연구소, 223~226쪽.

_____(1964ㄴ), 「이숭녕 박사의 '중세국어 mood론'에 대한 비판1, 2」, 『한글』 133, 한글학회, 179~212, 213~243쪽.

_____(1965ㄱ), 『국어 음운학』, 정음사.

_____(1965ㄴ), 「인칭어미설에 대한 다섯번째의 논고」, 『한글』 135, 한 글학회, 536—543쪽.

_____(1973), 「15세기 국어의 주체－대상법 활용」, 한글 152, 한글학회.

_____(1975/1995), 『우리 옛말본: 15세기 국어 형태론』, 샘문화사.

_____(1977), 『용비어천가』, 형설출판사.

_____(1989), 『16세기 우리 옛말본』, 샘문화사.

현평효(1975), 「고려가요에 나타난 /－고시－/ 형태에 대하여」, 『국어학』 3, 국어학회, 127~135쪽.

홍윤표(1969), 「십오세기국어의 격연구」, 서울대학교 석사학위논문.

_____(1976), 「{－에서}와 {－의게}에 대한 고찰」, 『논문집』 3, 전북대 교양학과정부, 65~82쪽.

_____(1978), 「방향성 표시의 격」, 『국어학』 6, 국어학회, 111~132쪽.

_____(1988), 「용비어천가의 주해문에 대하여」, 『도솔어문』 3, 단국대학 교 인문대학 국어국문학과 10~27쪽.

홍종선(1984), 「속격·처격의 발달」, 『국어국문학』 91, 국어국문학회, 281~284쪽.

황국정·차재은(2004), 「중세국어 격조사 생략에 대한 고찰－석보상절과 석독구결 자료를 중심으로」, 『민족문화연구』 41, 고려대학교 민족 문화연구원, 131~156쪽.

황국정(2015), 「15세기 국어 이동동사 구문 연구－기본 문형과 통사적 특징 에 대하여－」, 『인문학연구』 27, 경희대학교 인문학연구원, 33~67쪽.

황선엽(1995), 「15세기 국어 '－으니'의 용법과 그 기원」, 서울대학교 석사 학위논문.

황화상(2003), 「조사의 작용역과 조사 중첩」, 『국어학』 42, 국어학회, 115~ 140쪽.

前間恭作(1924), 「龍歌古語箋」, 『東洋文庫論叢』 2, 東京.

한국어문학연구소 총서 5

　　전남대학교 한국어문학연구소 총서시리즈는 한국의 어문학(교육) 발전에 이바지하려는 연구소 설립 목적을 실천하고자 기획되었다. 학술적 연구성과를 공유하고 이를 대중적으로 확산하고자 하는 본 연구소의 총서시리즈에 사회의 관심과 응원이 함께 하기를 기대한다.

『龍飛御天歌』의 국어학적 분석과 현대역

초판 1쇄 인쇄일	2018년 8월 27일
초판 1쇄 발행일	2018년 8월 31일
지은이	조재형, 선한빛, 이수진, 김영미, 량빈, 최옥정, 진주
펴낸이	정진이
편집장	김효은
편집/디자인	우정민 박재원
마케팅	정찬용 이성국
영업관리	한선희 정구형
책임편집	우정민
인쇄처	국학인쇄사
펴낸곳	국학자료원 새미(주)
	등록일 2005 03 15 제 406-3240000251002005000008 호
	경기도 파주시 소라지로 228-2 (송촌동 579-4)
	Tel 442-4623 Fax 6499-3082
	www.kookhak.co.kr
	kookhak2001@hanmail.net
ISBN	979-11-88499-60-1 *93700
가격	26,000원